開拓社叢書 25

現代の形態論と音声学・音韻論の視点と論点

西原哲雄・田中真一【編】

開拓社

まえがき

　形態論，音声学・音韻論は言語理論のなかでも，常に統語論等と同じようにさまざまな理論が登場し，そして修正，変更がなされるか，理論自体の大きな転換というような過程を経ていることは，読者の方々も御存じのことと思われる．

　本書は，そのような状況において，形態論，音声学・音韻論における最新の理論やそこにいたるまでの理論の変遷などを考慮して，編纂された論文集である．各執筆者からは基本的に自らの研究分野の概観から，最新の研究成果にいたるまでの内容を紹介してもらえるような論考が集められている．

　形態論の分野においては，編者の1人である西原が共編ではあるが，ちょうど10年前に『現代形態論の潮流』（くろしお出版）という論文集を世に送り出し，その当時の形態論に関わる最新の研究成果を示すことができた．しかし，すでにその時から10年という年月が経ち，形態論の分野でも，時代の変遷とともに，研究の新たな成果などが報告されている．そのような状況の中，本書は先にも述べたように，各執筆者が，自らの研究分野の概観から，最新の研究成果にいたるまでの内容を紹介する形での論考をお願いした．

　今回，本書は形態論の分野だけではなく，形態論との関連性が高い音声学・音韻論の分野やそれらに関わるインターフェイスの分野についても，若手の研究者の方々，中堅の研究者の方々，学会を代表とする研究者の方々といったように幅広い研究者の方々から寄稿をいただいた．もちろん，形態論の分野においてもその事情は同様である．

　本書の構成は3部から成り立っている．形態論の分野，音声学・音韻論の分野，そして，それらのインターフェイスに関わる分野であり，読者の方々は，かならずしも最初から読み始める必要はなく，それぞれの興味のある分野について自由に選択し，読み始めることができるようになっている．

　各論考の中で，取り扱われている言語も，英語や日本語をはじめてとしてその他の言語についても取り扱われていることから，英語学や日本語学を研

究している読者の方々のほか，一般言語学を研究されている方々にも，何かしらの貢献ができるのではないかと，編者たちは確信している．概説書兼研究の最新の成果を提示しているという本書の特徴から，言語研究（形態論，音声学・音韻論・それらのインターフェイスにも興味を持つ）に関わる学部生，大学院生や各分野の研究者の方々にも，ぜひ一読していただければ幸いである．

　最後に，執筆依頼に快く応じて下さり，寄稿して下さった方々に感謝するとともに，企画段階から編集作業にいたるまで，開拓社の川田　賢氏から多大なるご助力を頂いたことに編者たちは心から感謝を申しあげる．

2015 年 10 月吉日
西原哲雄・田中真一

目 次

まえがき　iii

第 I 部　形態論

第 1 章　英語の関係形容詞
　　　　　―前置詞句の交替形としての分析―
　　　　　………………………………………………………長野　明子　2

第 2 章　英語の「名詞＋名詞」形は句か語か
　　　　　………………………………………………………島村　礼子　21

第 3 章　Postsyntactic Compound の分析
　　　　　―構文拡張的見方―
　　　　　………………………………………………………森田　順也　42

第 4 章　接頭辞「大」について
　　　　　………………………………………………………高橋　勝忠　61

第 5 章　日本語の句複合
　　　　　………………………………………………………西山　國雄　78

v

第6章　初期近代英語における名詞転換動詞
　　　　　……………………………………………………… 米倉　綽　　96

第7章　単語と接辞の境界
　　　　　……………………………………………………… 竝木　崇康　115

第 II 部　音声学・音韻論

第8章　クレオール語化に基づく中英語のリズム構造と音節構造
　　　　　……………………………………………………… 西原　哲雄　134

第9章　連声は現代日本語に生きているか
　　　　　………………………………………… ティモシー・J・バンス　147

第10章　日本人の名前と性別
　　　　　――「セイヤ」の男性性と「シホ」「ユーリ」「キヨ」の女性性――
　　　　　……………………………………………………… 六川　雅彦　160

第11章　「語呂の良さ」と「間」の関係について
　　　　　――俳句に関する一考察――
　　　　　…………………………………………… 都田青子・石川友紀子　175

第12章　リズム定型における韻律要素の調整
　　　　　――日本語・イタリア語の定型詩と歌謡の分析――
　　　　　……………………………………………………… 田中　真一　192

第13章　連濁は音韻理論の問題か
　　　　………………………………………川原繁人・竹村亜紀子　212

第14章　鳥取県倉吉方言における芸能人の名前等のアクセント
　　　　──メディア経由の標準語アクセントの方言化──
　　　　………………………………………………………桑本　裕二　236

第 III 部　音韻論・形態論などのインターフェイス

第15章　複合語の生産性と語強勢の位置
　　　　………………………………………………………時崎　久夫　256

第16章　語彙音韻論の限界と最適性理論によるアプローチ
　　　　………………………………………………………三間　英樹　271

第17章　単純語短縮語形成に関する第3の解釈
　　　　………………………………………………………橋本　大樹　294

執筆者紹介…………………………………………………………　313

第Ⅰ部
形 態 論

第 1 章

英語の関係形容詞
—前置詞句の交替形としての分析—*

長野　明子

東北大学

1. はじめに

　Bauer, Lieber and Plag（2013）は現代英語の形態論に関する最新の網羅的研究書であるが，その第 14 章冒頭で形容詞派生は研究が出遅れている旨述べられている．確かに，動詞・形容詞からの名詞派生についての研究（Grimshaw（1990））と名詞・形容詞からの動詞派生についての研究（Hale and Keyser（1993））が文法理論にとって大きなインパクトを持ってきたのに比べると，形容詞派生は対応するような研究の流れをまだみていない．本章でもその間隙を埋めるようなことはできないが，形容詞派生で形態論を超えた視点や論点が生ずるとすれば，それは関係形容詞からではないかという可能性を示したい．これが本章の大きな目標である．より具体的には，Nagano（2013）を踏まえ，次の 3 点を主張する．

  (i) 　関係形容詞は，事象名詞と同様に，基体の特性を継承する派生である．
  (ii) 　関係形容詞の形態は，前置詞句と同じ基底構造での conflation で作られる．
  (iii)　この conflation は，直接修飾という統語環境の要請によって駆動される．

＊ 島田雅晴氏より頂いた貴重なご助言に感謝する．不備は筆者に帰する．本章は科研費基盤研究（c）（課題番号 24520417）の研究成果の一部である．

これら3点を，それぞれ2節，3節，4節で論じる．5節は conflation と編入という区別に目を向ける．6節では，まとめに代えて，本章の主張全体を弱い語彙論的仮説の下で検討する．

2. 派生形容詞の2種類——関係形容詞と性質形容詞

名詞から派生された形容詞は，関係形容詞 (*senatorial, polar, algebraic*) と性質形容詞 (*beautiful, picturesque, nervous*) の2つに分けられる (Plag (2003: 94)).[1] 両者の根本的違いは，性質形容詞が *good* や *old* のような典型的な形容詞と同じ振る舞いをする形容詞らしい形容詞であるのに対し，関係形容詞は基体名詞の性質を継承した形容詞であるという点にある.[2] 英語の関係形容詞の特性を以下見てみよう．

(1) a. 名詞修飾用法が基本であり，叙述用法を許さない．
   *this output is industrial. *this decision is senatorial.
   b. 主要部名詞のすぐ前の特定位置に生起せねばならない．
   *wooden big table　vs.　big wooden table
   c. 意味解釈上，基体名詞を主要部名詞に関連づける．それにより主要部名詞を分類する．
   　i. senatorial election　　"election of a senator"
   　ii. senatorial plane　　"plane of a senator"
   d. 程度性を持たず，*very* や Degree heads (*how, too, so, as*) と共起できない．
   *a very industrial output,　*a very senatorial decision
   e. 比較級を作れない．
   *more industrial,　*more senatorial

---

[1] Beard (1995: 281-282) は，接辞 *a-, -s, -ward(s), -wise* による派生形容詞は第3の類を成すとする．本章ではこれには立ち入らない．*a-* 派生については Nagano (2014) を参照されたい．

[2] よって，関係形容詞は「名詞的形容詞」(安井ほか (1976)) と呼ばれることもある．また，関係形容詞は実は名詞であるという分析もある (Cetnarowska (2013))．一方，*beautiful* のような派生による性質形容詞は *good* のような非派生の典型的形容詞と区別なく「性質形容詞」と呼ばれることが多い．

f.　繰り返して使えない．
　　　*industrial industrial output
   g.　性質形容詞と等位接続できない．
　　　*the big and wooden table
   h.　名詞化できない．
　　　??presidentialness, ??racialness

(1a-g) は Beard (1991, 1995) 及び Bisetto (2010) を参考にした．(1h) は Cetnarowska (2013) で指摘されている．

　まず，(1a, b) の特性は関係形容詞が直接修飾の形容詞であることを示している．形容詞による名詞修飾には，形容詞が叙述を介して名詞を間接的に修飾する場合 (*an old friend* "an aged friend" = *a friend who is old*) とそのような介在なしに直接修飾する場合 (*an old friend* "a friend from the old days") がある (Cinque (2010))．後者には語順制約がある (5 節 (15) (16) 参照)．*Good* や *old* のような形容詞はこの両方の構造に生起できるが，*fake* や *alive* のように片方にしか生起できない形容詞もある．関係形容詞は直接修飾しか許さない形容詞の代表的な類である．

　名詞を直接修飾するという特性は形容詞という品詞の際立った特徴である (Baker (2003a: ch. 4), Baker (2008: §2.1.2), Nikolaeva and Spencer (2013: §9.2)) が，これ以外の (1c-h) の特性は *good* などにはない特性である (Bisetto (2010: 67))．それでは (1c-h) の特性がどこから来るのかと問うた場合，関係形容詞は名詞からの派生語なのであるから，基体名詞の特性を継承したものであると考えるのが最も自然であろう．派生における基体特性の継承には接辞ごとに差があることが名詞化の研究で明らかになっていること (島村 (1990: 第 1 部), 伊藤 (2005)) を考えれば，(1c-h) の特性を示さず形容詞という出力の品詞に忠実な *beautiful* のような性質形容詞が生まれうることとも，この案は矛盾しない．つまり，動詞からの派生名詞が項構造を始めとする基体動詞の特性を継承するかによって事象名詞と結果名詞に分割されてきたように，名詞から派生された形容詞も，基体名詞の特性を継承する関係形容詞と継承しない性質形容詞に分割される，と考えるのであ

る．³

　事実，(1c-h) は名詞性の反映としてなら理解できる．名詞ならこれらの特性を持つからである．このうち，文献で特に重視される (1c) の意味特性 (Rainer (2013)) に注目してみると，基体名詞は前置詞的な意味関係を介して主要部名詞と関連づけられることがわかる (Beard (1991: §4), Fradin (2008), Nagano (2013)).⁴

　まず，(1ci) のように主要部名詞が動詞に由来する場合には，基体名詞はその内項や外項として解釈される．よって，基体名詞と主要部名詞の間に *of* や *by* の意味関係が成立する：

(2) a. *Japanese* democratization after World War II
　　　= the democratization *of Japan* after World War II
　b. the *Japanese* attack on Pearl Harbor
　　　= the attack on Pearl Harbor *by Japan*

(*Google Scholar*)

興味深いことに，菅原 (2013) によれば，SVO as C 構文をとる動詞 (*analyze, interpret, diagnose*) からの派生名詞を修飾する関係形容詞には，*as* で書き換えられるものもある：⁵

---

³ 名詞化と形容詞化のこの平行性については 6 節で改めて戻る．
⁴ Beard (ibid.) は直接修飾構造での指示物修飾 (Bolinger (1967)) の仕方に，性質形容詞と関係形容詞とでは違いがあることを指摘，主要部に対して意味的な項を導入するのは関係形容詞であるとする．なお，関係形容詞は性質形容詞に意味拡張することが多く，*a grammatical genius* の *grammatical* は関係形容詞であるが *a grammatical sentence* のそれは性質形容詞である (Plag (2003: 94))．この二義性については本章 6 節参照．
⁵ 菅原自身は SVO as C という統語ではなく主要部派生名詞の意味を基に一般化を行っている．本章の視点でいえば，次の書き換えが不可能なのは *consider* が *analyze* などと異なり C を前置詞 (*as*) で具現しないからである．
　(i) a. The police officer fired warning shots because he considered the woman (to be) very *dangerous*.
　　 b. #The police officer fired warning shots because of his *dangerou*s consideration of the woman. 　　　　　　　　　　　　　　　　　　　　(≠ (ia))
(菅原 (2013: 187))
なお，as C が関係形容詞に対応するのは C が名詞句である場合であり，次のように C 自体が形容詞であることもある．

(3) a. the *adverbial* interpretation of the participle
　　　 = the interpretation of the participle *as an adverb*
　　b. an *adjectival* analysis of cardinal numerals
　　　 = an analysis of cardinal numerals *as an adjective*

(菅原 (2013: 183); 書き換え部分追加)

ただ，関係形容詞に修飾されるのは動詞由来名詞に限られるわけではない．(1cii) のようにモノ名詞を修飾することもでき，その場合も基体名詞との間に前置詞で書き換え可能な関係が成立する：

(4) a. *cellular* structure　　= structure *of cells*
　　b. *Belgian* law　　　 = law *of Belgium*
　　c. *dental* disease　　 = disease *of teeth*
　　d. *bearded* man　　　= man *with beard*
　　e. *southern* exposure　= exposure *to the south*
　　f. *presidential* term　　= term *as a president*
　　g. *theatrical* dancer　 = dancer *in the theater*
　　h. *presidential* matter　= matter *for the president*
　　i. *Dalmatian* wine　　= wine *from Dalmatia*
　　((a)-(e): Nagano (2013: 123), (f): *BNC*, (g)-(i): Beard (1991: 222)))

なお，(4c) では基体に suppletion が生じている．

(2)-(4) より，関係形容詞の意味は前置詞句で書き換えが可能であるとわかる．前置詞句との平行性は，形容詞化接尾辞に加え場所・時間の接頭辞 (Bauer, Lieber and Plag (2013: ch. 16), 長野 (2013)) も持つ parasynthetic な形の関係形容詞も存在することから，さらに確かなものとなる：

(5) a. *preadverbial* expression
　　　 = expression *in front of an adverb*
　　　 pre-Chaucerian literature

(ii)　the *benign* diagnosis of their breast symptom
　　 = the diagnosis of their breast symptom *as benign*　　　　　(ibid.: 185)

　　　　= literature *before Chaucer*
　　b. *postnominal* adjective
　　　　= adjective *after a noun*
　　c. *intra-organismal* and *inter-organismal* struggle
　　　　= struggle *within and between organisms*
　　d. *sub-Saharan* Africa
　　　　= Africa *below the Sahara*
　　e. *suprasegmental* phonemes
　　　　= phonemes *above segments*
　　f. a *trans-global* expedition
　　　　= an expedition *across the globe*
　　g. Mark Twain's *anti-imperialist* writings
　　　　= Mark Twain's writings *against imperialism*
　　h. students' *extra-curricular* activities
　　　　= students' activities *outside the curriculum*
　　i. the *circumterrestrial* swarm of satellites
　　　　= the swarm of satellites *around the earth*
　　　　　　　　　　(Nagano (2013: 123); (g)-(i) 追加)

(5) の形容詞は関係形容詞として挙げられることは少ないが，(1) の特性を確かに持っている．[6] モノ名詞でも動詞由来名詞でも修飾できることや，基体が suppletion を示したりすることも (2)-(4) の形容詞と同様である．そして，(2)-(4) と (5) を比較して注目すべきは，関係形容詞は形態の点でも前置詞句と平行的であるという点だ．つまり，接頭辞なしの関係形容詞は単純な形態を持つ機能的前置詞の句に対応するのに対し，接頭辞ありの関係形容詞は複雑な形態を持つ語彙的前置詞の句に対応することがわかるのである．[7]

---

[6] Fradin (2008: §4) はこの種の関係形容詞も扱っている．

[7] Functional P と lexical P の区別については Baker (2003a: Appendix), Svenonius (2006) などを参照．形態特性を基に simple P と complex P の区別と呼ばれることもある．

3. 関係形容詞の派生方法

前節では，関係形容詞は直接修飾形としての統語特性と，前置詞句に対応する意味と形態を持つことを見た．Nagano (2013) ではこれらの 3 点を一括して捉える関係形容詞の派生法を提案した．[8]

まず，(2)-(4) と (5) を再度ご覧いただきたい．接頭辞なしの関係形容詞は機能的前置詞句と交替し，接頭辞ありの関係形容詞は語彙的前置詞句と交替するのであった．これは，統語的にいえば，名詞を後位修飾する間接修飾には前置詞句が使われる一方，前位修飾する直接修飾には関係形容詞が使われるということである．同時に，(1a) で見たように関係形容詞を間接修飾に使うことはできない一方，Head-Final Filter として知られるように前置詞句を直接修飾に使うことはできない．よって，名詞修飾要素としての前置詞句と関係形容詞は意味と形態が平行的であるだけでなく統語的に相補分布を示すといえるのである．とすれば，関係形容詞とは，前置詞句が直接修飾という環境でとる形態的変異形であるといえるのではないか？

具体的には，関係形容詞は前置詞句の基底構造から conflation（語彙挿入前の編入）を経て作られると提案した．まず，Baker (2003a: Appendix) や Svenonius (2006) によれば，機能的前置詞句と語彙的前置詞句はそれぞれ概略以下 (6a) と (6b) のような構造を持つ：

---

[8] この点に関する先行研究との違いを明確にしておくと，Nikolaeva and Spencer (2013) や島村 (2014: §4.3.3) が Beard (1995) に従い transposition という操作を使うのに対し，筆者の conflation 分析は Beard のモデルでいえば Functional Lexical-Derivation に相当する．

(6) a. *functional PP*

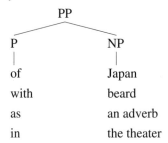

  b. *lexical PP*

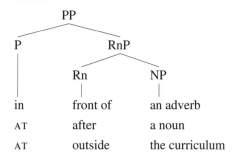

(6a) のように機能的前置詞は機能範疇 P だけの具現であるのに対し，(6b) のように語彙的前置詞は P と半語彙的 (semi-lexical) な範疇——ここでは Baker に従い Relational Noun (Rn) とする——の複合体である．[9] 前者が短く単純な形態を持つのに対し，後者が *in front of*, *outside* のように複雑な形態を持つことが多いのはこの反映である (Beard (1995: ch. 10))．ただし，*after* や *under* のような例もあるので *outside* を out + side のように分割することはせず，これらの場合の P は *at* のゼロ形と考える (Baker (ibid.), Collins (2007))．

前置詞句が (6a, b) のような基底構造を持つとして，これらは conflation によってそれぞれ次のような語構造へと縮小できる：

(7) a. [$_A$ N$_i$ + P [$_N$ t$_i$]]
  b. [$_A$ [RN − N$_j$]$_i$ + P [$_{Rn}$ t$_i$ [$_N$ t$_j$]]]

---

[9] Svenonius (2006) では半語彙的範疇は Axial Part と呼ばれる．

(7a) は (6a) で補部名詞を主要部 P に conflate した構造，(7b) は (6b) でまず補部名詞を主要部 RN に conflate し，さらにその合体形を主要部 P へと conflate した構造である．[10] Nagano (2013) によれば，(6a, b) から (7a, b) へのこの変形こそ，関係形容詞の派生過程である．すなわち，(7a) を音形具現したのが接頭辞なしの関係形容詞であり，(7b) を音形具現したのが接頭辞ありの関係形容詞である：

(8) a. [JAPAN + P_{of}]   > Japan<u>ese</u>
    b. [BEARD + P_{with}]   > beard<u>ed</u>
    c. [ADVERB + P_{as}]   > adverb<u>ial</u>
    d. [THEATER + P_{in}]   > theatr<u>ical</u>
(9) a. [[FRONT − ADVERB] + P_{in}]   > <u>pre</u>adverb<u>ial</u>
    b. [[AFTER − NOUN] + P_{at}]   > <u>post</u>-nomin<u>al</u>
    c. [[OUTSIDE − CURRICULUM] + P_{at}] > <u>extra</u>-curricul<u>ar</u>

(8) (9) は conflation で作られた語構造から音形への写像を表したものである．これによれば，関係形容詞を派生する接尾辞（下線部）とは P の拘束具現形である．一方，場所・時間の接頭辞は Rn の拘束具現形である．後者の対応の強い証拠として，同義性に加え，*pre-* 類と *front* 類はどちらも半語彙性を示すことが挙げられる。時間・場所の接頭辞は語彙素と機能的要素の間で正体が曖昧とされてきた（Kastovsky (2011)，長野 (2013)) が，それは Rn 要素が同種の曖昧性を持つためである（Svenonius (2006) 参照）といえるのである．[11]

それでは，P と形容詞化接尾辞の対応の根拠はどこにあるのだろうか．ここでは，P が意味格の機能に相当する場合には前置詞句全体が形容詞句・副詞句と平行的な分布を示すこと（Beard (1995: ch. 12)，Baker (2003a: Appendix)）を挙げておきたい．[12] Baker (ibid.: 324-325) が主張するよう

---

[10] (7b) の要素順序については Svenonius (2007) のいう Constituent Fronting or Sinking (2-3-1 語順) のケースであると考える．また，名詞を名詞に編入する可能性については Baker and Fasola (2009: 598-601) を参照．この論文でも編入先は関係名詞である．

[11] 前置詞要素 *front* と接頭辞 *pre-*, *after* と *post-*, *outside* と *extra-* という対応は形態的には suppletion である (Nagano (2013: 131-132))．

[12] 前置詞句は形容詞句と異なり名詞前位修飾位置に生起しないが，これは前置詞句が

に，この場合のPは名詞句（補部）を形容詞句・副詞句（付加詞）に変える働きをしているといえるだろう．とすれば，名詞から関係形容詞を派生する接尾辞はこの種のPの拘束具現形であると考えてもおかしくはないだろう．

4. conflation の動機

　関係形容詞を直接修飾という環境で前置詞句がとる形態的変異形とする見方は，関係形容詞の形態を前置詞句の基底構造から conflation で作ることができるという点のみならず，conflation の駆動要因を提供するという点でも魅力的である．[13] すなわち，なぜ (6) から (7) への conflation が起こるかといえば直接修飾という環境には間接修飾にはない形態的制限が働くからである，といえるのである．それは，直接修飾形一般に課される「主要部名詞との一致が可能な A^0 の形態を取ること」という制限である．

　Baker (2003a: 210-211, 2003b: §4) や渡辺 (2010) によれば，形容詞は名詞を直接修飾する際，たとえ音形具現は伴わずとも素性の一致をせねばならない．直接修飾形と主要部名詞の統語的な関係付けは素性一致によって行われると考えるのである．ここではこれを「一致条件」と呼ぶことにしよう．[14] 英語では *old* のような非派生の形容詞を見る限り，直接修飾と間接修飾で形が変わらない (cf. Cinque (2010: Appendix))．しかし，英語でも一致条件が働いていることは次のような直接修飾と間接修飾のペアを見ると確認できる．

(10) a. a *ten-year-old* girl
　　 b. a girl who is ten years old

---

deficient な形容詞句であるから (Beard (1995: ch. 12)) ではなく，その位置では4節で見る理由で関係形容詞という A^0 形態を取らねばならないからである，というのが本章の主張である．

[13] (6) から (7) への conflation による関係形容詞派生は，Hale and Keyser (1993) が提案した動詞句構造での conflation による動詞化と平行的である．ただ，前者の conflation が形態統語的な駆動要因を特定できるのに対し，後者の conflation は語形成の機能 (Kastovsky (1986)) 以上の動機を見つけるのが難しいように思う．

[14] Cinque (2010) のように，直接修飾形と主要部名詞の関係付けも専用の機能範疇で行われるという考え方もある．

(11) a. a *degree-conferring* institution
    b. an institution that confers degrees
(12) a. a *British-based* company
    b. a company based in Britain
(13) a. the *Balkan-weary* troops
    b. the troops that are weary of the Balkans
(14) a. *public-private* partnership
    b. a partnership between public and private institutions
(Nagano (2013: 117-118))

(10)-(14) の (b) の間接修飾形が形容詞句・動詞句・前置詞句と様々であるのに対し,対応する直接修飾形は (10)-(14) の (a) のように一貫して A^0 に縮小された形,複合形容詞形をとるとわかる.(10a, b) の形の交替について渡辺 (2010) は一致条件に基づいた分析をしている.度量句は叙述環境では (10b) のように複数形をとれるのに,限定修飾環境では (10a) のように形容詞に編入された単数形をとらねばならない.これは後者の環境では形容詞が主要部名詞と一致して同一の素性分布を持たねばならないからであり,度量名詞が複数形だとその妨げとなるからである,という.

　この考えは,(11)-(14) の (a) の修飾句と (b) の複合形容詞形の形態交替にも応用できるだろう.つまり,形容詞という品詞になれば主要部名詞と一致してその素性を担うことができるし,複合語という形になれば語彙素は普通デフォルト形(名詞なら単数形)をとるので一致の妨げとなる素性もなくなるのである.そもそも (11)-(14) の (a) の複合形容詞がなぜ限定修飾でしか使えないか (**This institution is degree-conferring.*) については議論されてこなかったが,これらは直接修飾形であり,主要部名詞との一致が可能な形として (11)-(14) の (b) の間接修飾形から変形されたものだと考えれば説明がつく.[15]

---

[15] (12a) と (12b) の交替はさらに積極的に一致条件の働きを見せてくれる.(12b) では名詞 Britain であるものが (12a) では British という形容詞形になる点だ.地名名詞は直接修飾形の中でしばしばこのような変化を示す (http://www.whichenglish.com/Better-English-Grammar/usage/Britain-based-or-British-based.html も参照):
　(i) a. Sake: A brilliant addition to The Rocks with *Japanese-trained* sushi-master

以上，英語では，直接修飾形と主要部名詞との素性一致は一致形態素という形では現れないが，直接修飾形が一貫して A^0 の形をとることに反映されることを見た．ここで関係形容詞の派生を見直してみると，これも前置詞句の間接修飾形が直接修飾環境でとる A^0 形であることから，(6) から (7) への conflation による構造縮小も，直接修飾の一致条件によって駆動されたものであるとわかるのである．

5. 前置詞句における名詞編入による直接修飾形

関係形容詞は直接修飾という統語環境に駆動され，前置詞句の基底構造から conflation によって派生されるというのが本章の主張である．Baker (2003a: §2.9) によれば，conflation とは編入が語彙挿入に先んじて起こったものであり，語彙挿入の後の編入もある．つまり，語彙挿入前に起こる編入を conflation と呼び，「編入」は語彙挿入後に起こるタイプを指すものとする．とすれば，3節・4節の議論が正しければ，conflation ではなく語彙挿入後の編入で前置詞句構造から派生される直接修飾形も存在するはずである．本節では，この予測の妥当性を示す事実としてフランス語のデータを見る．[16]

まず，英語とロマンス諸語の直接修飾の大きな違いとして，後者の場合，直接修飾の形容詞が主要部名詞の前だけでなく後ろにも生起できるという点が挙げられる．Cinque (2010: 22) によれば，英語（ゲルマン諸語）とイタ

  Shaun Presland at the stoves. "a sushi-master trained in Japan"
(The New Zealand Herald, 19 May 2011)

 b. Swedish-Irish trade "a trade between Sweden and Ireland"
(Nagano (2013: 113))

(ia) の斜字体部分は「日本語の訓練を受けた」の読みの場合もあるかもしれないが「日本で修業した」の読みもある．（ちなみに，ニュージーランドではこの修飾語を冠した寿司バーの看板をよく見かける．）(ib) も意味的には EU-US trade などと平行的であり「スウェーデンとアイルランドの間の貿易」という意味である．直接修飾形の複合語の主要部（based, trained）のみならずその非主要部（British, Japanese）まで形容詞形をとるというこの事実は，これらの複合語が直接修飾という環境への適応形として作られたものであることを強く支持する（Nagano (2013: §6) も参照）．

[16] 議論はイタリア語とスペイン語にも当てはまる（Nagano (2013: §4)）．

リア語(ロマンス諸語)での形容詞による名詞修飾には,以下のようにまとめられる語順の違いがある.なお,"reduced RC" とは reduced relative clause のことである.

(15) *English* (*Germanic*)
AP from reduced RC > "direct modification" AP > **N** >
AP from reduced RC

(16) *Italian* (*Romance*)
"direct modification" AP > **N** > "direct modification" AP >
AP from reduced RC

フランス語で名詞に由来する修飾形を探してみると,(17)(18)のような関係形容詞(接頭辞なしのものと接頭辞ありのもの)だけでなく,(19)のような前置詞句からの編入形も存在することがわかる.

(17) 接頭辞なしの関係形容詞
    a. tuberculose *osseuse* "bone tuberculosis"
    b. palais *présidentiel* "presidential palace"

(18) 接頭辞ありの関係形容詞
    a. les lacs *sous-glaciaires*
       "the lakes located under the glaciers"
    b. une vigne *préphylloxérique*
       "a vineyard that existed before the epidemic of phylloxera"

(19) a. *de*-PP
       heure *de pointe* "rush hour"
       fil *de fer* "iron wire"
    b. *à*-PP
       avion *à réaction* "jet plane"
       moulin *à vent* "windmill" (Nagano (2013: 134–135))

(19)の名詞修飾はロマンス語研究において "N + PP phrasal name" (Booij (2010: ch. 7)), "N + Prep + N constructions" (Masini (2009: §3)), "N + P + N" (Moyna (2011))といった名で研究されてきたものである.表現全体を複合語と呼ぶ研究者もいるが,生産的に作れることや主要部名詞と P +

N 修飾部が必ずしも語彙的緊密性を示さないようであることから，この名詞修飾も直接修飾と見るほうが妥当である．

さらに，(19) の斜字体部分は，補部名詞が屈折や限定詞をとらないこと，前置詞が機能的前置詞であること，前置詞と補部名詞の間に修飾語を挿入できないことなどから，(6a) の構造で補部名詞を前置詞に編入して作られたと考えられる (Masini (2009: 263-264) も参照). conflation と編入の違いは主要部移動が語彙挿入の前に起こるか後に起こるかという違いである．すでに述べたように (6a, b) の構造から (7a, b) の構造を作る過程は前者であり，(17) (18) の関係形容詞は，英語の関係形容詞同様，それぞれ (7a) (7b) の構造を音形具現したものである．これに対し，(19) の修飾形は，(6a) の統語構造を de や à, pointe や réaction という音形で具現したのちに名詞を前置詞に編入したものと分析できる．つまり，フランス語の (17) (18) と (19) の名詞修飾は，(6a, b) の前置詞句構造から直接修飾形への変形が，語彙挿入前の conflation と語彙挿入後の編入のそれぞれによって行われることを示しているのである．

Conflation と編入の区別を認めるならば，前置詞句構造由来の直接修飾形としては，このように関係形容詞と P+N 編入形の両方があってしかるべきである．なぜなら，conflation であっても編入であっても前置詞句を直接修飾の一致条件が求めるような形態に変形できるからである．とすると，フランス語同様，英語でも P+N 編入形があるのではないかと予測でき，確かに OED で以下のような修飾形が見つかるのである．

(20) a. *in-college* residents
　　　　the season-average *on-farm* price
　　b. the *between-war* years
　　　　my *after-school* activity

斜線部は関係形容詞同様，叙述用法で使うことはできない．フランス語の (19) の形式に対応するものと考えてよいだろう．[17]

---

[17] フランス語の (19) と異なり (20) の修飾形が英語において有標なものである（森田 (2006)) とすれば，それは (15) (16) で見た両言語の直接修飾の語順の違いに由来すると考えられる．Nagano (2013: §3.4) を参照．

6. 弱い語彙論的仮説と 2 種類の派生

　本章では，名詞からの形容詞派生について大きく 2 つのことを述べた．第 1 に，派生語は関係形容詞と性質形容詞に分かれ，両者は基体の特性を継承するかにおいて異なること．第 2 に，関係形容詞は統語的環境に駆動され統語的過程で派生される派生語であること．最後にこの 2 点のつながりについて考えてみると，弱い語彙論的仮説 (Weak Lexicalist Hypothesis) が考察のヒントを与えてくれるように思う．まず，弱い語彙主義の仮説とは形態論のうち屈折については統語部門で扱う立場のことである．[18] 他方思い起こしたいのは，屈折こそ基体の特性を完全に継承するような形態論であるという点である．とすれば，本章主張の 2 点の関係性として，派生であっても基体の特性を継承するタイプについては統語部門で扱うという見方をとることは，弱い語彙論的仮説の論理的展開としてありうるはずである．

　動詞からの名詞派生については，そのような展開が既に実証的なレベルで行われている．Grimshaw (1990) 以来の事象名詞と結果名詞の区別も，端的にいえば派生語が基体の特性を継承するかという区別であるが，事象名詞による基体動詞特性の継承を，この種の名詞派生が動詞句の構造に依存するような仕方で起こると考えることで捉えようとする分析が展開されているのである (Alexiadou and Rathert (2010) 参照)．本章の主張は，形容詞化にも基体特性の継承性という点で名詞化と平行的な区別があり，少なくとも継承するタイプについてはやはり句構造に依存した分析が適切であることを示すものである．すなわち，名詞化の研究とともに，弱い語彙論的仮説の「弱い」部分には，屈折だけでなく，屈折と同じように基体の特性を継承するタイプの派生も含められるという見方を志向するものである．

　この見方は，関係形容詞と性質形容詞の間の拡張の非対称性からも支持される．つまり，-al, -ary, -ic, -ical といった関係形容詞を派生するロマンス系接尾辞 (Plag (2003: §4.4.3)) による派生語は性質形容詞の用法を追加的に持つことはあるのに対し，-ful, -ish といった性質形容詞を派生する接辞による派生語が関係形容詞の用法を追加的に持つことはないようである．少なくとも Bauer, Lieber and Plag (2013: ch. 14) のデータを見る限りその

---

[18] この仮説には，屈折形態論を音韻部門で扱うとする案もある．

ような非対照性が成り立つ.[19] これは，言いかえると，派生形容詞が (1) の諸特性を失うことはあっても後から獲得することはないということであり，(1) が基体に由来する特性であるとすれば理に適った事実である．なぜなら，派生時に基体から受け継がれたものがやがて失われるということはあっても，派生時に受け継がれなかったものが後になって出現するということは考えられないからである.

　同じことが事象名詞と結果名詞という派生名詞の二区分についてもあてはまる．事象名詞として派生された名詞化が結果名詞の用法を拡張的に持つこと──すなわち，基体動詞の特性を失うこと──はあっても，結果名詞として派生された名詞化が事象名詞に拡張すること──すなわち，動詞的特性を後から獲得すること──は稀であるように思える.

　このような非対称性も，弱い語彙論的仮説の下で基体特性を継承する派生を屈折に準ずるものとして扱えば，多言を要せずに捉えられるようになると思う．例えばこの種の派生語は基体の屈折パラダイムの一要素，すなわち word-form の1つであると考えてみよう．すると，「基体の特性を失う」とは lexeme として独立しそのパラダイムから離れることであるとわかる．一方，基体の特性を後から獲得できないというのは，語形成で lexeme として派生されたものが基体語のパラダイムの中に入ることはできないということであるとわかる．

　ここで提案した見方を固めるには，まず形容詞化接尾辞のそれぞれについて，個々の名詞化接尾辞についてなされてきたような実証的検証をする必要がある．また，動詞化についても屈折的な派生と語形成的な派生とに二分されるかという検証が必要である.[20] 課題は多いが，形容詞化にも名詞化や動

---

[19] 文献でも「関係形容詞形は性質形容詞的意味を獲得することが多い」(Nikolaeva and Spencer (2013: 224, fn. 9)) という指摘はしばしばなされる (島村 (2014: §4.3.5) も参照) が，-ful, -ish, -esque などで派生された性質形容詞について関係形容詞の意味との二義性が議論されることはないように思う．もちろん，ここでいう拡張の非対称性を実質的に証明するためには，-al 類接尾辞による派生形容詞で性質形容詞の用法しかもたないものがないということを確認する必要がある.

[20] 筆者は Nagano (2008) で転換による派生動詞 (to saddle, to shelve) と音形のある接辞による派生動詞 (to accessorize, to encage) は，意味的・形態的・統語的に異なる性格を持つことを明らかにした．つまり，動詞化も名詞化や形容詞化と同様一枚岩ではない．ただこの区別が基体特性の継承性の区別と相関するかについては今後の検証課題である.

詞化に比するような世界が広がっていることは示せたのではないかと思う．

参考文献

Alexiadou, Artemis and Monika Rathert, eds. (2010) *The Syntax of Nominalizations across Languages and Frameworks*, De Gruyter, Berlin.
Baker, Mark C. (2003a) *Lexical Categories*, Cambridge University Press, Cambridge.
Baker, Mark C. (2003b) "'Verbal Adjectives' as Adjectives without Phi-features," *The Proceedings of the Fourteenth Tokyo Conference on Psycholinguistics*, ed. by Yukio Otsu, 1-22, Hituzi Syobo, Tokyo.
Baker, Mark C. (2008) *The Syntax of Agreement and Concord*, Cambridge University Press, Cambridge.
Baker, Mark C. and Carlos A. Fasola (2009) "Araucanian: Mapudungun," *The Oxford Handbook of Compounding*, ed. by Rochelle Lieber and Pavol Štekauer, 594-608, Oxford University Press, Oxford.
Bauer, Laurie, Rochelle Lieber and Ingo Plag (2013) *The Oxford Reference Guide to English Morphology*, Oxford University Press, Oxford.
Beard, Robert (1991) "Decompositional Composition: The Semantics of Scope Ambiguities and 'Bracketing Paradoxes'," *Natural Language and Linguistic Theory* 9, 195-229.
Beard, Robert (1995) *Lexeme-Morpheme Base Morphology*, State University of New York Press, Albany.
Bisetto, Antonietta (2010) "Relational Adjectives Crosslinguistically," *Lingue e Linguaggio* 9, 65-85.
Bolinger, Dwight (1967) "Adjectives in English: Attribution and Predication," *Lingua* 18, 1-34.
Booij, Geert (2010) *Construction Morphology*, Oxford University Press, Oxford.
Cetnarowska, Bożena (2013) "Polish and English Denominal Adjectives: Lexical Ambiguity and Alternate Syntactic Configurations," *Ambiguity*, ed. by Anna Bondaruk and Anna Malicka-Kleparska, 91-109, Wydawnictwo KUL, Lublin.
Cinque, Guglielmo (2010) *The Syntax of Adjectives*, MIT Press, Cambridge, MA.
Collins, Chris (2007) "Home Sweet Home," *New York University Working Papers*

参考のため，3つの派生が平行性を示す事実を1つ挙げておくと，(1h) で見たように関係形容詞は性質形容詞と異なり名詞化できないが，事象名詞も結果名詞と異なり動詞化は難しい．そして名詞由来の転換動詞は接辞付加動詞と異なり名詞化ができない．

in Linguistics 1, 1-33.
Fradin, Bernard (2008) "On the Semantics of Denominal Adjectives," *Online Proceedings of the Sixth Mediterranean Morphology Meeting*, ed. by Geert Booij, Angela Ralli and Sergio Scalise, 1-15.
Grimshaw, Jane (1990) *Argument Structure*, MIT Press, Cambridge, MA.
Hale, Kenneth and Samuel Jay Keyser (1993) "On Argument Structure and the Lexical Expression of Syntactic Structure," *The View from Building 20*, ed. by Kenneth Hale and Samuel Jay Keyser, 53-109, MIT Press, Cambridge, MA.
伊藤たかね (2005)「英語のモノ名詞形成—転換名詞と -ing 名詞の分布をめぐって—」大石強ほか(編)『現代形態論の潮流』, 95-114, くろしお出版, 東京.
Kastovsky, Dieter (1986) "The Problem of Productivity in Word Formation," *Linguistics* 24, 585-600.
Kastovsky, Dieter (2011) "English Prefixation: A Historical Sketch," paper presented at the conference "Historical English Word-Formation and Semantics."
Masini, Francesca (2009) "Phrasal Lexemes, Compounds and Phrases: A Constructionist Perspective," *Word Structure* 2, 254-271.
森田順也 (2006)「名詞形成における変則—語の内部に出現する機能範疇」『英語の語形成—通時的・共時的研究の現状と課題』, 米倉綽(編), 408-425, 英潮社, 東京.
Moyna, María Irene (2011) *Compound Words in Spanish*, John Benjamins, Amsterdam.
Nagano, Akiko (2008) *Conversion and Back-Formation in English*, Kaitakusha, Tokyo.
Nagano, Akiko (2013) "Morphology of Direct Modification," *English Linguistics* 30, 111-150.
長野明子 (2013)「複合と派生の境界と英語の接頭辞」,『生成言語研究の現在』, 池内正幸・郷路拓也(編), 145-161, ひつじ書房, 東京.
Nagano, Akiko (2014) "The Multi-Layered PP Analysis and the Prefix *a-* in English," *Interdisciplinary Information Sciences* 20:2, 217-241.
Nikolaeva, Irina and Andrew Spencer (2013) "Possession and Modification—A Perspective from Canonical Typology," *Canonical Morphology & Syntax*, ed. by Dunstan Brown, Marina Chumakina and Greville G. Corbett, 207-238, Oxford University Press, Oxford.
Plag, Ingo (2003) *Word-Formation in English*, Cambridge University Press, Cambridge.
Rainer, Franz (2013) "Can Relational Adjectives Really Express Any Relation? An Onomasiological Approach," *SKASE Journal of Theoretical Linguistics* 10:1, 12-40.

島村礼子（1990）『英語の語形成とその生産性』リーベル出版，東京．
島村礼子（2014）『語と句と名付け機能——日英語の「形容詞＋名詞」形を中心に』開拓社，東京．
菅原剛（2013）「SASPAN 構文における形式と意味のミスマッチ」『言語におけるミスマッチ：福地肇教授退職記念論文集』，菊地朗ほか（編），183-195，東北大学大学院情報科学研究科．
Svenonius, Peter (2006) "The Emergence of Axial Parts," *Nordlyd: Tromsø Working Papers on Language & Linguistics 33*, 49-77.
Svenonius, Peter (2007) "1...3-2," *The Oxford Handbook of Linguistic Interfaces*, ed. by Gillian Ramchand and Charles Reiss, 239-288, Oxford University Press, Oxford.
渡辺明（2010）「英語のことは英語だけ見ていてもわからない——形容詞をめぐって」津田塾大学言語文化研究所での講演の配布資料．
安井稔・秋山怜・中村捷（1976）『形容詞』研究社，東京．

第 2 章

英語の「名詞＋名詞」形は句か語か*

島村　礼子

津田塾大学（名誉教授）

I. はじめに

　統語と形態の間の相互関係に注目する研究では，語の内部に統語的な操作を適用することはできないという，語の「形態的緊密性」(lexical integrity) の原理 (Di Sciullo and Williams (1987) ほか) をめぐって，その妥当性が広く検討されてきた．句と語の区別というときには，英語では，名詞と名詞の組み合わせ（以下では「名詞＋名詞」形，ないし「名詞 $_1$ ＋名詞 $_2$」形と記す）に主として焦点が当てられ，上記の仮説を検証するためにいくつかの基準が提案されている．本章ではそのような基準のなかで，特に「名詞＋名詞」形の内部における修飾の可否を取り上げる．

　Payne and Huddleston (2002) は London colleges と ice-cream を具体的に取り上げて，前者は句，後者は語であると結論づけており，句と語を区別する基準の 1 つとして，(1) のように London colleges では，London と colleges はどちらも他の要素による修飾が可能であるという事実を挙げている．

(1) London colleges, [south London] colleges, London [theological colleges], [south London] [theological colleges]

(Payne and Huddleston (2002: 449))

---

* 本章は 2015 年 7 月 4 日に Lexicon Study Circle の研究会で「句と語の区別：英語の『名詞＋名詞』形を中心に」として発表した．参加者からいただいた有益なコメントに感謝申し上げる．

本章では「名詞₁＋名詞₂」形の内部で，非主要部の名詞₁と主要部の名詞₂がそれぞれ別々に修飾を受けることが可能かどうかという基準を，「別々の修飾」(independent modification) と呼ぶことにする (cf. Bell (2011), Giegerich (2009) ほか)．

「名詞₁＋名詞₂」形における「別々の修飾」のうち，まず主要部名詞₂の修飾から見ていこう．「名詞＋名詞」形の内部に要素を挿入できないことを示す場合には，通常，(2) のような例が容認されないという事実が取り上げられることが多い．((2) の例の出典の明記は省略する.)[1]

(2) *hotel cheap room, *shoe big shop, *watch skilled maker, *life expensive insurance

(2) にある形容詞はみな性質形容詞 (qualitative adjective) であり，主要部名詞の指示対象の属性を示す働きをする．性質形容詞は典型的には，very などの程度副詞による修飾が可能な，段階的形容詞である．(1) の London theological colleges でも形容詞 theological が間に介在しているが，(2) とは違って容認可能である．theological は関係形容詞 (relational adjective) と呼ばれる形容詞で，名詞 theology から派生し，段階性をもたない形容詞である (cf. *very theological colleges)．

したがって「別々の修飾」の基準に依拠しながら一貫した結論を導くには，「名詞₁＋名詞₂」形において，なぜ性質形容詞は名詞₂を修飾することができないのに，関係形容詞の場合にはそれが可能なのか，その理由が説明されなければならないだろう．

次に「名詞₁＋名詞₂」形における「別々の修飾」に関して，非主要部の名詞₁の修飾を見てみよう．Bell (2011) は，(1) の London colleges が句であるという Payne and Huddleston (2002) の考え方に異を唱えて（複合）語であると主張し，次のように述べている．「名詞₁＋名詞₂」形が句であって形容詞による名詞₁の修飾が可能であると仮定したならば，(3a) のように名詞₁ の tulip にその修飾要素である形容詞 red を付加した構造だけでなく，bright をさらに付加した構造 (3b) や，bright が選択する修飾要素 very がさらに付加された構造 (3c) も可能である，という予測をすることになる．

---

[1] 本章では紙幅の関係で次の例でも出典の明記は省略する：(4), (6), (11), (12)．

しかし，この予測に反して（3b, c）は容認不可能である．Bell (2011) はこのように述べて，すべての「名詞＋名詞」形を複合語とみなしている．[2]

(3) a.　a [red tulip] collection
　　b. *?a [bright red tulip] collection
　　c. *?a [very bright red tulip] collection

(Bell (2011: 153))

以下 2 節では，「名詞＋名詞」形において関係形容詞と性質形容詞の間に見られる「別々の修飾」に関する違いを指摘する．3 節では，形容詞が名詞を修飾することによって導かれる統語構造および，性質形容詞と関係形容詞の意味的な相違点を示す．次いで 4 節では，2 節と 3 節で見る 2 種類の形容詞の違いは，「名詞＋名詞」形の構造が統語的に導かれる構造であると仮定することによって，説明が可能になるということを述べる．[3] さらに 5 節では，一見すると先の (2) に反して，「名詞$_1$＋名詞$_2$」形において性質形容詞が名詞$_2$を修飾しているように見えるケースがあることを指摘し，語彙化 (lexicalization) のプロセスの関与を示唆する．

2.　「名詞＋名詞」形における形容詞による修飾

本節では「名詞＋名詞」形の内部における関係形容詞と性質形容詞による「別々の修飾」の事実を詳しく見ていく．

2.1.　関係形容詞による修飾

先の (1) では，関係形容詞 theological は London colleges の内部に現れて，主要部名詞の colleges を修飾している．下の (4a) も同様の例である．また (4b) に示したように，関係形容詞は「名詞＋名詞」形の内部で非主要部の名詞を修飾することもできる．

---

[2] Bauer et al. (2013) でも，「名詞$_1$＋名詞$_2$」形における名詞$_1$と名詞$_2$の修飾の基準を取り上げた箇所 (p. 433) で，この形が句であると分析することの問題点として，Bell (2011) の指摘した (3) の事実が取り上げられている．

[3] 筆者は島村 (2014) では，(1) の London colleges のような「名詞＋名詞」形はすべて形態部門で形成される複合語であると仮定したが，本章ではそれを破棄することになる．

(4) a. city political problem,　New York financial markets,　two-syllable phonological word
　　b. tidal zone information,　solar system diagram,　financial planning consultant

「名詞＋名詞」形において，関係形容詞による「別々の修飾」が可能であることは，さらに，Corpus of Contemporary American English (COCA) の検索による以下の結果から支持されるだろう．ある特定の「関係形容詞＋名詞」形が「名詞₁＋名詞₂」形の内部で，名詞₁の位置にも名詞₂の位置にも生起できるようなケースが，広範に観察される．(5) を参照されたい．最初の例では solar energy が，斜線の前では名詞₂の位置，斜線の後では名詞₁の位置を占めている．ほかの例も同様である．

(5) Florida solar energy / solar energy development,　world political system / political system changes,　government financial support / financial support networks,　Texas legislative council / legislative council elections,　U.S. urban areas / urban areas security

2.2. 性質形容詞による修飾

次に「名詞＋名詞」形において，性質形容詞による「別々の修飾」が可能かどうかを見ていこう．(6) に示したように「形容詞＋名詞」形が複合語である場合には，「名詞₁＋名詞₂」形の主要部にも非主要部にもなり得る．

(6) home [darkroom],　[shortbread] recipe

しかし一般には，先の (2) から明らかなように，性質形容詞は関係形容詞とは異なり，主要部名詞₂を修飾することは認められない．
それでは，性質形容詞が「名詞₁＋名詞₂」形において，非主要部の名詞₁を修飾することは可能だろうか．非主要部の名詞₁の位置に現れるときの「形容詞＋名詞」形をめぐっては，従来からいろいろな提案が出されてきた．Carstairs-McCarthy (2010, 2014) や Giegerich (2009) などは，語彙化ないし慣習化された (institutionalized) 句だけが複合語の非主要部に生起することが可能であり，「形容詞＋名詞」形はそのような特徴をもつ句の1つであると主張している．しかし筆者は島村 (2014) で，「形容詞＋名詞」形が

意味の透明性をほぼ保持していると思われる場合であっても，かなり自由に「名詞₁＋名詞₂」形の名詞₁の位置に現れることが可能であると主張した．(7)はそこに挙げた，COCA などに見られる実例の一部である．

(7) [small car] driver, [small dog] breeder, [fresh air] farm, [young people] concert, [small town] school, [hot coffee] cup, [fresh water] lake, [warm milk] foam, [fresh fish] market, [new road] projects, [little penguin] baby, [hot night] air, [new car] price

しかしながら，どんな「性質形容詞＋名詞」形でも「名詞₁＋名詞₂」形の名詞₁の位置に現れることができるというわけではない．どのような種類のものに限られるのかについては，のちに 4.1 節で議論する．

3. 「形容詞＋名詞」形の構造

ここでいったん「名詞＋名詞」形における「別々の修飾」の議論から離れて，3.1 節では，形容詞が名詞を修飾するときの統語構造について，3.2 節では，「関係形容詞＋名詞」形と「名詞＋名詞」形の意味的な共通点について概説する．(なお 3.1 節は主として島村 (2014) にしたがったものであるため，概略だけを述べる．また一部を除いて文献は特に明記しない．)

3.1. 「形容詞＋名詞」形の統語構造

本章では島村 (2014) にしたがい，英語の形容詞が名詞を修飾するときの統語構造として，A (形容詞) を N (名詞) に直接付加することによって導かれる，$[_{N0}\ A^0\ N^0]$ の構造 (Sadler and Arnold (1994)) を採用する．

形容詞による名詞の修飾の仕方には，「直接的修飾」(direct modification) と「間接的修飾」(indirect modification) の 2 種類があるといわれているが，上記の $[_{N0}\ A^0\ N^0]$ の構造は，英語の限定形容詞が直接的修飾であるという事実とも一致する．直接的修飾では限定形容詞の語順に制限があり，Sproat and Shih (1991) では (8) に示した形容詞の階層が提案されている．

(8) Quality > Size > Color > Provenance

(Sproat and Shih (1991: 565))

(8) の階層の上位にあるものほど主要部名詞から離れていることを示しており，一般に Quality, Size, Color を示す形容詞は性質形容詞であり，下位の Provenance を示す形容詞は関係形容詞である．関係形容詞は Provenance を表すものを含めて，(9) のように主要部名詞に一番近い位置に現れなければならない．

(9) a fat old urban policeman / *an urban fat old policeman / *a fat urban old policeman

Vendler (1967) ですでに示唆されていることであるが，名詞らしい (noun-like) 形容詞ほど主要部名詞に近い位置に現れ，Shape 形容詞，Color 形容詞，関係形容詞のなかでは，関係形容詞が最も主要部名詞に近い位置に (つまり主要部名詞に隣接して) 生起する．また，関係形容詞は一般に，範疇は変化するが基体の意味は変化しないという置換 (transposition) のプロセスによって，名詞から派生する範疇であると考えられている (Beard (1995)など).

3.2. 関係形容詞の分類的機能

本節では関係形容詞の意味的特徴について述べる．「名詞＋名詞」形の複合語は，従来からいわれてきたように，主要部名詞によって示される類 (タイプ) の下位類 (下位タイプ) を示す．例えば sunflower は flower の一種である (A sunflower is a kind of flower.)．同じことは「関係形容詞＋名詞」形にも当て嵌まる．この形の表す意味は，主要部名詞の表す概念をさらに細かく分類したものである．例えば musical clock は，clock が musical であるということではなく，様々な種類の clock (alarm clock, astronomical clock, hanging clock, electronic clock など) のなかで，music を奏でて時を刻む音の美しい clock のことを指す．

別の言い方をすれば，「関係形容詞＋名詞」形の関係形容詞と，「名詞＋名詞」形の非主要部の名詞は，互いに範疇は異なるが，ともに分類的機能 (classifying function) をもち，主要部名詞によって示される類 (タイプ) か

ら何らかの下位類（下位タイプ）を導く働きをしているのである．[4]

3.1 節で，「関係形容詞＋名詞」形は [$_{N0}$ A^0 N^0] の統語構造をもち，限定形容詞が連続して生起するときには，関係形容詞は主要部名詞に隣接するということを述べた．これはつまり，関係形容詞と名詞との間に性質形容詞は挿入できないということである．(10) を参照されたい．

(10) a. *nuclear safe energy　(cf. safe nuclear energy)
　　　b. *electric small company　(cf. small electric company)

同様に，先の (2) の *hotel cheap room のように，「名詞＋名詞」形においても 2 つの名詞の間に性質形容詞を介在させることはできない．その理由は，名詞と性質形容詞との意味機能の違いによるものと考えられる．名詞は類 (kind) に言及する．それに対して，形容詞は単一の属性のみを示すため，類に言及することはできず，形容詞によって何らかの新しい類が導かれることはふつうあり得ない．形容詞は新しい類を導入せずに，名詞を修飾することによって，その名詞の指示対象に何らかの属性を付与する働きをするのである（詳しくは Wierzbicka (1986) などを参照）．[5]

上述のように関係形容詞は分類的機能をもち，主要部名詞によって示される類を，その下位類に限定する働きをもつ．他方，すぐ上で見たように，性質形容詞は類を新たに導く働きはない．そこで，性質形容詞，関係形容詞，主要部名詞の 3 つの要素を含む構造では，まず関係形容詞が主要部名詞に付加され，そのあと性質形容詞をその構造に付加することができることになる．例えば (10a) では，形容詞 safe は，nuclear が energy に付加することによって導かれる [$_{N0}$ [$_{A0}$ nuclear] [$_{N0}$ energy]] の構造を修飾することはできるが，nuclear と energy の間に挿入されることは許されない．

---

[4] 上記 2 つの形のほかに「形容詞＋名詞」形の複合語も，分類的機能をもつ要素と主要部名詞から成る形である．このような形にはさらに，「記述属格＋名詞」形 (driver's license)，「名詞＋前置詞句」形 (cost of living)（島村 (2014)），および，主要部名詞が右側にある混成語 (motel (motor＋hotel)) がある．これらは構造的には様々だが，どれも，非主要部の要素が分類的機能を果たすという点では共通しており，島村 (2014) では，これらの表現は何らかの類に言及する「名前」(name) とみなし得ると述べている．

[5] 本章では紙幅の関係で紹介できないが，名詞と形容詞のこの違いは，母語獲得の実験からも確かめられており，先行研究もいくつか出されている．

4. 「名詞＋名詞」形の構造

本節では再び「名詞＋名詞」形を扱う．4.1 節では「名詞＋名詞」形の構造のなかには統語的に導かれる構造をもつものがあるということを提案する．4.2 節では，「名詞＋名詞」形の構造と「関係形容詞＋名詞」形の構造の違いを2つ具体的に取り上げる．

4.1. 「名詞＋名詞」形の統語構造

3.2 節で，「関係形容詞＋名詞」形は「名詞＋名詞」形と同様に，類を示す働きをもつということを述べた．したがって 2.1 節で見たように，「関係形容詞＋名詞」形の表現の多く（おそらく大部分）は，「名詞$_1$＋名詞$_2$」形において，主要部名詞$_2$の位置にも非主要部の名詞$_1$の位置にも自由に現れることが可能である．また 3.1 節で述べたように，「関係形容詞＋名詞」形は一般に $[_{N0}\ A^0\ N^0]$ の統語構造をもつので，「名詞＋名詞」形もまた，統語的に導かれる構造をもつことになる．本章では $[_{N0}\ N^0\ N^0]$ の構造を，「名詞＋名詞」形の統語構造とみなすことにしたい．

次に「性質形容詞＋名詞」形に移って，この形が「名詞$_1$＋名詞$_2$」形の非主要部の名詞$_1$の位置に生起する場合を考えてみよう．2.2 節で見たように，「性質形容詞＋名詞」形は，純粋な複合語（cf. shortbread recipe (6)）だけでなく (7) のようにほぼ合成的な意味を保持していると思われるものも，名詞$_1$の位置に現れることができる．そこで，性質形容詞が名詞に付加することによって導かれる $[_{N0}\ A^0\ N^0]$ の統語構造は，「名詞$_1$＋名詞$_2$」形の名詞$_1$の位置にも現れることが可能であるということになる．

しかしここで注意したいのは，先の (7) の「性質形容詞＋名詞」形は，「名詞＋名詞」形の内部に生起する以上，何らかの類（タイプ）を示すものでなければならないということである．事実を見てみよう．

例えば (7) の small car driver と small dog breeder はよいが，それぞれ green car driver と brown dog breeder になると，それだけ容認度が下がる（島村 (2014: 45-46)）．また a good car driver というと，「車の運転がうまい人」であって，「いい車 (good car) を運転する人」(driver of a good car) の意味に解釈するのはむずかしい．さらに，Bell (2011) が示した先の a red tuplip collection (3a) では red tulip はほぼ合成的な意味をもつが，[6] しかし a beautiful tulip collection になると (3a) よりも容認されにくいと思われる．good や beautiful は話者の主観的な評価を表すため，good car や beautiful tulip などは類の解釈をもちにくいのではないかと思われる．また，先の (3b, c) が容認できないのは，bright red tulip と very bright red tulip が両方とも類に言及できないからである．red tulip の前に bright が付いても，bright red tulip という類が新たに導かれるわけではない．形容詞の前に程度副詞 very が付いた形も同様であり，(3c) はもちろん，*a [very red tulip] collection も容認できないだろう．したがって (3b, c) の角括弧内に示したような表現が「名詞$_1$＋名詞$_2$」形の名詞$_1$の位置に生起できないからといって，Bell (2011) のように「名詞$_1$＋名詞$_2$」形は句ではなく（複合）語であると，直ちに結論するのは早計であろう．「名詞$_1$＋名詞$_2$」形の表現が何らかの類に言及する以上，名詞$_1$の位置に現れる「形容詞＋名詞」形の表現もまた，類に言及するものでなければならないのである．

　本章ではこれまで時折，red tulip collection の red のように名詞$_1$を修飾する形容詞を，関係形容詞と区別するために，性質形容詞と記した．しかしここで断っておきたいが，正確にいうと，このような形容詞は，性質形容詞としての本来の機能を失って分類的な機能しかもたないと考えるべきである．同じことは「形容詞＋名詞」形の複合語内部の形容詞についてもいえることである（脚注4も参照）．

　上で，「形容詞＋名詞」形の表現は，何らかの類を示すものであれば，「名詞$_1$＋名詞$_2$」形の名詞$_1$の位置に現れることができるということを述べた．一方，主要部名詞$_2$の位置にはこの形は生起できない．3.2節で述べたように，「名詞$_1$＋名詞$_2$」形の表現は，主要部名詞$_2$によって示される類の下位類を示すものである．しかし性質形容詞は一般に類に言及できないため，「形容詞＋名詞」形の表現によって何か新しい類が導かれるわけではない．例えば先の (2) で，cheap が room を修飾することによって，room の指示対象

---

　[6] Carstairs-McCarthy (2014: 131-132) は，red tulip は very bright red tulip とは違って，慣習化されている，あるいは直ちに慣習化され得る，と述べている．しかし，たとえ仮に [American history] teacher の American history は，*[suburban history] teacher の suburban history と違って，慣習化されているという主張を認めたとしても，red tulip にまで慣習化の概念を広げるのは無理があるように思われる．

の意味内容はそれだけ豊かになるといえるが，cheap room 自体が類に言及しているわけではないので，*hotel cheap room は容認できない．

　本節のこれまでの主張を要約すると，次の通りである．形容詞が名詞を修飾することによって導かれる統語構造は $[_{N0}\ A^0\ N^0]$ である．そしてこの統語構造をもつ「関係形容詞＋名詞」形と「(性質) 形容詞＋名詞」形はともに，「名詞＋名詞」形の内部にも現れることができる．したがって，そのような「名詞＋名詞」形は統語部門で導かれ，$[_{N0}\ N^0\ N^0]$ の構造をもつと結論することができる．

　最後に，(統語部門ではなく) 形態部門に属すると考えられる「形容詞＋名詞」形と「名詞＋名詞」形について，概略を述べておこう．

　(6) で見たように，「形容詞＋名詞」形が blackbird のように純粋な複合語である場合には，「名詞＋名詞」形の非主要部だけでなく主要部の位置にも現れることができる．このような複合語は ($[_{N0}\ A^0\ N^0]$ ではなく) $[_N\ A\ N]$ の構造をもち，各々が1つの語彙記載項としてレキシコンにリストされていると考えたい (島村 (2014))．「形容詞＋名詞」形の複合語が「名詞$_1$＋名詞$_2$」形の内部に現れるときには，$[_N\ A\ N]$ の構造がそのまま名詞$_1$ないし名詞$_2$の位置に挿入されることになる．また上で触れたが，複合語内部の形容詞は分類的機能しかもたない (cf. *very blackboard, green blackboard)．[7]

　「名詞＋名詞」形については，1 節で見たように，Payne and Huddleston (2002) では，ice-cream は London colleges と違って，(句ではなく) 語であると提案されている．darkroom や wristband のように1語で綴られたり ice-cream や life-span のようにハイフォンで連結された「名詞＋名詞」形は，一般に，句ではなく (複合) 語であると考えられている (Bauer et al. (2013: 432))．このような「名詞＋名詞」形の複合語は形態部門に属し，例えば penknife や butterfly のように完全に語彙化した複合語の場合は，$[_N\ N\ N]$ の構造がレキシコンにそのままリストされると考えるべきかもしれない．

---

　[7]「関係形容詞＋名詞」形のなかにも $[_N\ A\ N]$ の構造をもち，1つの語彙素としてレキシコンにリストされるものがあると思われる．特定の分野 (動物や料理など) に属するある1つの種類を示す語，例えば Indian elephant, Japanese food などである (島村 (2014))．

4.2. 「名詞＋名詞」形の構造と「関係形容詞＋名詞」形の構造

3.2節で見たように，「関係形容詞＋名詞」形は，何らかの類（タイプ）を示す働きがあるという点においては，「名詞＋名詞」形と共通している．Bell (2011), Giegerich (2006) および ten Hacken and Kwiatek (2013) では，「関係形容詞＋名詞」形は複合語として分類されている．[8]「関係形容詞＋名詞」形が複合語かどうかは，複合語の定義に依存するものかもしれないが，「関係形容詞＋名詞」形と「名詞＋名詞」形の共通点と同時に，相違点にも目を向ける必要があるだろう．以下では，再帰 (recursion) および枝分かれの構造 (branching structure) の観点から，両者の違いを考えてみよう．

英語（および他のゲルマン諸言語）では，(11) のように「名詞＋名詞」形の複合語が再帰性をもつことはよく知られている．

(11) a. student film society committee scandal inquiry
b. state budget deficit

また「関係形容詞＋名詞」形においても，(12) の例では関係形容詞が2つ連続している．

(12) Japanese financial markets, metallic medical instruments, municipal educational authorities, urban athletic center

しかし「名詞＋名詞」形と「関係形容詞＋名詞」形は，枝分かれの構造に関しては違いが見られる．「名詞＋名詞」形が繰り返し生起するときには，その構造は右枝分かれも左枝分かれも両方可能であるが，他方，「関係形容詞＋名詞」形が繰り返されるときには，その構造は右枝分かれであって左枝分かれにはならない．

「名詞＋名詞」形においては，新たに加えられる名詞が主要部か非主要部かによって，構造が左枝分かれにも右枝分かれにもなり得る．(11a) で student film を「学生向けの映画」という意味で解釈するときには，この student

---

[8] Bauer et al. (2013: 435) では，「関係形容詞＋名詞」形のうち左側の関係形容詞に強勢の置かれるもの (dramátic society など) に関しては，一般に複合語と認められるだろうと述べている．(他方，強勢が右にあるもの (atomic bómb など) については結論を控えている．)

film に対して右側の主要部位置に順に society, committee, scandal, inquiry が追加されるので，その構造は左枝分れである．それに対して (11b) の構造は，budget deficit に対して左側の非主要部に state が追加されるので，右枝分れである．

次に「関係形容詞+名詞」形の構造を見てみよう．すでに述べたように，関係形容詞は名詞から派生する．しかし範疇はあくまでも形容詞であり名詞にしか付加することができない．Spencer (2013) では，関係形容詞と基体の名詞は意味に違いはないが，しかし互いに別々の語彙素とみなすべきであると提案され，それを支持する証拠の1つとして (13) が挙げられている．

(13) a. construction with a monosyllabic preposition
　　 b. monosyllabic preposition construction
　　 c. monosyllabic prepositional construction

(Spencer (2013: 359))

preposition construction と prepositional construction は互いに同義であるにもかかわらず，直前に関係形容詞 monosyllabic を付けると，(13a) の意味になるのは (13b) のみであり，(13c) はその意味にはならない．本章では上記の Spencer (2013) の提案の是非については触れないが，(13c) が (13a) の意味に解釈できないのは，関係形容詞が直接修飾できるのは名詞であり，別の関係形容詞を直接修飾することはできないからである．(13c) では主要部名詞 construction に対して，左側の非主要部位置に関係形容詞の prepositional と monosyllabic が順に追加されるので，その構造は右枝分れである．

なお「関係形容詞+名詞」形が繰り返し生起するときには，関係形容詞の数は (12) では2つであり，それ以上の数の関係形容詞の連続はあまり観察されないように思われる．Mukai (2008) は主要部が右側に位置する言語として英語と日本語，スカンジナビア諸語を具体的に挙げて，左枝分れと右枝分れの「名詞+名詞」形の複合語の場合，後者の複合語の形成のほうが前者よりも制限が厳しいということを指摘している．この指摘は，関係形容詞が連続して生起する右枝分れの構造についても当て嵌まるように思われる．

5. 「形容詞＋名詞」形の構造と語彙化

先に，非主要部と主要部の2つの名詞の間，ないし関係形容詞と主要部名詞の間には，性質形容詞を挿入することはできないことを見た (cf. (2), (10))．しかし本節では，「形容詞＋名詞」形のなかに，一見するとこの反例と思われるようなケースが実際に存在することを指摘する．その上で，そのような「形容詞＋名詞」形がどのような統語的・意味的特徴をもつのかについて，語彙化のプロセスと関係させながら考察する．

5.1. 類を示す「形容詞＋名詞」形の構造

下の (14a, b) は一見すると，先の (2) や (10) に反して，それぞれ「名詞＋名詞」形と「関係形容詞＋名詞」形の内部に，性質形容詞が介在しているように見える例 (いずれも COCA から) である．

(14) a. another Nissan small car, a mystery short story, inner-city young people, emergency fresh water, highlife popular music, a low pressure small town

　　 b. domestic small cars, her fictional short story, American young people, seasonal fresh water, a breath of local fresh air

しかし実際には，(14) の下線部の形容詞はどれも，性質形容詞としての本来の性質は失って，分類的機能だけをもつと考えられる．つまり，(14) の下線部の形容詞と後続の名詞から成る形は何らかの類（タイプ）に言及し，Dahl (2004: 180) のいう「一体の概念」(unitary concept) を表している．このため，例えば *emergency [very fresh water] や *local [fresh cold air] などは容認されない．

以下では，類に言及する (14) のような「形容詞＋名詞」形について，次の2つのことを主張する．つまり，この形は，(i) 性質形容詞が名詞を修飾する場合と同じく [$_{N0}$ A^0 N^0] の構造をもつが，しかし，(ii) どの要素が主要部とみなされるのかに関しては，性質形容詞が名詞を修飾する場合とは異なる，という主張である．

まず上の (i) については，類を示す「形容詞＋名詞」形の構造は，以下の

3つの理由で，すでに示した2つの構造のうち，[$_N$ A N] ではなく [$_{N0}$ A^0 N^0] であると考えるべきである．第1に，「形容詞＋名詞」形の複合語では通常左側の形容詞に強勢が置かれるが，(14) の「形容詞＋名詞」形では，強勢が右側の名詞に置かれる（ただし short story については脚注 13 参照）．第2に，「形容詞＋名詞」形の複合語は意味が合成的ではないが，(14) の「形容詞＋名詞」形はどれも意味の透明性がかなりの程度保たれている．第3に，「形容詞＋名詞」形の複合語は辞書に記載されるのがふつうであるが，(14) の個々の「形容詞＋名詞」形は，のちに 5.2 節で見るように，必ずしもそうとは言えない．以上3つの理由で，類に言及する「形容詞＋名詞」形は，性質形容詞が名詞を修飾する場合と同じく，[$_{N0}$ A^0 N^0] の構造をもつと考えられる．

次に上の (ii) について，詳しく見てみよう．(15) (16) を参照されたい．

(15) They exhibit a variety of luxurious big <u>cars</u> as well as simple small {cars/<u>ones</u>}.

(16) They exhibit a variety of luxurious big cars as well as domestic small {cars/?*<u>ones</u>}.

(15) の small cars の small は性質形容詞であり，(16) の domestic small cars（=(14b)）の形容詞 small は分類的機能だけをもつ．上述のように，(15) と (16) の small cars の構造はともに [$_{N0}$ [$_{A0}$ small] [$_{N0}$ cars]] である．しかし，(15) では cars は代用形 ones に置き換えが可能だが，(16) ではそのような置き換えは許されない．^{9} それでは，(15) と (16) のこの文法性の違いは，何に帰因するものなのであろうか．本章ではこの違いは，(15) の small cars と (16) の domestic small cars の主要部の違いによるものであると考えたい．つまり，(15) の small cars の主要部は N^0 の cars であるが，(16) の domestic small cars の場合は，small と cars の2つの要

---

^{9} なお (15) と (16) の small cars は，small cars 全体を ones で置き換えることができるという点では共通している．以下を参照．

(i) They exhibit a variety of luxurious <u>small cars</u> as well as simple {small cars / ones}.

(ii) They exhibit a variety of simple <u>small cars</u> including domestic {small cars / ones}.

素がいっしょになった [No [Ao small] [No cars]] の構造自体が主要部である，と仮定するのである．この仮定に立つと，(15) とは違って (16) で cars を ones に置き換えることができない理由は，small と cars の 2 つの要素が主要部として 1 つにまとまって，いわば「照応の島」(anaphoric island) のように振る舞うからである，と説明することができると思われる．これまで述べた主要部の違いは，同一の形容詞を含みながら語順の異なるペア，例えば small domestic cars (small は性質形容詞) 対 domestic small cars (small は分類的機能のみ) に注目すると，さらに明らかであろう．

しかしここで，主要部の同定に関して問題になると思われることを指摘しなければならない．統語部門で導かれる 2 つの要素を主要部とみなすことは，主要部になる要素は単一の語彙項目でなければならないという一般化 (Carstairs-McCarthy (2010: 208)，影山 (1993: 328-329) など) から逸脱しているといわざるを得ない．主要部についてのこの問題にどのように対処すべきかを検討するために，以下では，何らかの類を示す「形容詞＋名詞」形の表現と，同じく「形容詞＋名詞」形の複合語とを，互いに比較対照することによって，両者の構造的・意味的・音韻的な特徴を，語彙化 (lexicalization) の観点から考えてみたい．

5.2. 類を示す「形容詞＋名詞」形の辞書の記載

語彙化のプロセスを検討するため，本節では，何らかの類を示し得ると考えられる (17) の 7 つの形 (いずれも (14) にある「形容詞＋名詞」形と同じ) を具体的に取り上げて，辞書の記載の有無と COCA の検索結果について概説する．

(17) small town, fresh water, young people, small car, short story, fresh air, popular music

上の 7 つの「形容詞＋名詞」形に関して，OED と 7 つのオンライン辞書を使って，まず，形容詞と名詞が 2 語別々に記された形が，名詞として見出し語に記載されているかどうかを調べた．[10] その結果 OED では，(17) の

---

[10] 筆者が調べた辞書は，OED (*The Oxford English Dictionary*, 2nd ed., on CD-ROM, Version 4.0(2009), Oxford University Press, Oxford) と，次の 7 つのオンライン辞書で

7つはどれも名詞として見出し語にはなっていないことがわかった．脚注10に挙げた7つすべてのオンライン辞書で，名詞として見出し語になっているのは short story のみで，逆に small car は，どの辞書にも見出し語として記載されていない．また popular music は4つ，fresh air は2つの辞書に見出し語として記載されており，残りの3つの fresh water, young people, small town については，名詞として見出し語に出ているのは，それぞれ1つの辞書だけである．

　以下では fresh water に焦点を当てて，辞書の記載を少し詳しく見ていこう．fresh と water が2語別々に記された *fresh water* という形が，名詞として見出し語になっているのは，脚注10に示した8つの辞書のうち *Collins English Dictionary* だけである．この辞書には，*fresh water* の語義として "water that is good to drink because it is not dirty or contaminated" と，"water that is not salt" の2つが示されている．前者の意味はかなりの程度まで透明性を保っていると思われるが，後者は特に salt water（塩水）と区別して，淡水という意味であり，前者に比べると意味が狭まって特殊化されているといえるだろう．発音は *water* に強勢が置かれている．また，ハイフォン無しで1語に綴られた *freshwater* という形が，名詞として見出し語になっている辞書が2つあり，その2つの辞書でも淡水の意味が示されている．発音は上記の *fresh water* とは逆に，*fresh* に強勢が置かれている．[11]

　次に COCA の検索の結果について述べる．*fresh water* の出現数は 1,156，*freshwater* が 2,267 であり，後者のほうが2倍近く多い．前者の *fresh water* については，（ざっと調べただけではあるが）主要部名詞を修飾する用法の例もあるが（already limited *fresh water* resources など），名詞として用いられている例のほうがずっと多い（consumption of *fresh water* など）．一方，後者の *freshwater* については，主要部名詞を形容詞的に修飾す

ある：Collins English Dictionary, Merriam Webster Online, The Merriam Webster Unabridged Dictionary, Oxford Dictionaries, Cambridge Dictionaries Online, Longman Dictionary of Contemporary English, Oxford Learner's Dictionaries.

[11] *freshwater* の形は，（名詞ではなく）形容詞としてなら，*OED* および（1つを除く）6つのオンライン辞書に見出し語として記載されている．また8つの辞書にはハイフォン付きの形 *fresh-water* が名詞として見出し語になっているものはない．

る用法が主であるが (the largest *freshwater* lake など), 名詞として用いられているものもかなり見られる (the Mississippi's warm *freshwater* など).

fresh water の場合, 1 語に綴られた *freshwater* の形が名詞として見出語になっている辞書が 2 つあることを, 上で述べた. しかし fresh water 以外の (17) にある 6 つの形については, 8 つの辞書のなかには, 1 語に綴られた形が名詞として見出語になっているものは 1 つもない. そこでさらに, それら 6 つの形に関して, 1 語に綴られた形の実例が COCA にあるかどうかを調べた. その結果, fresh water の次に 1 語で綴られた形の出現数が多いのが small town であり, *smalltown* の形が 59 例見られた. そのうち 53 例は形容詞的に名詞を修飾する用法だが, あとの 6 例は, 名詞として用いられている (I thought it would be more interesting than life in my *smalltown.* など).[12]

上で見た *freshwater* の形は, 1 語で綴られていて左側の形容詞に強勢が置かれるので, 名詞として用いられる場合には,「形容詞＋名詞」形の純粋な複合語とみなすのが妥当であろう. また COCA で検出された *smalltown* のうち, 名詞として用いられている 6 例の *smalltown* も, *freshwater* 同様に純粋な複合語であろう.

これまでは主として fresh water に焦点を当ててきたが, 以下ではもっと一般的に, 何らかの類に言及する「形容詞＋名詞」形の表現と「形容詞＋名詞」形の複合語との間には, 統語的・意味的・音韻的にどのような違いが見られるかについて考察する.

5.3. 語彙化のプロセス

ある特定の「形容詞＋名詞」形の表現が何らかの類を示すと解釈され, それが人々の間で広く受け入れられるようになれば, それだけ意味が透明性を欠いて特殊になり, 辞書に記載されて, 最終的にはその表現は 1 つの語彙項目 (複合語) として知覚されるようになるのではないかと考えられる.

Plag らによるコーパスの検索に基づく実証的な研究 (Plag et al. (2008),

---

[12] (17) の short story, small car, fresh air についても, 1 語で綴られた形の例がごく少数検出されたが, それらはみな名詞を修飾する用法だけであり, young people と popular music については, 1 語で綴られる形の例は検出されなかった.

Bell and Plag (2012) など）では，「名詞＋名詞」形の複合語の語彙化は，頻度，綴り（2 語別々に綴るか，ハイフォン付きで綴るか，1 語に綴るか），および強勢（左右の名詞のどちらに置かれるか）と，密接に関係していると提案されている（Bauer et al. (2013: 444-451) も参照）．それに対して本節の議論は，「形容詞＋名詞」形が類に言及する場合について，わずか 7 つの具体的な表現にもとづいたものでしかない．また short story のように，筆者が調べた（OED を除く）7 つの辞書すべてに名詞として見出し語の記載がありながら，（1 語に綴られた形ではなく）2 語別々に綴られた形が見出し語になっているようなケースもあるので，[13] 常に綴りと発音と頻度をもとに，語彙化の程度を判断することができるとはいえないだろう．しかし「名詞＋名詞」形の複合語に関する Plag たちの提案と，ある程度まで同様のことがいえるのではないかと思われる．

　ここで，本章で示した $[_{N0}\ A^0\ N^0]$ と $[_N\ A\ N]$ の構造の区別を前提にして，「形容詞＋名詞」形の語彙化のプロセスを，fresh water を例にしながら，3 段階に分けて整理してみよう．まず語彙化が関係しない最初の段階では，fresh water は $[_{N0}\ [_{A0}\ \text{fresh}]\ [_{N0}\ \text{water}]]$ の構造をもち，N^0 の water が主要部である．次の段階では，fresh は性質形容詞としての働きはせずに，分類的機能のみをもつ．綴りと強勢の置かれる位置は第 1 段階と同じであり，構造も第 1 段階と同一の $[_{N0}\ [_{A0}\ \text{fresh}]\ [_{N0}\ \text{water}]]$ である．しかし第 1 段階とは異なり，この構造がより大きい構造の主要部の位置に現れるときには（(14b) の seasonal fresh water など），この構造をもつ fresh water 自体が主要部であると分析されなければならない．そして最後の段階で，完全に語彙化された複合語が，$[_N\ [_A\ \text{fresh}]\ [_N\ \text{water}]]$ の構造をもつ単一の語彙項目として，辞書にリストされる．この複合語がより大きい構造の主要部の位置に生起するときには，この複合語が主要部になる．この最後の段階の「形容詞＋名詞」形は構造だけでなく，強勢と綴りも第 1・第 2 段階とは違って，左側の形容詞 fresh に強勢が置かれ，1 語として綴られる．

　「形容詞＋名詞」形の語彙化のプロセスについての上記の分析が基本的に

---

[13] short story の発音に関しては，7 つの辞書のうち発音が示されている辞書では，強勢が story に置かれているものと，逆に short に置かれているものとがあり，一致していない．

正しければ，第2段階と第3段階では，語彙化の関与しない第1段階とは異なって，形容詞と名詞がいっしょになったものが主要部とみなされることになる．第3段階では形容詞と名詞から成る単一の語彙項目（つまり複合語）が主要部になるので，これは，(5.1節で言及した) 通常の主要部の概念と一致している．しかし第2段階では，主要部のこの一般化から逸脱して，形容詞と名詞の2つの要素から構成される統語構造が主要部になっている．このことは，第2段階の「形容詞＋名詞」形は，類を示すと解釈され意味的に一体の概念を表しているにもかかわらず，語彙化のプロセスの途中の段階にあり，完全に語彙化された複合語の段階にまでは至っていないということを，示しているのではないかと考えられる．

6. まとめ

　句と語を区別するための基準として先行研究で提案されてきたもののうち，本章では特に「別々の修飾」の基準にもとづいて，英語の「名詞＋名詞」形のなかには，統語的に導かれるものが存在するということを論じた．その証拠として，統語部門で生成される「形容詞＋名詞」形の構造が，「名詞＋名詞」形の内部に現れ得ることを指摘した．さらに「名詞＋名詞」形においては，関係形容詞による主要部名詞の修飾は可能だが，性質形容詞による修飾は一般に許容されないという事実に注目した．そしてこの事実は，性質形容詞が関係形容詞とは違って，分類的機能をもたないと考えることによって，説明が可能になることを述べた．最後に，実際には，性質形容詞が分類的機能（のみ）をもつ場合があることを指摘し，そのような「形容詞＋名詞」形は語彙化のプロセスのなかに置かれ，さらに語彙化が進むと，最終的には純粋な複合語に至ることがあり得るのではないか，ということを示唆した．

参考文献

Bauer, Laurie, Rochelle Lieber and Ingo Plag (2013) *The Oxford Reference Guide to English Morphology*, Oxford University Press, Oxford.

Beard, Robert (1995) *Lexeme-Morpheme Base Morphology: A General Theory of Inflection and Word Formation*, State University of New York Press, Albany.

Bell, Melanie (2011) "At the Boundary of Morphology and Syntax: Noun Noun Constructions in English," *Morphology and Its Interfaces*, ed. by Alexandra Galani, Glyn Hicks and George Tsoulas, 137-167, John Benjamins, Amsterdam.
Bell, Melanie and Ingo Plag (2012) "Informativeness Is a Determinant of Compound Stress in English," *Journal of Linguistics* 48, 485-520.
Carstairs-McCarthy, Andrew (2010) *The Evolution of Morphology*, Oxford University Press, Oxford.
Carstairs-McCarthy, Andrew (2014) "Review Article: *The Oxford Reference Guide to English Morphology*, by Laurie Bauer, Rochelle Lieber and Ingo Plag, Oxford University Press, Oxford, 2013," *Morphology* 24, 125-134.
Dahl, Östen (2004) *The Growth and Maintenance of Linguistic Complexity*, John Benjamins, Amsterdam.
Di Sciullo, Anna Maria and Edwin Williams (1987) *On the Definition of Word*, MIT Press, Cambridge, MA.
Giegerich, Heinz (2006) "Attribution in English and the Distinction between Phrases and Compounds," *Englisch in Zeit und Raum—English in Time and Space: Forschungsbericht für Klaus Faiss*, ed. by Petr Rösel, 10-27, Wissenschaftlicher Verlag Trier, Trier.
Giegerich, Heinz J. (2009) "Compounding and Lexicalism," *The Oxford Handbook of Compounding*, ed. by Rochelle Lieber and Pavol Štekauer, 178-200, Oxford University Press, Oxford.
影山太郎（1993）『文法と語形成』ひつじ書房，春日部.
Mukai, Makiko (2008) "Recursive Compounds," *Word Structure* 1, 178-198.
Payne, John and Rodney Huddleston (2002) "Nouns and Noun Phrases," *The Cambridge Grammar of the English Language*, ed. by Rodney Huddleston and Geoffrey K. Pullum, 323-523, Cambridge University Press, Cambridge.
Plag, Ingo, Gero Kunter, Sabine Lappe and Maria Braun (2008) "The Role of Semantics, Argument Structure, and Lexicalization in Compound Stress Assignment in English," *Language* 84, 760-794.
Sadler, Louisa and Douglas J. Arnold (1994) "Prenominal Adjectives and the Phrasal/Lexical Distinction," *Journal of Linguistics* 30, 187-226.
島村礼子（2014）『語と句と名付け機能――日英語の「形容詞＋名詞」形を中心に――』開拓社，東京.
Spencer, Andrew (2013) *Lexical Relatedness: A Paradigm-based Model*, Oxford University Press, Oxford.
Sproat, Richard and Chilin Shih (1991) "The Cross-Linguistic Distribution of Adjective Ordering Restrictions," *Interdisciplinary Approaches to Language: Es-*

says in Honor of S.-Y. Kuroda, ed. by Carol Georgopoulos and Roberta Ishihara, 565-593, Kluwer Acadenic, Dordrecht.

ten Hacken, Pius and Ewelina Kwiatek (2013) "Nominal Compounds as Naming Devices: A Comparison of English and Polish Land Surveying Terminology," *The Semantics of Word Formation and Lexicalization*, ed. by Pius ten Hacken and Claire Thomas, 83-101, Edinburgh University Press, Edinburgh.

Vendler, Zeno (1967) *Linguistics in Philosophy*, Cornell University Press, Ithaca, NY.

Wierzbicka, Anna (1986) "What's in a Noun?(Or: How Do Nouns Differ in Meaning from Adjectives?)," *Studies in Language* 10, 353-389.

[英語コーパス]

COCA: Davies, Mark (2008-) *The Corpus of Contemporary American English: 450 Million Words,* 1990-Present. Available online at http://corpus.byu.edu/coca/.

第 3 章

Postsyntactic Compound の分析
―構文拡張的見方―*

森田　順也

金城学院大学

1. 序

　複合語は，非合成的意味の固定的タイプ（e.g. catfish）と，合成的・生産的タイプ（e.g. movie making）に分かれる．とりわけ，後者の複合語がどのレベルで作られるかに関して，語彙部門とする伝統的立場と（Di Sciullo and Williams (1987)），統語部門とする革新的立場（Embick (2010)）が対峙する．またいずれの立場においても，複合語の持つ二面性―語彙的および統語的特性―を捉える必要がある．本章では，このような複合語の生成レベルおよび形態-統語の相互関係の解明の一環として，日本語の過程（事象）複合語を分析する．次の実例を比較しよう．（「現代日本語書き言葉均衡コーパス」（BCCWJ）より抜粋．）

(1) a. 各種建設現場に入場する際知っておくべき事項について ...
　　b. 会場に入場の際はパンフレットが必要になります．
　　c. ［会場：入場］の際には銃を持ったカラビニエーリ（国家治安警察隊）が五メートルおきに立ち並び ...

三構文の述語の知的意味は共通といえるが，構造上は (1a) の述語が動名詞（VN）と「する」から成るのに対して，(1b) は動名詞のみから成り，さら

---

　* 例文の容認性判断に際しては，4 人の大学院生と筆者の家族にインフォーマントをお願いした．ご協力に感謝したい．本章は，筆者に交付された平成 26 年度科学研究費補助金基礎研究 (c)（研究課題番号：26370462）により援助を受けた研究の成果を含んでいる．

に (1c) では項の編入を受けている．同複合語は，構成素間に幾分の切れ目（":"で示す）を置いて発音されるものであり，(1a, b) の述語表現と異なり，付加詞 (e.g. 順番に) を内包できないといった語彙的性質も持ち合わせている．また (1c) の複合語は，大規模コーパスの hapax（頻度1のもの）であることから，レキシコンに格納されることなくその場で創造されるものであり，ある特定の状況を一時的に概念化できるという顕著な特質を持つ．本章では影山（1993）に従って，この日本語特有の複合語を S 構造複合語——統語部門の最終段階で形成される語——と呼ぶ．

　本研究の目的は，S 構造複合語の二面的特質を一般化し，その根源を統一的に説明することにある．2節で，先行研究が明らかにした当該複合語の語彙的および統語的特性群を提示した後，3節では文法の拡張という重層的文法観に基づき，同複合語構文のサブタイプ間の有機的関係を例証する．

2. S 構造複合語の二面性

2.1. 語の性質

　Shibatani and Kageyama (1988)（以下，S&K）などによって指摘されている S 構造複合の語彙的特質は，7つにまとめられる．①格助詞の排除，②形態的緊密性，③前項の意味制限，④二又構造の制約，⑤構成素間の語種の制限，⑥時制の排除，⑦複合語全体の意味制限．この内，特に注意したい3点に絞って略述する．（詳しくは森田（2015）参照．）

　格助詞の排除については，(2) の S 構造複合語に格助詞の「を」や「の」を挿入できないことから分かる．ここでは，名詞の屈折形は内部要素に現れない，という複合語一般の性質が示されている (cf. ボール（*を）投げ，郵便（#の）配達（影山・柴谷（1989: 143)))．次に形態的緊密性の例として (3) が挙げられる．付加詞が後項の動名詞に付加できないことから，X^0 の内部に統語表現は現れない，という語の特性が示される．第三の前項の意味制限は，(4) に例示されている．(4a) のように，前項が指示・限定機能を有する修飾語句を伴う名詞の場合に，S 構造複合は容認される傾向がある．これに対して (4b) のように，対象を描写する修飾語句を伴う名詞の場合は，主要部への編入は困難である．句の包摂が厳しく制限される点が，語彙的特質といえる．

(2) a. ［中国：訪問］の際　　　　　　　　　　　　（S&K: 461）
　　b. ［新空港：建設］に反対する．　　　（影山・柴谷（1989: 141））
(3) *［ヨーロッパ：のんびり：旅行］中に　　　　　（S&K: 462）
(4) a. ［清水氏の発言：終了］後 ...
　　b.?*［あこがれのヨーロッパ：旅行］中に ...　　（影山（1993: 224））

2.2. 統語的特質

　従来指摘されている S 構造複合の統語的特質は，8 つにまとめられる．
①形態統語的平行性，②前項の統語的条件，③句の包摂が可能，④「照応の島」の制約の不適用，⑤合成的意味，⑥音声的平行性，⑦主語敬語化が可能，⑧ S 構造複合後の語彙的操作の禁止．以下，最初の 4 点を例示する．
　形態統語的平行性とは，(5) に見るように，対応する統語構造が不可ならば複合語も不可になるというものである．両者は共通の統語的性質を持っていると判断できる．[1] 次に (6a) と (6b) の対比から察知されるように，当該複合語の前項は（非対格 VN の）主格，対格，与格が与えられる要素に制限される．したがって「S 構造複合は主要部に適正統率され格を与えられた項に適用する」という原則が成り立つ．第三に，句の包摂が限定的に可能である．一般に句は語の内部に生起できないが（*[[大きな馬]$_{NP}$ 乗り]$_N$），先に (4a) で見たように，指示・限定の修飾語を含む名詞句は生起しうる．句が関与できる点で，当該複合は統語的である．最後に，「照応の島」の制約—語の要素は外部要素と照応関係を持たない—は，(7) に見るように，語彙的複合には成り立つが，S 構造複合には成り立たない．語境界が無視される点で，当該複合語は統語的性質を備えている．

(5) a. *［家族とのヨーロッパを旅行］$_S$ の折
　　b. *家族との［ヨーロッパ：旅行］$_N$ の折　　　（S&K: 468）
(6) a. ［受験生：増加］，［新大陸：発見］，山田氏の［部長：昇進］
　　　　　　　　　　　　　　　　　　　　（影山・柴谷（1989: 154））
　　b. *［電算機：計算］中，*［アメリカ：帰国］後　（S&K: 470）

---

[1] 後で議論する名詞構造経由の複合語形成についても，同様にして阻止されることに注意したい（cf. ??家族との［ヨーロッパの旅行］$_{NP}$ の折）．

(7) a. *アメリカでは [中古車ᵢ 販売] をする時は, それらᵢ に保証を …
　　b. 太郎は先日, [中古車ᵢ：販売] の際に, それらᵢ の一台をこわしてしまった.　　　　　　　　　　　　　　　　　(S&K: 473)

3. 構文の拡張と構文間の関係

3.1. 先行分析

　S 構造複合語に対する 2 種類の派生法が提案されている．1 つは，時を表す節の基底構造から派生させる．例えば，「[家内が [アメリカを訪問]_{VP}]_S の折」から，非主要部の格助詞の省略および主要部への編入によって，S 構造複合語「[家内が [[アメリカ：訪問]_{VN}]_{VP}]_S の折」が派生される (S&K: 458)．もう 1 つは，名詞句構造から派生させる方法である．例えば [受験生 増加]_{NP} の基底構造から，非主要部が格を付与された後で主要部に編入して，[受験生：増加]_N が形成される (影山・柴谷 (1989: 155))．上記の分析では，先に見た S 構造複合の統語的特性はそれが統語論で行われることに由来し，語彙的特性は産出物が語であることに由来することになる．すなわち S 構造複合の二面性は，統語論という形成レベルと，語という産物の資格に起因する．

　ここで，一群の統語的性質と語彙的性質がなぜこのようにグループ分けされるのか，という疑問が生じる．例えば後項 VN に付加詞は付かないが，これは形態的緊密性という形態理論の制約に由来する，と説明される．同様に，前項 N にも同制約が働いて NP にならないと予測されるが，事実は句の包摂が部分的に可能である．この場合は，同事実の根源が統語論にあると説明される．各々のケースで，逆の性質を示さないのはなぜなのだろうか．また後述のように，ある種の S 構造複合語は，動詞と名詞の中間範疇の性質を示す．特定の場合に混成範疇が出現するのはなぜか，という疑問も生じる．これらの疑問に答えるためには，同現象を従来とは全く異なる視点から捉え直す必要がある．

3.2. 拡張モデル

　本章では，動的文法理論 (Dynamic model of grammar) の立場から，S 構造複合の二面性および関連する構文間の関係を説明する．説明に入る前

に, 同理論の基本概念を簡単に解説しておこう（Kajita (1997) などを参照）．可能な文法の概念は，言語習得の中間段階の文法の特徴に言及することなしに大人の文法の特徴のみを用いて定義される，というのが現存する理論の大方の見方である．換言すれば，普遍文法（Universal grammar）の原則と主要な文の集合である入力によって言語獲得が遂行され，その際に獲得の時間的段階におけるいかなる情報も必要としない．この瞬時的文法モデルと対極的な立場にあるのが，(8) の理論形式によって特徴づけられる，非瞬時的な動的文法理論である．

(8) a. X タイプの規則が文法 G で可能である．
    b. i という習得段階の文法 G_i において Y タイプの規則が可能ならば，次の段階の文法 G_{i+1} で Z タイプの規則が可能である．

(Kajita (1983: 4))

理論形式 (8a) の規則 X は，すべての習得段階を通して一定であるような言語のもっとも基本的な特質を示す．理論形式 (8b) は，ある習得段階から次の段階への移行の一般的法則を定めたものである．同形式は言語発達の時間軸に言及できるので，より複雑な規則が発達の途中で当該文法に導入されることを可能にする．すなわち，当該文法の習得のある段階に存在する規則群（X, Y）に基づき，新種の規則群（Z）が習得の次の段階で当該文法に導入されうる．このように動的文法理論とは，多様な大人の文法の特徴のみに基づいて可能な文法の類を狭く定義するのでなく，次の段階に進む際の移行の可能性を示すことによって可能な文法を狭く限定しようとする，習得機構の一般的性質を組み込む文法理論のことである．

3.3. 時の節構造に基づく拡張

まず，S 構造複合化の動機づけを考えてみよう．2 つの動機づけが指摘できる．1 つは語彙化である．ある事象や行為を純粋に描写する場合は句が用いられる一方で，言語社会的または文脈上の既成概念にラベルを与える場合は，一般に語が用いられる．したがって「［割増賃金：支払い］の原則／概念については，規程に明確に記されている」のように，「（〜の）原則／概念」といった名詞が事象名詞に後続する時は，関連する事象は概念的まとまりやカテゴリーを表すので，名詞句よりも名詞複合語によって表現されるのが普

第 3 章　Postsyntactic Compound の分析　　　　　　　　　　　　47

通である．2つ目の動機づけは具体的事象の語彙化である．語彙的複合語は，［会社経営］や［戦争体験］のように一般的事象・行為を表し，*［企業 A 経営］や *［沖縄戦体験］のように具体的な事象・行為は通常示せない．この具体的・特定的事象の概念化という重要な役割を担うのが，S 構造複合語である (cf. ［企業 A：経営］, ［沖縄戦：体験］).

　そこで，動的文法理論に基づいて，時を表す節という環境で S 構造複合語が形成されることを提案する．派生過程を簡略化して示せば，(9) のようになる．すなわち，具体的事象の概念化に誘発され，語彙的複合語型を手本にして，(9a) の時の副詞節に現れる動詞句「富田旅館を経営」という基体形から，次の段階の文法 G_{i+1} への移行の際に S 構造複合語［富田旅館：経営］が派生される．[2] 事象を概念化するという S 構造複合語の意味機能はモデルから引き継いだものであるが，具体的・特定的事象のラベルづけの機能は基体形からの継承である．また述語-主題項という意味関係は，基体形とモデルの双方から受け継いだものである．

(9) a.　G_i:　　彼が［富田旅館を経営］$_{VP}$ の折 …　　　　基体形 (Base)
　　　　　　⇓　　　　［混雑-緩和］$_N$　　　　　　　　　モデル (Model)
　　b.　G_{i+1}:　彼が［富田旅館：経営］$_{V/N}$ の折 …　　派生形 (Derivative)

　モデルとしての語彙的複合語について一言しておこう．4つのタイプの語彙的過程名詞複合語が認められる．(I)「名詞＋和語単純語」型で，2項間にポーズを置かずに一気に発音され，意味的に合成的なもの（基準づくり）と非合成的なもの（器械結び）がある．(II)「名詞＋和語複合語」型で，2項間に少しだけポーズがあり，一般に合成的である（体制-立て直し）．(III)「名詞＋漢語」型で，2項間にポーズを置かず一気に発音され，意味的に合成的なもの（番組担当）と非合成的なもの（緊急ブレーキ支援）がある．(IV)「名詞＋漢語」型で，2項間に少しだけポーズがあり，一般に合成的である（混雑-緩和）．この内，タイプ (II) と (IV) の複合パターンを S 構造複合のモデルとする．同パターンが出力と同様に，一般に合成的であり，2項間の音声的切れ目を示せる点に特に注目すべきである．[3]

---

[2] 本章では，(9a) 構文と「する」構文 ((1a)) の関係は議論しない．
[3] 後項が和語複合動詞の連用形である S 構造複合語も存在することに注意（［図書：貸し

さらに重要なのは，基体形が動詞句でモデルが名詞なので，派生される複合語は双方の属性を合わせ持つ動詞と名詞の混成語（blend）になる点である．派生形が中間範疇であることは，(10)-(13)のようなS構造複合語と各種の動詞修飾語との共起性から確認される．各文において，述語が直接項と動詞修飾の付加詞を伴う基体形からS構造複合語が派生されているが，付加詞の種類に応じてその容認性の差が生じる．(10b)のように着点の付加詞を伴う複合語が容認されるのに対して，起点付加詞（(11b)），「観点」付加詞（(12b)）および様態副詞（(13b)）を伴うものは容認可能性が下がる．動詞修飾語を部分的にのみ許容することから，S構造複合語は基体形と同等の動詞の資格を有しておらず，モデルの名詞的性質も備える中間範疇になっているものと解される．この場合当該複合語は，名詞と動詞の二重の範疇を備えているのでなく，両者の混成範疇である点を見落としてはならない．[4]

(10) a. 加入者に掛金相当額を還付の際には，その還付事務に係わる手数料を差し引かれる．
　　 b. 加入者に［掛金相当額：還付］の際には，…
(11) a. このように，原因系のデータから結果系のデータを予測の際に，両者の関係を確認するために散布図が利用される．
　　 b. ?このように，原因系のデータから［結果系データ：予測］の際に，…
(12) a. 航空面から比島攻略を検討の際には，戦闘機の航続距離が最大の焦点となる．
　　 b. ?航空面から［比島攻略：検討］の際には，…

出し」（影山・柴谷 (1989: 149)））．また，タイプ (II) (IV) の複合語と S 構造複合語とで区別がつきにくいように見えるが，ある表現が S 構造複合語であるか否かは，基準に照らし合わせて決定される．例えば「彼が［富田旅館：ご経営］の折」や *[協同［富田旅館：経営］］のように，主語敬語化が可能であり，当該複合後の語彙操作が禁じられるので，同複合語は S 構造複合語と認定される．

[4] 影山 (1993: 38) は，当該述語が VN（動名詞）という独自の範疇を有すると仮定する．この仮定に従えば，動詞に近い順に，S 構造複合の節的基底構造内の VN_1，その出力内の VN_2，名詞的基底構造およびその出力内の VN_3 という具合に，動名詞は類別されるであろう．本章では，VN という特別な範疇の存否は議論せずに，VN_1 を V，VN_3 を N とし，VN_2 を動詞と名詞の中間範疇の意味で V/N と表記する．

(13) a.　　新規に画像データを作成の際に，その保存場所を確認しておく必要がある．
　　　b. ?/??新規に［画像データ：作成］の際に，...

3.4. 名詞句構造に基づく拡張

　名詞句構造が基盤となって，S 構造複合語が派生的に生成されるケースもある．この場合も前述の図式に従って，(14a) の名詞句「防衛分担金の要求」から，(II) (IV) 型複合語を手本にして (14b) の S 構造複合語［防衛分担金：要求］が派生される．基体が名詞句構造ゆえに，この種の S 構造複合語は主語と目的語を主な生起環境とする生粋の名詞であり，節構造に基づくものと異なり動詞と名詞の中間範疇にはならない．このことは，(10)-(13) の動詞修飾語を名詞修飾語に変えることによって，関連構文がすべて適格になることから確認される (cf. 加入者への［掛金相当額：還付］は ...)．同じ S 構造複合語でも，節構造経由のものと名詞句構造経由のものとで，属性が異なる点に特に注意したい．

(14) a.　G_i:　　　［防衛分担金の要求］$_{NP}$ が，一層高まっている．　　基体形
　　　　　　　　　⇓　　［混雑-緩和］$_N$　　　　　　　　　　　　　　　　　モデル
　　　b. G_{i+1}:　　［防衛分担金：要求］$_N$ が，一層高まっている．　　派生形

3.5. 内的拡張
3.5.1. 非主要部の拡大

　既述のように，S&K によると，当該複合語の前項は（非対格 VN の）主格，対格，与格が付与される要素に制限される．しかしながら実際は，これらの要素に限られるわけではなく，生起可能性は他の種類の要素に広がっている．本節では，習得の中間段階の文法の特徴が引き金となって，基本的な S 構造複合語から複雑な内部構造を持つものへと許容範囲を広げていく過程を詳論する．始めに非主要部の広がりについて考えてみよう．既に観察したように，S 構造複合語内に句が生起する場合がある ((15))．どのようにして語内に句が出現するに到ったのだろうか．S 構造複合語の句の包摂を巡っては，4 つの要因が関係している．1 つは語彙化である．既に 3.3 節で述べたように，S 構造複合語はある種の既成概念にラベルを与える機能を果た

し，語の資格を有する表現である．それゆえ当該複合は，語内に句の出現を禁じる形態的適格性条件（Baker（1988: 71-72））に従って行われ，これが句の包摂を抑える力として働く．(16)(17)の容認性が落ちるのはこのためである．(16)のような対象を描写する修飾語句を伴う名詞のみならず，(17)類の指示・限定機能を有する修飾語句を伴う名詞を組み込む場合も，当該複合が容認されない傾向にある．したがって句の包摂の可否は，影山(1993)が指摘するような，修飾語の意味的差異に還元できないと思われる．

(15) a. ［一人の子どもを育てる費用：推計］の際に ... (cf. 三人目の子どもにかかる費用を推計すると ...)　　　　　　　　　　(BCCWJ)
　　　b. ［日米外交交渉などの内容：発表］の際，日本語と英語の微妙なずれが ...　　　　　　　　　　　　　　　　　　　　(BCCWJ)
(16) ?[すぐ近くの旅館：経営] の際に，A 氏は近所づきあいを何より大切にしている．
(17) a. ?[住宅の配線工事などを行う会社：経営] の際には，多様な側面からの情報収集が必要だ．
　　　b. ?[歳出が国民経済に与える影響：分析] の際には，最新の統計学的手段を用いるべきだ．

他方で同構文が非文法的にならないのはなぜか．これは句を組み込む力も同時に作用しているからである．3.3 節で言及したように，S 構造複合の動機づけの 1 つは，ある特定の事象を語でまとめることである．このためには，(18) の「ある」のような非特定的修飾語句でなく，特定的な名詞修飾語句（e.g. 五階建ての）を適宜使用して，事象の具体的・特定的ラベル付けを行う必要がある．

(18) ?[あるビル：明け渡し] の際には，弁護士がヘルメットをかぶり防弾チョッキを着込んで随行した．

句の包摂への圧力でより重要なのは，形式と意味の不一致の解消である．形式と意味は通常 1 対 1 に対応するが，限られた状況で両者は衝突する．この種の不釣合を是正することが，構文拡張の主要な誘因となる（cf. 河野(1991)）．例えば (19) の名詞句「日本の［分担金：要求］」は，「日本」が主語を表す解釈「日本が（関係国の）分担金を要求すること」と，修飾語とな

第3章　Postsyntactic Compound の分析　　　　　　　51

る解釈「日本の分担金を（関係国が）要求すること」とで多義的となりうる．後者の場合には形式と意味とが整合しないので，この不整合を解消する力，すなわち句の包摂への圧力がかかる．加えて，S 構造複合語に特有の音声的区切りが，修飾語と前項から成る構成素の切れ目を示せることも，句の包摂への圧力を助長する．[5] このように形式-意味の不調和の解消という状況の中で，具体的事象の概念化と音声的特性に支援されて，修飾語「日本の」が組み入れられた (19b) の複合語が次の習得段階で可能になる．一方で，語彙化という句の包摂への抑止力も働くために，句の包摂は完全に自由に行われるわけではない．同様にして，修飾語が前項に関係する解釈と複合語全体に関与する解釈とで多義的な，(20) の事例も説明できる．

(19) a. 日本の [分担金：要求]$_N$　⇒　b. [[日本の分担金]：要求]$_N$
(20) a. 新医薬品の [承認：申請]$_N$　⇒　b. [[新医薬品の承認]：申請]$_N$

こうして，配列形 [NP の [N：VN]] が二義的に解釈される時，一方の解釈に沿って [[NP の N]：VN] 形に再構造化されうる，という一般化が得られる．(21) の対比は，この一般化を支持するものである．(21b) の複合語においては，その前項内の数量詞「約 2 万 6000 人」が右方向に移動して，ある種の数量詞遊離 (quantifier floating) が見られる．この種の複合語は，(21a) のものと異なり，数量詞遊離の適用後の非基本的基体に基づいているので上記の一般化に合致せず，結果として容認可能性が下がる．

(21) a. [約 2 万 6000 人の地上戦闘部隊：撤退] の際に，都市の公共施設を破壊した．
　　　b. ?[地上戦闘部隊約 2 万 6000 人：撤退] の際に，…

上記の再構造化の証拠としては，(22)(23) に見る代用表現の解釈可能

---

[5] 言語習得中の子供は，red rat eater を [red [rat eater]] と [[red rat] eater] の両方に解釈できるが，rat に -s を付けると [[red rats] eater] のように解釈する顕著な傾向を示すことが，実験によって確認されている (Alegre and Gordon (1996))．この場合の複数接辞 -s は，構成素の切れ目を示すという点で，日本語のポーズと同じ働きをしているといえる．-s を使って構成素のまとまりを明示する方法は，大人の文法にも見出される．例えば dirty books shop (実例) では，-s によって，dirty book を構成素とする解釈「ポルノ本の店」を明記できる．上記の言語習得上の方略が，大人の文法に反映されている点は興味深い．

性が挙げられる．(22) は描写の付加詞を含む複合語の例であり，(23) は指示・限定の付加詞を含むものである．代名詞「それ」は，(22)(23a) のように複合語の前項全体を指示できるのに対して，(23b) のように前項の一部と主要部の組合せを指し示すことはできない．代用表現は構成素のみを指示できると仮定すると，この対比は，当該複合語が句を内包する構造であることを示す．さらに [NP：VN] という再配列化が確立すると，上述のプロセスを経ないで句の組み込みが可能になる．例えば，「[*(物価の) 安定：確立] ／ [*(財政赤字の) 元凶：解消] の際に」のように，ある種の名詞は修飾語を伴う場合のみ第一項に生起できる．この種の複合語の場合は，句が直接組み込まれると考えるのが妥当である．

(22) [洒落たクラブ：経営] とそれの宣伝には，大きな資金が必要だ．
(23) a. [日本の分担金：要求] およびそれの査定は，国民に広く公開されるべきである．
   b.??[日本の分担金：要求] とアメリカのそれを比較すると，両国への期待感の違いが分る．(cf. 日本の [分担金：要求] とアメリカのそれを比較すると，両国が主張する要求額の違いが分る.)

3.5.2. 主要部の項の拡大

S 構造複合語の主要部述語が，その項の可能性を広げる事例を検討する．主要部述語の項が追加される場合と，可能な項の種類が広がる場合の二種類に分けて，順次考察を加える．項の取り込みの広がりを考える際には，潜在項の顕在化 (Spell-out) という概念が重要である (森田 (2011: 120-122))．潜在項の顕在化とは，述語に含まれる潜在的な意味を有形化することをいう．例えば，経路目的語動詞 walk は暗黙の着点項を含むが，この要素がはっきりした形で表される時に計量の読みが課される (e.g. walk the trail to its end *for an hour / in an hour) (Tenny (1994: 73))．含意項の顕在化という概念は，習得段階の拡張の条件として動的文法理論に組み入れられうる．例えば，単純構文 Mary is pretty 内の述語の持つ「外見上」という潜在的意味が，明示的に表示されることによって，次の文法習得の段階で Pretty 構文 Mary is pretty to look at が導入される (河野 (1984))．同様に，動詞由来名詞 nod の了解された Theme 項の明確化が契機となって，nod

第3章 Postsyntactic Compound の分析

の 2 つの項を具現させる軽動詞構文 John gave us a slight nod of the head が，派生的に生成されうる（森田 (2007: 86-90)）．

そこで主要部の項が追加される過程を考察するために，実例 (24) を見よう．(24a) では，より基本的な直接項を組み入れて S 構造複合語［利払い：不履行］が作られた後，潜在項の具現化が契機となって，次の習得段階で［アルゼンチン：［利払い：不履行］］のように他動述詞の主語項の組み入れが可能となる．[6] (24b) においても同様に，S 構造複合語［情報：変更］は，主語項の組み込みによって，［お客様：［情報：変更］］に拡大される．他動述詞の主語は S 構造複合に通常関与しないが，このような発達段階を踏めば関与が可能になる．[7] 次に (25) に見るように，間接項が複合語に組み込まれる場合も，中間文法の発達の際に見られる補部拡張の例となる．ここでは，間接項に対応する潜在的な意味が形式的に顕在化され，S 構造複合語［借入金：利払い］に主要部述語の間接項が追加された結果，拡大複合語が形成されるに到る．（類似表現 *［民間銀行：［借入金：利払い］］が不可になる理由は後述する．）「*利払いアルゼンチン不履行」や「??借入金対民間銀行利払い」が容認されないことから，まず基本的な直接項の組み込みによって標準的な S 構造複合語が形成され，その後の段階で主語や間接項が組み込まれるという具合に，構文が段階的に広がることが示される．[8]

(24) a. アルゼンチン利払い不履行 (BCCWJ)
 b. 外貨預金取引などのお取引やお客さま情報変更など，お手続きの際に必要となります．[9] (BCCWJ)
(25) 対民間銀行借入金利払いの際に ...

---

[6] ただし，この例は見出しとして使われているものである．また主要部述語は，「*不履行する」のように「する」が付かないので VN の基準に合わないが，接頭辞「不-」の基体を考慮に入れて VN とする．
[7] 「アメリカ占領終結後も ...」(BCCWJ) は，［アメリカ占領：終結］と分析されるので (cf. アメリカ占領時代)，1 つの述語（終結）が複数項を取る例ではない点に注意．
[8] 上記の諸例は，第一姉妹の原則 (First sister principle) に沿う形で「統語的」複合語が形成されることを示しているが (cf. Grimshaw (1990: 14))，本章の分析を押し進めていけば，同原則の存在理由に対する根源的な説明ができるかもしれない．
[9] 当複合語内の「お客様」は，次例のものと同様に，主語に相当するものと解される．
  (i) 振込み手数料はお客様負担でお願いします． (BCCWJ)

段階的な構文拡張は，複合語内の主要部述語が外部の項と結合する，(26)-(28) の事例からも見て取れる．この事例は，主要部の項が直接複合語に組み込まれるものではないが，主要部-項の連結を通して主要部の項が拡大するものと捉えることができる．(26) では「任命」類の述語が職位を表す第二補部と，(27b) では「名付け」述語が名前を表す第二補部と，(28b) では「強制」述語が第二節補部と各々結びついている．名詞化に伴う項の継承については規則的な制約が認められるが（森田 (2011)），ここで注目したいのは項の任意性である．(26) (27b) では複合語の外側の項は任意であるのに対して，(28b) の関連項は義務的である．両複合語タイプの容認可能性を見ると，前者の複合語の容認度がより高い．この事実は，[共和党員：任命] という複合化の確立後に，含意項の顕在化という条件の下で「閣僚に」類の項が複合語外で主要部と結びつくに到るという具合に，各ステップを踏んで表現様式が独立していくことを裏付けるものである．[10]

(26) 閣僚の一部に [共和党員：任命] の際に，オバマ政権は共和党との融和を最優先した．
(27) a. (?春夫と) 長男を命名の際に，夫は思案する様子はなかった．
　　　b. (??春夫と) [長男：命名] の際に，...
(28) a. ?A と別れることを花子に強要の際に，彼女の父親は A とメールで連絡を取った．
　　　b. *A と別れることを [花子：強要] の際に，...

項の種類の多様化として，以下の2点を指摘したい．第一に，前項に Goal 項も組み入れられるように S 構造複合語が拡張する．既述のように，S 構造複合語の前項は主格，対格，与格が与えられる要素に制限される．したがって与格の Goal 項は同位置に生起できるが (cf. (6))，Goal 項一般が自由に生起できるわけではない．次の諸例を観察しよう．

(29) [ボランティア団体：加入] の際には，正確な情報を把握する必要がある．(cf. ボランティア団体に加入の際には，...)

---

[10] 構文 (27a) (28a) の容認度が下がることから，「する」構文に比して派生的な構文であることが示唆される．

第3章 Postsyntactic Compound の分析

(30) コンビニ本部が［未開拓地域：進出］の際に，地元に詳しい会社に店舗開発を任せた．

(31) ?［地方債務協議制度：移行］の際に，事業の範囲について一層の明確化が求められる．

(32) ??東京から［名古屋：移動］の際は，高速バスよりも新幹線を利用すべきだ．

(29) の複合語は適格であり，第一要素「ボランティア団体」は，主要部述語「加入」の Theme 項とも Goal 項とも解せる．((1c) も同様．) 第一項を着点項とする (30) の複合語［未開拓地域：進出］が適格である一方で，同様に第一項を着点項とする (31) の複合語 ?［地方債務協議制度：移行］は，容認可能性が下がる．さらに (32) に見るように，「東京から名古屋へ」といった着点項がより鮮明になる環境では，着点項を組み込む S 構造複合語は一層容認度が下がる．このことから，発達段階の移行時に，Theme/Goal の二義的な項を組み入れた複合語を手本にして，Theme 項のみならず純粋な Goal 項も組み込めるように S 構造複合の許容領域が漸進的に広がっていくとみられる．ただし，とりわけ着点項であることがはっきりする場合に同タイプの複合語の容認度が下がるので，着点項への拡張は途中の段階に留まっていると見るべきである．

　同様に，前項の構造的条件と含意項の顕在化とのせめぎ合いの中で，第一要素に Location 表現も組み入れられるように当該複合語の領域が広がる．(33) の複合語［日本：旅行］は適格であり，前項は Theme または Location の意味役割を担う点で二義的である．前項が純粋な場所を表す (34) の複合語［真夏のパリ：滞在］が文法的である一方で，(35) の同タイプの複合語 ?［強制収容所：監禁］は文法性が落ちる．さらに (36) の *［無人島：研修］は許容されない．(34) (35) の複合語の主要部「滞在 / 監禁」は場所表現を通常要求するのに対して，(36) の主要部「研修」は要求しない．このような述語との結びつきを勘案すると，(34) (35) の複合語内の場所表現が項的であるのに対して，(36) のものは付加詞的である．よって，Theme/Location の二義的意味役割を担う前項と後項述語から成る複合語が中間段階に存在し，それが橋渡しとなって生粋の Location 項への新たな広がりを生み出す．

(33) ［日本：旅行］の際に，ベーカー氏は 3 都市で計 6 回の芝居見物をする．(cf. 日本を旅行の際に，…)
(34) ［真夏のパリ：滞在］の際には，お目当ての店の営業日に注意が必要だ．
(35) ?［強制収容所：監禁］の際に，捕虜たちの一挙一動を監視した．
(36) *［無人島：研修］の際には，十分な事前の準備が必要だ．

3.6. 二面性の説明
3.6.1. 語彙特性の受け継ぎ

これまでの議論を踏まえて，当該複合の二面的性質がどのように説明されるかを確認しよう．本章では，具体的・特定的事象の概念化に動機づけられて，習得過程の中間段階で特定のタイプの複合語をモデルにして句の基体形から S 構造複合語が派生される，と分析している．したがって形成物は，事象のラベルづけの誘因に沿って，モデルから受け継がれた語の性質を示す．格助詞「を／の」が S 構造複合語［中国：訪問］に挿入できないのは(2.1 節)，このためである．「後項に付加詞は付かない」という，当該複合語が示す形態的緊密性も同様に，モデルの性質にその元をたどることができる．*［ヨーロッパ：のんびり：旅行］のような付加詞を組み込んだ複合語は，手本となる [N-N]$_N$ 型複合語と合致しないので，派生的に導入されることはない．その上，日本語では後置修飾は一般に認められないので，3.5.1 節で提示した形式と意味のずれによる再構造化の可能性もない．

　S 構造複合語の句の包摂という属性については，3.5.1 節で詳しく議論した．前項が句に参与できる点で統語的なのに対して，句の包摂が制約される点で語彙的であるという二面性が提示され，その出所が解き明かされた．その核心は以下の通りである．当該複合語はモデルから受け継がれた語の資格を有するので，句の包摂は抑制される．一方で，形式と意味の不整合という条件の下で，構造上の埋め合せをする手段として再構造化という動的操作が実行される．その結果，句を包含する［日本の分担金：要求］類の複合語が語の制約に反して派生的に生成される．さらに，上記の環境外でも句の包含を許すようにその可能性が広がる．後者の，いわばバイパスのケースは (e.g. (16) (17))，より派生的ゆえに，正規のルートを経たもの (e.g. (19) (20))

に比べて容認性が安定しない (cf. Kajita (1983: 6)).[11]

句の包摂に関連して，機能形態素の継承の可能性について考えてみよう．付加詞と同様に，限定詞も段階的に複合語内に組み込まれていくと議論できる ((37))．ところで，複数を表す英語の形態素は語の要素内に通常生起できないが (森田 (2006: 416))，このことは，(38) の S 構造複合語に見るように，日本語においても成り立つと思われる．[12] 同じ機能範疇でも，限定詞と複数形態素で S 構造複合語への関与の可能性に違いが生じるのはなぜか．それは，前述の「拡張の動機づけ」のためである．同形異義の解消のために限定詞は語内に組み込まれうるが，複数形態素はこの引き金と合致しない．加えて，具体的・特定的事象の（一時的）概念化という S 構造複合の動機づけは，直示的表現「この」とよく調和するが，複数形態素とは関係しない．「(38a) の『熱帯の花』には複数の花の意味も含まれるので，あえて花々と言うと少し冗長になる」というインフォーマントの指摘は，複合語内では数の区別が中和していることを端的に示すものとして興味深い．[13]

(37) ［この映画：出演］の際に，その俳優は周到な準備を行った.
(38) a. ?［熱帯の花々：栽培］の折には，次の点に注意しよう.
    b. ?［移民の生徒たち：支援］の一環として英語の学習プログラムが提供された.

3.6.2. 統語特性の受け継ぎ

次に当該複合語が，どの点でなぜ統語的になるのか考えよう．同複合語が統語的特性を示すのは，具体的・特定的事象の概念化という動因に沿って，基体の統語構造の特性を受け継ぐからである．先に (5) で見たように，ある種の名詞修飾語は S 構造複合語および対応する句と共起できない (*家族との［ヨーロッパ：旅行］／ヨーロッパを旅行の折に)．この共通の制限は，

---

[11] (15a) と異なり (15b) は，「日米外交交渉などに関する（内容の）発表」と解せるので，正規のルートを経て出現されるものと想定できる．

[12] Baker (1988: 94) で観察される，Southern Tiwa 語の名詞編入による動詞複合語の例においても，複数標示接尾辞の消失が見られる点は興味深い．

[13] 複数標示形態素が語の要素内に現れないこと，および先に (16)-(18) で観察した句の包摂の制限は，S 構造複合語が単なる助詞の省略形ではなく，生粋の語であることを裏付けるものとして注目される．

基体の統語構造に元をたどることができる．第二の統語的特性は，S 構造複合が動詞に適正統率され格を与えられた項に適用することである（(6)）．これにより，当該複合語［現金：支払い］の前項は，「現金を（支払うこと）」を意味する Theme 項であり，Instrument 項（現金での）にはならない．この統語的条件を仮定すると，本分析では，S 構造複合語は統語レベルで生成されるので同構造条件に従うと議論できる．加えて，*［電算機：計算］類の非合成的な複合語が，モデルにならって動的に派生されることもない．モデルとなるタイプ (II) (IV) の複合語は，構成素間に小休止を伴うことに加えて，合成的な意味を備えるという属性を持つ (cf. 3.3 節)．その結果，問題の複合語が持つ非合成的意味がモデルから受け継がれることはない．本条件の緩和については，既に 3.5.2 節で詳しく議論され，そこでは基本的な Theme 項から Goal 項および Location 項へと可能な前項の種類が漸進的に広がる過程が，構文拡張の視点から説明されている．

　ここで意味に基づく拡張について，一言触れておこう．先に (25) で議論したように，S 構造複合語［借入金：利払い］の主要部述語の間接項が追加されて，拡大複合語［対民間銀行：［借入金：利払い］］が形成される．これに対して，類似表現 *［民間銀行：［借入金：利払い］］は不可になる．この対比は，前者の複合語においてのみ，着点の意味が助詞に相当する形態素「対-」によって補われるので，その意味的支えが間接項の追加を可能にさせるためである．形態素「-内」によって場所の意味が補われる事例「［強制収容所内：監禁］の際に」も (cf. (35))，同様に説明されるであろう．このように，複合語全体の意味の復元可能性が，主要部項の取り込みの可能性に影響を与えうる点にも注意しておく必要がある．

　最後に，「照応の島」の制約について考えてみよう．既に観察したように，外向きの照応は S 構造複合語構文で成り立つ ((7b))．内向きの照応については，限定詞付照応形が S 構造複合語に現れうるのに対して ((37))，代名詞照応形は生起できない（*［それ：出演］の際に）．外向きの照応が S 構造複合語構文で成り立つのは，統語生成の同複合語が合成的で構成素間に音声的切れ目を持つことから，前項が外部の照応形に可視的なためである．限定詞付照応形が S 構造複合語内に現れうるのは，これまで幾度か議論してきた，形式-意味の不整合解消による再構造化という動的プロセスの結果である．そして代名詞照応形が複合語内に生起できないのは，不整合の解消とい

う拡張の動機づけが満たされないこと，および語における代名詞の出現が事象の概念化に反することに起因する．

4. 結び

本章では，データから得られるS構造複合語の語彙・統語的二面性および混成性の詳細を提示し，文法拡張の観点からその根源を論証した．議論の要点は，以下のようにまとめることができる．節構造（彼が富田旅館を経営の折）から，語彙的複合語型のモデル（[混雑-緩和]$_N$）にならってS構造複合語（[富田旅館：経営]$_{V/N}$）が派生的に生成される．同複合語は，格助詞の排除などの語彙的属性群をモデルから自然に引き継ぐ一方で，前項の構造条件などの統語的属性群を基体の統語構造から無理なく継承する．出力の範疇は，基体形とモデルの双方の属性を受け継いだ動詞と名詞の中間範疇となる(cf. ? 航空面から [比島攻略：検討] の際)．さらに3種類の新たな構文の広がりが観察される．すなわち，形式-意味の乖離解消が原動力となって前項に特定の句がはめ込まれ（[日本の分担金：要求]），潜在項の顕在化が動因となって新たに数種の項が付加され（[アルゼンチン：[利払い：不履行]]），そして前項が二義的な複合語（[ボランティア団体：加入]）を手本にして，着点項（[未開拓地域：進出]）や場所を表す項的付加詞（[真夏のパリ：滞在]）が前項に生起可能になる．

このように，範疇の混成，句の包摂，多重の項編入などに係わる多彩な変種の背景には，構文展開の一般的法則が存在し，これが各習得段階で新種の規則を導入する．S構造複合語に取り込める修飾語句の明確な特徴づけ，外的拡張の解明（cf. *極めて厳しい事態に直面しているのは，[富田旅館：経営] だ），そしてほかのタイプを含むS構造複合語全体の統一的説明が，今後の課題として残されている．

参考文献

Alegre, Maria A. and Peter Gordon (1996) "Red Rats Eater Exposes Recursion in Children's Word Formation," *Cognition* 60, 65-82.

Baker, Mark C. (1988) *Incorporation: A Theory of Grammatical Function Chang-*

ing, University of Chicago Press, Chicago.
Di Sciullo, Anna-Maria and Edwin Williams (1987) *On the Definition of Word*, MIT Press, Cambridge, MA.
Embick, David (2010) *Localism versus Globalism in Morphology and Phonology*, MIT Press, Cambridge, MA.
Grimshaw, Jane (1990) *Argument Structure*, MIT Press, Cambridge, MA.
影山太郎 (1993)『文法と語形成』ひつじ書房, 春日部.
影山太郎・柴谷方良 (1989)「モジュール文法の語形成論―「の」名詞句からの複合語形成―」『日本語学の新展開』, 久野暲・柴谷方良(編), 139-166, くろしお出版, 東京.
Kajita, Masaru (1983) "Grammatical Theory and Language Acquisition," paper presented at the 1st Annual Meeting of the English Linguistic Society of Japan.
Kajita, Masaru (1997) "Some Foundational Postulates for the Dynamic Theories of Language," *Studies in English Linguistics: A Festschrift for Akira Ota on the Occasion of His Eightieth Birthday*, ed. by Masatomo Ukaji, Toshio Nakao, Masaru Kajita and Shuji Chiba, 378-393, Taishukan, Tokyo.
河野継代 (1984)「英語の Pretty 構文について」『言語』第 13 巻 4 号, 108-116.
河野継代 (1991)「文法の拡張について」『現代英語学の諸相―宇賀治正朋博士還暦記念論集』, 千葉修司ほか(編), 323-331, 開拓社, 東京.
森田順也 (2006)「名詞句における「変則」―語の内部に出現する機能範疇」『英語の語形成』, 米倉綽(編), 408-425, 英潮社, 東京.
森田順也 (2007)「「軽動詞+動詞由来名詞」表現 (II)」『金城学院大学論集・人文科学編』第 3 巻 2 号, 80-92.
森田順也 (2011)『動詞の補部構造に関する形態論的研究』晃学出版, 名古屋.
森田順也 (2015)「Postsyntactic Compounds―先行研究とその問題点」『金城学院大学論集・人文科学編』第 11 巻 2 号, 101-111.
Shibatani, Masayoshi and Taro Kageyama (1988) "Word Formation in a Modular Theory of Grammar: Postsyntactic Compounds in Japanese," *Language* 64, 451-484.
Tenny, Carol L. (1994) *Aspectual Roles and the Syntax-Semantics Interface*, Kluwer Academic, Dordrecht.

第4章

接頭辞「大」について

高橋　勝忠

京都女子大学

1. はじめに

　日本語の接頭辞「大」はオオ，タイ，ダイと読まれる．基本的にはオオは和語の基体（e.g. 大海原，大物）に付加し，タイは1字の漢語の基体（e.g. 大安，大意）に付加する．一方，ダイはタイと異なり1字の漢語の基体（e.g. 大吉，大臣）と2字の漢語の基体（e.g. 大企業，大自然）に付加する場合がある．[1] 基体の品詞は基本的には和語・漢語とも名詞だが，和語の場合は動詞連用形の基体（e.g. 大笑い，大はしゃぎ）に付加し，サ変動詞のスルを付けて「大笑いする」「大はしゃぎする」を形成する．

　小論では，特に動名詞（Verbal Noun: VN と略す）[2] に「スル」が付いた「VN スル」表現と接頭辞「大」（ダイ）との関係について考察する．具体的には，「大 VN スル」表現（e.g. *大計画する，*大発明する，大活躍する，大繁盛する．cf. 計画する，発明する，活躍する，繁盛する）の適格性の違いが，どのように決定されるのかを検討する．2節では「大」の意味について考察し，「大 VN」には形容詞的意味と副詞的意味が含まれることを主張する．さらに，「大 VN スル」表現が成立するには「大」が副詞的に解釈される場合であり，「大」が形容詞的に解釈される場合は，この表現が許されないことを提示する．3節では，高橋 (2009) で提案した名詞範疇条件

---

[1] 数は少ないが，仏語の「大阿闍梨」「大阿羅漢」のような3字の漢語もある．
[2] 学校文法で言うところの，動名詞（Gerund）とは異なり，動詞的名詞で，「スル」を伴う動詞として機能する名詞のこと．

(Noun Category Condition) によって「大 VN スル」表現の事実が捉えられることを示す．4 節はまとめである．

2. 接頭辞「大」の意味

接頭辞「大」（ダイ）は『デジタル大辞泉』によると，名詞・形容動詞に付加して次のような意味をもつ．

(1) a. 数量や形・規模などが大きい意を表す．(e.g. 大豊作，大辞典)
b. 尊敬または賛美する意を表す．(e.g. 大先輩，大僧正)
c. 状態や程度を表す語に付いて，そのさまがはなはだしい意を表す．(e.g. 大混乱，大失敗)

『デジタル大辞泉』は (1c) の例として，形容動詞の「大好き」を挙げているが，和語に大（ダイ）が付く例外的なものであり，[3] 多くは見当たらないので「大」（ダイ）は基本的には名詞 (N)（(1a, b) の例）か，動名詞 (VN)（(1c) の例）に付加すると仮定し，(2) の下位範疇化素性[4] をもつと仮定する．

(2) 大（ダイ）: [+ ___ N or VN]　(e.g. 大企業，大開発)

大（オオ）も基本的には大（ダイ）と同様に名詞の基体に付加するが，動詞の連用形を基体にし，連用形自体ではゼロ派生した一部の語 (e.g. 受け，儲け) を除くと容認されず，VN スルを形成しない点が大（ダイ）と異なる．

(3) 大（オオ）: [+ ___ N or V の連用形]　(e.g. 大川，大慌て，*慌て)

すなわち，「*慌てする」の表現はなく，「大慌てする」と「大（オオ）+動詞

---

[3] ほかに「大嫌い」があるが，「大助かり」「大安売り」のように和語には通常「オオ」が付加する．もちろん「大喧嘩」「大道具」のような「オオ」が漢語に付く例外はある．また，大地震の「大」を「オオ」と読むか，「ダイ」と読むかの議論もあるが，これらについては佐山 (1986) を参照のこと．
[4] 下位範疇化素性とは接辞の生じうる環境を示したもので，接頭辞の場合は基体の品詞を変化させないのが普通で，基体の品詞を変化させる接尾辞と対照的である（的：[+ N ___] → A (e.g. 経済的，合理的)）．下位範疇化素性の詳細は高橋 (2009) を参照のこと．

第4章 接頭辞「大」について　63

の連用形」で VN (i.e. [大 V]$_{VN}$) を形成するところが「大（ダイ）VN スル」表現と異なる.[5]

　大（オオ）は接頭辞として名詞に付加する場合,（4）に示すように大（ダイ）よりも意味的に広がりを見せる.[6] しかし,基体が純粋な名詞の場合は(5) に示すように,大（オオ）（ダイ）ともスル表現とならない. なぜなら,(6) に示すようにその基体そのものが「スル」表現に欠けているからである.

(4) a. 大きい, 広い, 数量が多い, などの意を表す.（e.g. 大男, 大人数）
　　b. 物事の程度がはなはだしい意を表す.（e.g. 大急ぎ, 大地震）
　　c. 極限・根本などの意を表す.（e.g. 大みそか, 大もと）
　　d. 序列が上位・年長であることを表す.（e.g. 大番頭, 大旦那）
　　e. おおよそ・大体の意を表す.（e.g. 大ざっぱ, 大づかみ）
　　f. 尊敬・賛美の意を表す.（e.g. 大御所, 大江戸）
(5) a. 大川（*する）, 大みそか（*する）, 大江戸（*する）
　　b. 大企業（*する）, 大自然（*する）, 大先輩（*する）
(6) a. *川する, *みそかする, *江戸する
　　b. *企業する, *自然する, *先輩する

ところが,「VN スル」表現がありながら,「大」接頭辞を付加して「大VN スル」表現に変えると適格とされる場合と適格とされない場合の 2 つの可能性が生じてくる. 適格とされる場合を (7) とし, 適格とされない場合を (8) として具体例を見てみよう.

(7) 大往生する（往生する）, 大活躍する（活躍する）, 大繁盛する（繁盛する）, 大流行する（流行する）, など.

---

[5] 大（オオ）と（ダイ）の違いは, 形態上の繋がりだけではなく, 語種の選択にも違いが見られる. すなわち, 大（ダイ）はカタカナ語にも付加するが大（オオ）は付加しないという制約がある（大スクープ, 大ヒット, *オオスクープ, *オオヒット. cf. 大ミス）

[6] (4) は『デジタル大辞泉』の定義. (4e) の「大ざっぱ」は形容動詞で「スル」は名詞(*(大) 男する) と同様に, 形容詞や形容動詞 (*(大) 忙しする, *大ざっぱする) の基体には付加しない形態的制約があると仮定する.「大づかみ」は「手のひらを大きく広げてつかみ取る」の意味もあり,「大づかみする」と言えるので, この場合は「[大 V]$_{VN}$ スル」表現に属していると考える.

(8) *大計画する（計画する），*大手術する（手術する），*大発見する（発見する），*大発明する（発明する），など．

「大 VN」の意味と「大 VN スル」表現の実例を挙げて，なぜ (7) (8) のような違いが見られるか検討してみよう．

(9) a. 大活躍（*大きな活躍）（大いに活躍すること）
 (e.g. 彼女は今度のオリンピックで大活躍する選手である．)
 大発生（*大きな発生）（大いに発生すること）
 (e.g. 昨年はイナゴが大発生する年だった．)
 大繁盛（*大きな繁盛）（大いに繁盛すること）
 (e.g. 小規模ながら店が大繁盛するのは結構なことだ．)
 大流行（*大きな流行）（大いに流行すること）
 (e.g. 今年はインフルエンザが大流行する気配だ．)
 b. 大計画（大きな計画）（*大いに計画すること）
 大手術（大きな手術）（*大いに手術すること）
 大発見（大きな発見）（*大いに発見すること）
 大発明（大きな発明）（*大いに発明すること）

(9a) の例を見てわかることは「大」が VN に対して副詞的（大いに）に修飾する解釈があり，一方，(9b) は「大」が VN に対して形容詞的（大きな）に修飾する解釈がある．小論では詳しく論じないが，「大」(オオ) の接頭辞にも副詞的解釈と形容詞的解釈があるものと思われる (e.g. 大食い，大汗)．

影山 (1993：10) では統語的な要素が語構造の要素に入ることができない形態的緊密性 (lexical integrity) の諸事例を挙げている．その中で，「*[たいへん滑稽] さ」，「*[税制の改革] する」，「*[山と山] 登り」のように語の内部に句要素が介入できないことを指摘している．また，影山 (1999: 11) でも「*子供たち新聞」，「*彼は [ものを知り] だ」，[7]「*[大きな自動車] 販売

---

[7]「を」格は助詞で句や文を形成する統語要素である．したがって，(9b) の諸例は「を」格を伴えば，「大」の形容詞解釈も可能になる (e.g. 大計画をする，大手術をする). ただし，「する」の意味は「大計画を立てる」「大手術を施す」のように本動詞の解釈になり，軽動詞の「スル」と異なる．(9a) の「大発生」などが「を」格を取らないのは (i.e. *(大) 発生をする)，「発生する」が非対格自動詞なので Burzio の一般化と呼ばれる制限に抵触するからで

員」のように複数屈折語尾，助詞，句などの文法的な機能範疇（functional category）が語の内部には現れないことを指摘している．一方，「大型車販売員」は「大型車」は語であるから複合語の中に現れ，句排除の制約に抵触しないと捉えている．

しかしながら，(7)(8) に見られるように「大 VN スル」表現に適格性の違いが生じてくるとなれば，語の中でも形態的緊密性の違いがあり，何らかの語内部における結びつきの制約があると考えざるを得ない．「大」を形態論で扱う接頭辞と仮定するなら，[8] 統語要素である「大きな」とは性質が異なり，「*[大きな自動車]販売員」の例における「統語的要素の排除」という制約を (8) の事実（e.g. *大計画する）の説明に当てはめて考えることはできない．次節では，高橋 (2009) の名詞範疇条件を使って (7)(8) の事実を説明してみよう．

3.「大 VN スル」表現と名詞範疇条件

2 節では，「大 VN スル」表現には適格となる場合（e.g. 大活躍する）と適格とならない場合（e.g. *大計画する）があることを見た．そして，前者の場合は「大」が副詞的に VN を修飾し，後者の場合は形容詞的に VN を修飾する意味関係があることを指摘した．本節ではこれらの事実は高橋 (2009) で提案した名詞範疇条件（以後，NCC と略す）により捉えられ，さらにその他の「VN スル」表現に係わる事実が説明できることを主張する．

高橋 (2009 : 175) の NCC は (10) のような条件で，(11) のような NCC の含意を前提とする．[9]

(10) NCC：最終節点にある名詞範疇（N）は，動詞（V）・形容詞（A）・名詞（N）のいずれかの範疇により，二重に c 統御されてはならない．

ある．

[8]「大は小を兼ねる」「(サイズの) 大はありません」のような自由形態素の用法が「大」にはあるが，小論では「大」を接頭辞として分析する．後者の例は水野 (1987) からの引用．

[9] 高橋 (2009) では形容詞範疇条件（ACC）も提案しているが小論とは直接関係しないので説明を省く．

(11) NCC の含意：派生語は動詞（V）・形容詞（A）・名詞（N）の範疇が名詞範疇（N）を c 統御しながら生成される．

NCC は元々，英語の派生語形成の条件として提案したものであるが複合語形成にも応用できるものと仮定する．また，日本語の派生語や複合語に対しても説明が可能で，語の適格性と語形成過程を示すことができると仮定する．

(11) は英語と日本語の次のような派生語・複合語の形成過程を捉える．

(12) a.　writer, enjoyment, など　　　買い物, 食べ方, など
　　　b.　freedom, kindness, など　　　美しさ, 複雑性, など
　　　c.　childhood, Marxism, など　　検査方法, 世話人, など
　　　d.　troublesome, boyish, など　　経済的, 子供らしい, など
　　　e.　classify, organize, など　　　春めく, 汗する, など

(12a, b, c, d, e) における英語と日本語の例を 1 つずつ取り上げ，派生語・複合語の内部構造を (11) に従って描いてみると，(13) のようになる．

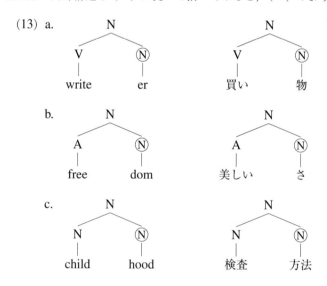

第4章 接頭辞「大」について

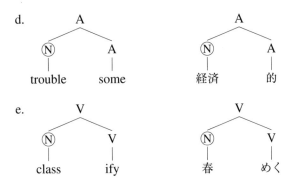

マルで囲んだⓃ要素をその左右にある姉妹関係の要素 V, A, N が c 統御しながら派生語・複合語を形成する。この形成過程はさらに，接辞や語が付加することによって，派生語・複合語の形を拡大することができる（e.g. troublesomeness, classification, 子供らしさ）。しかし，その一方で派生語・複合語の形成をストップさせる接辞や語がある。(10) は (14) のような派生語・複合語を排除するために設けられた制約である。

(14) a. *writerish　　　*買い物する
　　 b. *freedomless　　*美しさ的
　　 c. *schoolchildhood *新検査方法 (cf. 新検査法)[10]
　　 d. *troubledsome　 *経済的っぽい
　　 e. *first classify　*初春めく

(14a, b, c, d, e) における英語と日本語の内部構造は (15) のようになる。

(15) a.

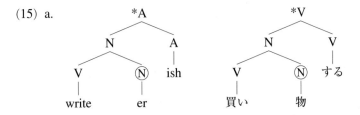

---

[10] 「新検査法」は「新＋検査方法」の省略形で，(15c) の内部構造とは異なる。

68 第 I 部 形態論

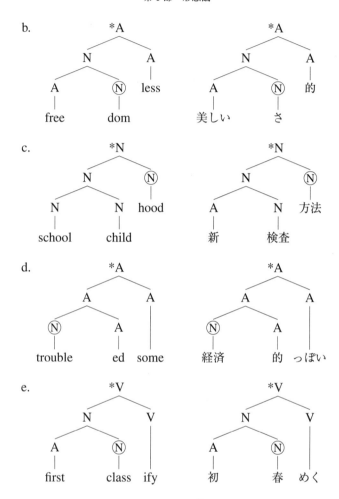

　ここで，(15c) を除けばマルで囲んだ Ⓝ は第 1 サイクルと第 2 サイクルの A と V によって二重に c 統御されることになり，(14a, b, d, e) の語が (10) の NCC によって，排除される。[11] (15c) はマルで囲んだ第 2 サイクルの Ⓝ を第 1 サイクルの A と N が c 統御できないので (11) の NCC の含

---

[11] 第 2 サイクルは派生が進んだ上位の構造を指す。最終節点は具体的には単純語や接辞が挿入されるところで，A と N があり，NCC や ACC の条件は適用の際に N が優先される。

意を満たせず (14c) の語が排除される.

NCC (の含意) は語の適格性を判断する条件だが, 語の構造を変化させる4つの語彙化 (lexicalization) を高橋 (2009: 185) は仮定している.

(16) a. 語の頻度に基づく語彙化
b. 音韻的語彙化
c. 形態的語彙化
d. 意味的語彙化

例えば, 上記の troublesomeness,「子供らしさ」の派生語は (16d) の語彙化を受け, 内部構造が (17) のように変換される.

(17)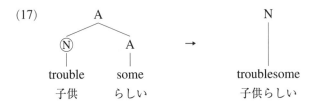

troublesome の意味は「面倒な, 骨の折れる, 不穏な」で, trouble の名詞の「故障, 短所, 心配, 困難, 混乱」とは多少異なり, 意味的語彙化が生じていると考える. より明確な意味的変化は日本語の「子供らしい」において生じている.「子供らしい」は「子供のようである, 幼稚である・あどけない」の2つの意味がある. 前者は like a child のように句の意味で, 後者は本来の「子供」の意味から連想される語彙化した意味をもつ.「子供らしさ」の意味は後者の意味で用いられる (e.g. 彼の顔には子供らしさが残る).「幼稚である」は「子供っぽい」を使う方が一般的である (e.g. 彼の発言は子供っぽい). したがって, troublesome や「子供らしい」は (17) の右側の樹形図に示すように単純語と同じ資格をもつ語彙的形容詞に内部構造が変換していると仮定する. そこで, さらに接辞化が生じ, troublesomeness や「子供らしさ」を (11) の NCC の含意に従い派生させることができる.

(18)

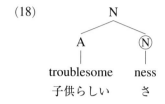

troublesome   ness
子供らしい   さ

　一方,「*犬らしさ」「*猫らしさ」は典型的な「犬」「猫」を想像できないので「犬らしい」「猫らしい」は句表現の like a dog/cat の意味しかもっていないと仮定する．句表現は意味的には合成的で，形態的には (13d) のような内部構造を保持し，(17) の語彙的形容詞の変換を引き起こさないと仮定する．したがって，(19) のような内部構造が接辞化の過程で生じると仮定する．

(19)

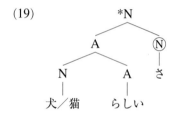

　(19) は第 1 サイクルにおける最終節点にある N と A がマルで囲んだⓃを c 統御できないので NCC の含意を満たせず排除される．-ness を付加できるかどうかは -some 以外の接尾辞の -like や -ish にも当てはまり，childlike, ladylike, childish, doggish, cattish はそれぞれ「素直な」「(男) がなよなよした」「幼稚な」「無愛想な」「意地の悪い」の語彙化した意味をもつので (17) (18) の派生過程を経て -ness の接辞を付加することができる．一方，babylike や motherlike には「赤ん坊のような」「母のような」の句の意味しかない理由で -ness の接辞化が阻止される．[12] ほかにも，「-っぽい」の接尾辞と「-っぽさ」の関係も基体の意味的語彙化が生じるかどうかによっ

---

[12] doglike や catlike には「犬のような」「猫のような」の中立の意味以外に「忠実な」や「油断のならない」の語彙化した意味をもっているが，dogenkeness や catlikeness の派生語は存在しない．-ness 派生語が存在しない理由として，現在では中立の意味が主流であり，歴史的には N-like は複合語だったことが起因しているのかもしれない．

第4章 接頭辞「大」について

て「-さ」の接辞化が捉えられる。[13]

さて、2節の「大VNスル」表現をNCCはどのように捉えるかを見るために、(7)(8)の「大活躍する」と「*大発明する」を再度取り上げ検討してみよう。「大活躍する」は「大いに活躍する」で「大」は副詞的に「活躍する」を修飾し、「*大発明する」は「大きな発明をする」で「大」は形容詞的に「発明」を修飾する。つまり、「大いに発明する」の意味ではない。「大活躍する」は「大きな活躍をする」とも解釈ができるが、接頭辞「大」が「大いに活躍する」の副詞的に解釈される読みがあることが重要である。なぜなら、「*大きな活躍する」は「*大きな発明する」と同様に、形容詞的解釈はどちらの表現も容認されないからである。まず、「VNする」の構造を見てみよう。

(20)

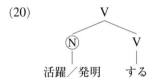

(20)においてVは Ⓝ をc統御し、(11)のNCCの含意を満たす。

次に、「大」を付加する構造は(21a, b)のように異なる。

(21) a.　　　　　　　　b.

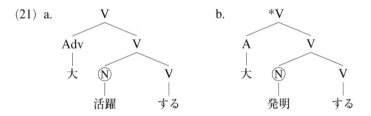

(21a)の「大活躍する」が成立するのは(10)のNCCに抵触しないからである。すなわち、マルで囲んだⓃは構造的にはAdv(大)とV(する)によって二重にc統御されるが、(10)の定義からわかるようにAdvはⓃのc統御子の資格をもっていない。結果として、ⓃはVにより1回だけc統御されることになり、NCC違反にはならない。一方、(21b)はマルで囲んだⓃはA(大)とV(する)によって二重にc統御されるため、NCCに抵

---

[13] 髙橋 (2015) を参照。

触し「*大発明する」が不適格な表現であることを予測する．(7)(8)の残りの例についても (21a, b) の構造の違いから容認性の違いが捉えられると考える．

(21a, b) の構造の違いは，接頭辞が副詞表現の意味をもつことが重要である．それを根拠づける (22) と (23) の2つの事例を検討する．

(22) a. 急降下する，急発進する，cf. *急ブレーキする
b. 猛反対する，猛勉強する，cf. *猛スピードする
c. 再教育する，再調査する，cf. *再校正する
d. 即金する，即死する，cf. 即 (*座) 返答する
e. 新発売する，新登場する，cf. *新発見する

(22a, b, c, d, e) の接頭辞は「急」「猛」「再」「即」「新」であるが，それぞれに副詞的な読みとなり，(21a) の構造が仮定され，NCC に抵触しないで正しく生成される．一方，「急ブレーキ」「猛スピード」「再校正」「新発見」などはそれらの接頭辞が形容詞的に解釈され (i.e.「急なブレーキ」「猛烈なスピード」「二度目の校正」「新しい発見」)，(21b) の内部構造を形成し，NCC の制約に抵触し排除される．[14]

(23) は伊藤・杉岡 (2002)，Sugioka (2002) で検討されている事例である．

(23) a. 音読みする，棒読みする，cf. *本読みする
b. 手洗いする，水洗いする，cf. *髪洗いする
c. 陰干しする，虫干しする，cf. *物干しする

これらの先行研究から，わかっていることは日本語の動詞由来複合語には内項の複合語 (e.g. ゴミひろい) と付加詞の複合語 (e.g. 手書き) があり，前者は動詞アクセントを保ち連濁を引き起こさないが，後者は名詞アクセントへの平板化と連濁を生じさせることである．[15] 連濁は確かに付加詞の多くに

---

[14] (22d) において「即座に返答する」や「即答する」は「即座に」や「即」が「すぐに」の副詞的な解釈になり正しく生成されるが，「即座」は名詞なので N (即座) と V (する) により Ⓝ の「返答」が二重に c 統御され，NCC に抵触し排除されると仮定する．

[15] この考え方には内項の複合語の中に連濁を引き起こすものがかなりあるという問題 (e.g. 腕組み，店仕舞い) が田川 (2010) で指摘されている．

第4章 接頭辞「大」について　　　73

見られ，内部構造を一体化させる音韻的語彙化の条件となるが，[16] 内項の連濁も「腕組み」「店仕舞い」に見られるように連濁を生じさせるものがある．[17] さらに，これらの語に「スル」を付加して，「腕組みする」「店仕舞いする」は生成が可能である．

(23a) の「音読みする」と「*本読みする」の内部構造を比較すると次のようになる．

(24) a.

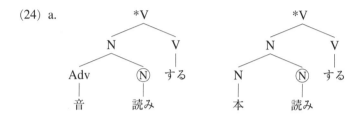

(24a) は「*読みする」が不適格なので (21a) のような構造にならないと仮定する．[18] (24a) において，Ⓝ は Adv (音) と V (する) により，二重に c 統御される．しかし，(10) の NCC の定義より，Adv は統御子ではない．したがって，V (する) により c 統御されるだけとなり，「音読みする」が正しく生成される．「棒読みする」も「文章を抑揚をつけずに一本調子に読みくだすこと」の意味をもち，「棒」は副詞的に解釈されるので「音読みする」と同じように (24a) の内部構造となり，NCC に抵触せず正しく生成される．

一方，「*本読みする」は Ⓝ が N (本) と V (する) により，二重に c 統御され，NCC 違反となり排除される．正しくは，「本読みをする」と「を」

---

[16] 高橋 (2013: 325) では音韻的語彙化を生じさせる要因として，同化，強勢移動，複合語強勢，連濁，アクセント句の平板化を挙げている．

[17] 伊藤・杉岡 (2002: 128) は，3 モーラの場合，動詞連用形が単独で名詞として使われることが多いので (殺し，作り) ので，右側要素が名詞として再解釈されると説明するが，「鞍作り」「庭作り」のように連濁しないものもあり，「行為」と「職人」の読みをもつ．3 モーラというよりも「命拾い」「袋叩き」「店仕舞い」に見られるように，語彙化した意味と連濁が関連しているように思われる．

[18] 影山 (1993) では「*読みする」は「読む」によって阻止されると仮定するが，高橋 (2011) では動詞連用形名詞の「読み」をゼロ派生で生成する際に，*[[[読み]$_{vd}$]$_N$ する]$_V$ の「読み」と「する」の V がゼロ派生の N を二重に c 統御する結果，NCC 違反となり，「*読みする」が排除されると仮定する．

格が必要になる.
　(23b) の「手洗いする」は「洗濯機を使わずに手で洗濯すること」を意味する (e.g. セーターを手洗いする).「手洗い」には「お手洗い」の便所や手を洗う水や器の意味をもつが, その場合は「スル」が付かない. 基本的には「スル」が付くのは「モノ名詞」ではなくて「デキゴト名詞」である.[19] また,「手洗い」には「手を洗うこと」の「デキゴト名詞」の意味をもつが, 内項の複合語となり,「*本読みする」の構造と同じで「手洗いをする」と「を」格が必要になる.「水洗いする」は「手洗いする」と同じように「洗剤などを使わずに, 水だけで洗うこと」の意味をもち, 副詞的に「水で何かを洗う」と付加詞的な働きで「水」が「洗い」を修飾している.[20]
　(23c) の「陰干しする」は意味的には「陰」が「日陰で乾かすこと」と副詞的に解釈され, また「干し」が連濁を起こしているので「陰」と「干し」が音韻的に一体化し, (25) のように構造が変化すると仮定する.

(25)
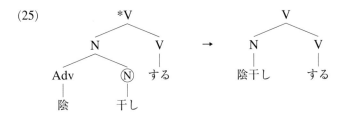

　すなわち,「陰干し」は (25) の矢印の右側の構造に見られるように語彙的名詞に変化している.[21] この構造は, (11) の NCC の含意により「陰干しする」を正しく生成する.「虫干しする」も「陰干しする」と同じ過程で生成

---

[19] 影山 (1999: 119) を参照のこと.
[20] 三宅 (2011: 29) は付加詞的な修飾関係は格関係より緊密性が低いと説明するが,「*洗いする」の表現が存在するためには, 付加詞を義務的に付けることにより,「水洗いする」の表現が可能となるので,「水」は「洗い」にとって重要な動詞由来複合語の要素となる. 一方,「*髪洗いする」が不適格となることから,「髪」は「を」格の存在を意識し,「洗い」との緊密性が低くなる. したがって, 緊密性は付加詞的な副詞要素が名詞的な格要素よりも高いと考える. これは三宅説とは異なり, 佐藤 (1989) を指示する考え方である.
[21] 上述の「棒読みする」の「棒読み」も意味的語彙化が生じて, (25) の右側の構造のように語彙的名詞に変化すると仮定する. 音韻的語彙化や意味的語彙化の詳細に関しては高橋 (2009) を参照のこと.

されと考える.「＊物干しする」は「物干し」が「洗濯ものを干すこと」と「干すための場所」の意味があるが，前者はデキゴト名詞で後者は「モノ名詞」である.「物」が内項となり，(24) の「本読みする」と同じ構造で，N (物) と V (する) によって Ⓝ (干し) が二重に c 統御され，NCC 違反となり排除される.

最後に，内項の複合化は連濁を引き起こさず，「スル」のサ変動詞を生じさせないと言われる反例について，どのように NCC は説明することが可能であるかを見てみよう.

「腕組みする」と「店仕舞いする」は共に，内項の「腕を組む」と「店を仕舞う」から派生されると仮定する．伊藤・杉岡 (2002: 130) によると，内項の複合化には連濁が生じないと説明するが，これらはその反例である．また，伊藤・杉岡 (2002: 112) によると，これらは [+V] という品詞素性をもつ名詞であると捉え，「する」ではなくて「をする」を伴って使われると説明する．しかし，「腕組みをする」「店仕舞いをする」と同様に，「腕組みする」と「店仕舞いする」も可能な表現であることがわかる．

(26) a. 彼は困ったときはいつも腕組みする．
　　　b. 昨年オープンしたばかりのあの店が営業不振で店仕舞いするのは残念だ．

(26a, b) の「腕組みする」「店仕舞いする」の意味は「腕を組む」「店を仕舞う」の文字通りの意味ではなくて「考え込む」や「廃業する」の意味を含意するので意味的語彙化が生じていると仮定する．さらに「ぐみ」「じまい」と連濁も生じているので音韻的語彙化を受け，内部構造は (27a, b) の右側の構造に変換され，「腕組み」「店仕舞い」は二又枝分かれ構造から Ⓝ のように語彙的名詞に変換すると仮定する．

(27) a.

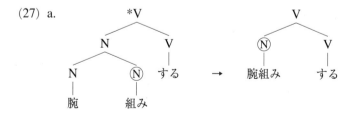

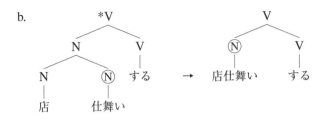

　(27a, b) の左側の構造は N (腕／店) と V (する) により Ⓝ (組み／仕舞い) が二重に c 統御されるので (10) の NCC 違反となるが, 右側のように語彙化され構造変化が生じ, 結果として (11) の NCC の含意によって正しく生成される. 連濁は内部構造を変換させるが「する」付加を必ず引き起こすものではないと考える. なぜなら, 語彙的名詞の意味やその基体の使用される頻度を考慮に入れる必要があるからである (e.g. *骨組みする, *顔作りする).[22]

4. おわりに

　小論では, 接尾辞「大」(ダイ) と「VN スル」表現の関係を見てきた.「大活躍する」と「*大発明する」の適格性の違いは接頭辞「大」が形容詞的に「VN する」を修飾するか副詞的に修飾するかによることがわかった. 高橋 (2009) の NCC (の含意) の条件はこの違いを構造的に捉え, 合成語 (i.e. 派生語や複合語) の形成過程や適格性を統一的に説明することができる. 2 節で述べたように形態的緊密性は形態論の領域に統語的な要素が介入しないという条件であるが, 形態論の中でも派生語や複合語形成において語や接辞の結びつきに緊密性の違いが見られ, 接辞 (あるいは語) と基体の間に何らかの制約が生じるものと考えられる.「*無意識する」「*不安定する」「*未発表する」の表現が不適格となるのも NCC の条件によって説明できるものと考える.

---

　[22]「活動」や「行為」を表す複合名詞が「する」をとる傾向があるが,「顔作り」のように「化粧する」という馴染みのある表現と比べると一般的ではないので「*顔作りする」とは言わない. 同様に,「墓参りする」は「*寺参りする」よりも容認性は高くなるように思われる. よく使用して馴染みのある表現になることによって, 複合名詞として一体化し, 緊密性を保つ構造が形成されるように思われる.

参考文献

伊藤たかね・杉岡洋子 (2002)『語の仕組みと語形成』研究社, 東京.
影山太郎 (1993)『文法と語形成』ひつじ書房, 東京.
影山太郎 (1999)『形態論と意味』くろしお出版, 東京.
佐藤大和 (1989)「複合語におけるアクセント規則と連濁規則」『日本語の音声・音韻 (上)』(講座日本語と日本語教育第 2 巻), 杉藤美代子(編), 233-265, 明治書院, 東京.
佐山佳予子 (1986)「おお―　だい―　たい―（大）」『日本語学』第 5 巻第 3 号, 36-42.
Sugioka, Yoko (2002) "Incorporation vs. Modification in Deverbal Compounds," *Proceedings of Japanese/Korean Linguistics Conference 10*, 495-508.
高橋勝忠 (2009)『派生形態論』英宝社, 東京.
高橋勝忠 (2011)「動詞連用形の名詞化とサ変動詞「する」の関係」『英語英米文学論輯 (京都女子大学大学院研究紀要文学研究科英文学専攻)』第 10 号, 15-33.
高橋勝忠 (2013)「語の語彙化と頻度に基づく一語化の違い」『言語学からの眺望 2013』, 福岡言語学会 (編), 322-335, 九州大学出版会, 福岡.
高橋勝忠 (2015)「「-っぽい」の考察：「-っぽさ」と -ishness の関係について」『英語英米文学論輯（京都女子大学大学院研究紀要文学研究科英文学専攻)』第 14 号, 33-49.
田川拓海 (2010)「X＋動詞連用形複合語の記述的整理：音韻論的特徴を中心に」『筑波学院大学紀要第 5 集』157-163.
水野義道 (1987)「漢語系接辞の機能」『日本語学』第 6 巻第 2 号, 60-69.
三宅知宏 (2011)『日本語研究のインターフェイス』くろしお出版, 東京.

[辞書]
『デジタル大辞泉』(2009) 小学館.

第 5 章

日本語の句複合*

西山　國雄

茨城大学

1. はじめに

　複合 (compounding) とは語が組み合わさり新しい語ができることを指す．通常これには語レベル (word, X^0) で起こり，句 (phrase) はかかわらないが，句が含まれることもよくある．日本語におけるこの**句複合** (phrasal compounding) の現象は，これまで多くの文献で扱われてきたが，本章ではこれに焦点をしぼってデータを捉え直し，再分析，再分類を提案する．2 節で本章の素地となる複合語のアクセントを概観する．3 節が本章の主要な部分で，名詞編入によりできる複合語を扱う．述語が漢語か和語かで状況が異なることが示される．4 節では名詞編入を伴わない句複合語を扱い，5 節で語$^+$の概念を再考，再分類する．

2. 複合語のアクセント

　句複合を考える際には語と句の区別が重要になるが，日本語でこれを明確に示すのはアクセントである．日本語のアクセントは下降ピッチと定義され，それを「'」で示す．例えば「ド'イツ」と「ぶ'んがく」はともに最初の

---

* 本章はレキシコン研究会（慶応大学，2015 年 5 月），Workshop on Phrasal Compounds（ドイツ・マンハイム大学，2015 年 6 月）で発表した．有益なコメントや議論をいただいた聴衆の方々，杉岡洋子氏，柚原一郎氏に感謝申し上げる．本研究の遂行にあたり，科学研究費補助金（課題番号 23520454, 15K02470）の補助を受けた．

拍にアクセントがある．そしてこれが句を作り，「ド'イツのぶ'んがく」となっても元のアクセントは維持される．しかしこれが複合語になると「ドイツぶ'んがく」と複合アクセントを持つ（Kubozono (2008), Nishiyama (2010) 参照）．

通常1つの語は最大1つのアクセントしか持てず，「*ド'イツぶ'んがく」のように複数のアクセントを持つ複合語は容認されない．しかし右分かれ構造を持つ複合語では，これが起こる．

(1) a. ドイツ＋文学協会 → ド'イツぶんがくきょ'うかい
    b. ドイツ文学＋協会 → ドイツぶんがくき'ょうかい

(窪薗 (1995), Kubozono (2005))

(1a) はドイツにある文学協会のことで，複数のアクセントを持つ．一方 (1b) はドイツ文学の研究者が集まった協会のことで，1つの複合アクセントを持つ．そして窪薗 (1995: 107) は (1a) のような右分かれ構造は (1b) のような左分かれ構造より処理が難しく（Hawkins (1990), Sugioka (2008) も参照），これを補うため，右分かれ構造では各語のアクセントを保持し，構成素をはっきりさせると指摘する．

本章では (1b) のように1つの語としてのアクセント（**語アクセント**と呼ぶ）を持つ複合語を「ドイツ文学協会」のように何も間に入れずに表記する．一方 (1a) のように句のような複数のアクセント（あるいは下降ピッチの後の上昇ピッチ）を**句アクセント**と呼び，「ドイツ：文学協会」とコロンを用いて表記する．[1] そして句アクセントを持つ複合語を**疑似複合語**と呼ぶ．本章を通じて，右分かれ複合語は句アクセントを持つ，ということが重要となる．

---

[1] 影山 (1993), Kageyama (2001, 2009) はコロン：を彼が「統語後複合語」と呼ぶもの (3.1 節参照) に用い，縦線 | を彼が「語⁺」と呼ぶもの (5 節参照) に用いる．語⁺には「ドイツ：文学協会」も含まれるが，句アクセントという点では統語後複合語も語⁺も差がないので，本章では同じコロンの標記を用いる．

3. 名詞編入

句複合を作るメカニズムはいくつかあるが，まず**名詞編入**（noun incorporation）を取り上げる．名詞編入は名詞が動詞に組み込まれることで，複統合的（polysynthetic）言語で有名である．日本語でも「腰掛ける」，「旅立つ」などの例があるが，これらは生産性がない．句複合を作るのは動名詞（verbal noun）で，それが漢語か和語かで性質が異なる．3.1 節で漢語，3.2 節で和語を扱う．句複合の証拠として**修飾語残留**（modifier stranding）があるが，3.3 節ではこの条件を見る．また 3.4 節では名詞編入によりできる複合語と統合複合の関係も議論される．

3.1. 句アクセントになる名詞編入：漢語動名詞

本節で紹介するのは Shibatani and Kageyama (1988)（以下 S&K）が統語後複合語（postsyntactic compounds）と呼ぶものである．

(2) a. ヨーロッパ旅行
 b. ヨーロッパを旅行中
 c. ヨーロッパ：旅行中

(2a) は語アクセントを持つ普通の複合語である．(2b) は動詞句に時の接尾辞「中」がついたものである．[2] (2c) が本節で扱うもので句アクセントを持つ．S&K (462) が指摘するように，(2b) は副詞を入れることができるのに対し（ヨーロッパをのんびり旅行中），(2c) ではそれができない（*ヨーロッパ：のんびり旅行中）．これは (2c) は単に (2b) から格削除によりできたのではないことを示している．

この種の複合語が句を含む証拠として，修飾語残留がある．[3]

---

[2] 「〜中」のほかに「〜の際」，「〜に向けて」などがつく（S&K: 456）．本章ではこれら後続要素なしで，「ヨーロッパ：旅行」と引用することもある．

[3] Kageyama (2009: 525) は統語後複合語は修飾語残留を許さないと述べているが，ここで言われている修飾語残留は以下のような例を指す．
　(i) 左足を骨折
ここで「左足」は「骨」を修飾しているということだが，「左足の骨（こつ）」とは言わないので，これは句複合の例ではない．

(3) a. この実験が終了後
    b. この実験：終了後　　　　　　　　　　　　　　(S&K: 471)

(3b) では「実験：終了」という疑似複合語ができているが，「この」が取り残されている．これは「この実験」という句がもとにあることを示している．
　(2) は対格，(3) は主格が元にある例だが，属格が元にある例もある．[4]

(4) a. 受験生の増加 (の理由)
    b. 受験生：増加 (の理由)

S&K (480, n. 15) では (4b) は属格が削除されていると示唆されているが，この分析はその後修正されている．影山・柴谷 (1989: 155), 影山 (1993: 236) では (4a, b) は共通する構造として，名詞編入前の，格を持たない構造を持つ．格付与が行われると (4a) ができ，名詞編入が起こると (4b) ができる．本章ではこの分析を採用し，(2b, c), (3a, b) にも拡張する．

3.2. 語アクセントになる名詞編入：和語動名詞

　日本語には「皿洗い」，「ゴミ拾い」のように，和語の動詞が名詞化してその目的語が複合する例が多い．そして前節で見た漢語の場合と違い，これらは語アクセントを持つ．Sugioka (2002: 496) はこの場合も名詞編入が起こっていると分析しているが，本章でもこれを採用する．[5]
　和語の動名詞が絡む場合も，修飾語残留が起こる．

(5) a. 父の墓参り　　　　　　　　　　　(cf. Kageyama (2009: 521))
    b. 朝顔の種まき　　　　　　　　　　　　　　(影山 (1993: 334))

これはこの複合が句を含むことを示し，名詞編入が起こっていることを強く示唆する．しかし影山 (1993: 335) では，漢語と違い，和語の場合は名詞編入分析は採用されていない．この理由の1つはアクセントだと思われる．つまり「ヨーロッパ：旅行中」は句アクセントなのに対し，「種まき」は語アクセントである．しかし統語的編入操作と語アクセントが両立しない訳では

---

[4] 更に与格からの編入も可能である．「部長：昇進」(影山・柴谷 (1989: 154)) は「部長に昇進 (する)」と関連している．
[5] ただし3.4節では別の可能性を示し，これらは構造的に曖昧であると主張する．

ない.「ドアを押し続ける」のような統語的複合動詞は,統語的動詞編入によりできるという分析が定説となっているが,「押し続ける」は語アクセントを持つ.古くは阪倉 (1952: 104) が指摘しているが,(5) が統語的複合動詞と同様の構造をしていると分析することに問題はないと思われる.

ではなぜ動名詞は和語と漢語でアクセントが異なるのか.まず以下を参照されたい.

(6) a. 図書：貸し出し
b. 弁当：持ち込み   (影山 (1993: 229))

これまで和語で語アクセントになる例を見てきたが,(6) は動名詞が和語なのに句アクセントである.この理由で明らかなのは,動名詞が複合動詞からできていることである.ここで右分かれ複合語は句アクセントと持つことを思い出してほしい.(6) が疑似複合語である理由が右分かれ構造によるとすれば,漢語の「ヨーロッパ：旅行」も同様なことが起こっていると分析できる.以下を仮定しよう.

(7) 項が漢語の動名詞に編入する時,その述語は右分かれと再分析され,句アクセントを持つ.

直感的に言えば,「ドイツ：文学協会」も「ヨーロッパ：旅行」も右側が「重い」のである.2節で見た通り,句アクセントは解析が困難な時に構成素をはっきりさせるために起こる.漢語は一般的に複数の漢字から出来ているので,「旅行」も枝分かれしていると言えるかもしれない.しかしこれだけが (7) の理由ではない.動名詞ではない,単純な名詞では,漢語でも「ドイツ文学」のように語アクセントを持つ.重要なのは「旅行」が述語だということで,恐らく述語と項の関係は重要であり,形態素の境界を明確にするために句アクセントが要求されるのだと思われる.一方動名詞が和語の場合は解析が容易なのでこの要請はなく,「種まき」は語アクセントを持つと思われる.連濁など,和語と漢語で音韻規則の適用が異なるのはよく知られているが,(7) が特殊なのは,漢語の述語に限定されているということである.[6]

---

[6] 影山 (1993: 334) は以下のような,漢語動名詞の句複合が語アクセントを持つ例を挙げる.

3.3. 修飾語残留の条件

修飾語残留が起こるにはいくつかの条件がある．以下を参照されたい．

(8) a. 馬乗り
 b. *大きな馬乗り   (S&K: 471)
 c. *父の馬乗り（馬は父が所有しているという意味で）

ここでは修飾語残留ができないが，(5) で見た「父の墓参り」とどこが違うのだろうか．影山 (1993: 334) は，修飾語残留は「相対概念を表す名詞」(relational noun) で可能になると述べている．つまり「墓」は項として所有者を要求するということである．具体的に言えば馬乗りの際にその馬が誰の馬かは重要ではないが，誰の墓に行くのかということは重要である．

相対概念を持つ名詞でなくとも，修飾語残留が起こることがある．

(9) きれいな町づくり   (Kageyama (2009: 518))

ここでは修飾語には意味的制約があるように思われる．「きれいな」の代わりに「住み良い」とか「持続可能な」は使えるが，「巨大な」は容認度が落ちる．つまり (9) では特定の，積極的な（エコな）意味をもつ修飾語に限って残留ができるのである．

以上のことは，Bresnan and Mchombo (1995: 193f.) が指摘している [American history] teacher と *[recent history] teacher の差を想起させる．Carstairs-McCarthy (2002: 81f) も同様な [open door] policy と *[wooden door] policy の例を挙げ，常套句 (cliché) が関わっていると指摘している．

ある表現がどのように常套句になるかというのは純粋に語用論の問題で

 (i) 学生の身辺調査 商品の在庫整理
前者については，「学生の身辺」が句を成すかははっきりしない．この「身辺」は「行動」という特殊な意味であり，「調査」と結びついた時にこの意味を持つ．「学生の身辺」が単独で使われることはないと思われる．後者については，「商品の在庫：整理」と句アクセントも可能で，これは (7) の予測通りである．

 柚原一郎氏（個人談話）は以下の例を挙げ，外来語や重複表現も句アクセントを持つと指摘する．

 (ii) 新館：オープン 生産：ストップ 頭：なでなで
和語でないという点で外来語と漢語は共通しており，重複表現は右分かれ構造とみなされる．

あり,⁷ 本章で扱うことはできないが，上記の例に関して Bresnan and Mchombo は，句のように見えるのは語彙化されていると言う．しかしこの「語彙化」は即興で出来る「文脈による新語」も取り込むので，かなり柔軟なプロセスと言える．

　修飾語残留は名詞編入の結果であり，名詞編入が項に限定されるとすれば，付加詞を含む複合語は修飾語残留を許さないと予測される.

　　(10)　(*幼い) 手作り　　　　　　　　　　　(Sugioka (2005: 220))

ここでは「手」は道具 (instrumental) であるが，付加詞なので修飾語残留は不可である．

　また述語が含まれていない場合も，名詞編入は起こらず，したがって修飾語残留も起こらないと予測される．この予想は一般的には当てはまる．

　　(11)　*[ドイツの文学] 協会

これはドイツにある文学協会の意味なら可能だが，ドイツ文学の研究者が集まった協会の意味は持てない．

　しかし常套句が絡むと上述の限りではない．

　　(12)　［小さな親切］運動　　［緑の羽根］募金　　　(窪薗 (1995: 129))

これは上で見た [open door] policy と *[wooden door] policy の差と平行的である．⁸

　次に漢語を含む例を考えよう．前で見た「この実験：終了後」は指示詞が残留した例だが，これに関連して S&K (472) は関係詞も残留できると述べている．その一方で S&K (471) は形容詞は残留できないとして，「*美し

---

　⁷ 例えば，[small car] driver と *[green car] driver の違いは，green car という常套句はないから，ということになるが，もしも日によって運転できる車の色が制限されるとすれば，green car は特定の意味を持ち，[green car] driver は可能な表現になる (Sproat (1993: 251-252)，島村 (2014: 45) も参照)．これは統語論や形態論の問題ではなく，典型的な語用論，つまり現実世界における言語使用の問題である．なお Sproat (1993) およびそれが引用している文献ではこうした常套句化を "to name things" と呼び，島村 (2014) は「名付け機能」と呼ぶ．

　⁸ 常套句を用いたこの説明は「きれいな町づくり」のような名詞編入における修飾語残留を説明するが，関係名詞を含んだ「朝顔の種まき」のような例には拡大できない．

いヨーロッパ：旅行中」を挙げる．しかしまた常套句ではこれが可能になる．「きれいな町作り」を漢語を使って言い換えると「きれいな都市：建設」となるが，これは「*美しいヨーロッパ：旅行中」より容認度が上がると思われる．

　総じて漢語の動名詞の方が和語より修飾語残留の許容度が大きい．この理由としてはアクセントがあると思われる．つまり漢語の動名詞の疑似複合語は句アクセントを持つため，統語的構成素が認識しやすい．このため修飾語残留が容易になると思われる．先に漢語は和語より解析しにくいから句アクセントを持つと述べたが，最終的には句アクセントは漢語を不利な状況から有利な状況に引き上げ，和語よりも修飾語残留を許容するようになる．

3.4. 統合複合語との比較

　これまで句複合の例として，和語の動名詞では修飾語残留がある例を見てきた．「朝顔の種まき」では名詞編入があるのが分かりやすいが，単なる「種まき」も名詞編入でできるのだろうか．類似の英語の mountain climbing や car driver は統合複合語（synthetic compounds）と呼ばれ，多くの研究があるが，本節では日本語の統合複合語と名詞編入によりできる複合語を比較する．

　和語の場合は常に語アクセントなのでよくわからないが，漢語では (2) で見た通り「ヨーロッパ旅行」（語アクセント）と「ヨーロッパ：旅行」（句アクセント）と差がある．更に興味深いことに，意味の差もある．S&K (478) が指摘する通り，「家庭訪問」は学校の先生が生徒の家を訪問するという特殊な意味を持つが，「家庭：訪問」と句アクセントを持つと特殊な意味はない．

　この差を以下のように分析する．

(13) a.　ヨーロッパ旅行／家庭訪問

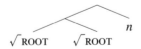

b. ヨーロッパ：旅行／家庭：訪問

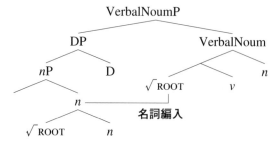

分散形態論を採用し，語根は v や n で範疇化されると仮定する．また v や n の補部はフェイズ（Chomsky (2001)）で，ここで意味が固定すると仮定する．「家庭訪問」(13a) は 2 つの語根が複合して，名詞化され，ここで意味が固定する．[9] 一方「家庭：訪問」(13b) では「家庭」が編入前に名詞化され意味が固定する．したがってその後編入しても特殊な意味は持たない．

(13a) の分析が意味するところは，一見主題関係（thematic relation）があるように思われる「ヨーロッパ旅行」と，そうではない「ヨーロッパ連合」が同じ構造を持つということである．つまり「ヨーロッパ旅行」は主題関係がなく，主題関係がある時は名詞編入が起こり，そうすると「ヨーロッパ：旅行」と句アクセントを持つ．この意味で，一見主題関係があるように見えるが実はない「ヨーロッパ旅行」を「統合的複合語」と呼ぶのは誤解を招く言い方ということになる．本章では英語との比較の便宜上，この用語を用いてきたが，特に分析的意味はないことに注意されたい．

英語では taxi driver が [taxi drive]$_V$-er という構造を持つのか，あるいは単なる 2 つの名詞の結合なのかという議論があり（Roeper and Siegel

---

[9] 厳密には (13a) は「親子」のような等位複合語（dvandva）の構造であり，修飾関係がある場合は Ito and Mester (2003: 83f) が提案するようにもっと複雑な構造かもしれながら，本章では深入りはしない．

杉岡洋子氏（個人談話）の指摘によれば，(13b) は VNP を作るが，生起環境が「〜中」，「〜の際」などかなり限定され，「*ヨーロッパ：旅行する」，「*ヨーロッパ：旅行が決まった」は言えない．これに対し付加詞複合語では「ペン書きする」(Sugioka (2002: 497)) のようにこれが可能である．Sugioka (2002), 杉岡 (2011) は，付加詞複合語は語彙（X^0）レベルで派生され，「手紙書き」のような統合複合語は統語的名詞編入で派生されると分析する．これらの問題を本章の提案でどう説明するかは，今後の課題としたい．

(1978), Lieber (1983), Spencer (1991: 324) など), ドイツ語では Weise (2008) が, ドイツ語における同様の統合複合語は, 上記で英語について述べた2つの場合の両方の分析が可能であると主張する (杉岡洋子氏の指摘による). 英独語で統語的名詞編入が起こっているかはわからないが, 構造的に曖昧だという点で本章の立場も同様である. 日本語で重要な点は,「ヨーロッパ旅行」と「ヨーロッパ：旅行」のように, アクセントにより2つの構造が区別できることである.

(13a) と (13b) の差は漢語の場合はアクセントで区別できるが, 和語ではアクセントは同じで区別できない. つまり単なる「種まき」は (13a) と (13b) 両方の分析が可能で,[10]「朝顔の種まき」のように修飾語残留が起きた時に, (13a) の可能性が排除され, 名詞編入であるとはっきり言える.

フェイズは意味に加えて音も固定するレベルと言われる. しかし (13b) では, 名詞編入の先が, 動名詞が和語か漢語かでアクセントが変わる. 更に, 名詞編入の前の「た'ね」は最初の拍にアクセントがあるが, 編入後の「たね'まき」ではアクセント位置が変わる.[11] これらのことは, 名詞編入とアクセント付与は密接に関係し, 共に統語部門の後に行われることを示している. この点で, S&K が統語後 (postsyntactic) 複合語と呼んだのは的を得ているといえる. (もっとも彼らの分析は漢語を含んだ場合に限定されてはいるが.) またこの帰結は, 主要部移動が狭い意味での統語部門 (narrow syntax) ではなく音韻部門に属するという, Chomsky (2001) の考えとも合致する.

---

[10] 杉岡 (2011: 13) も同様に日本語の統合的複合語は構造的に曖昧であると分析する. 具体的には, 右要素の動詞連用形が, 動詞のままか, 名詞になったか, という差異である.

[11] 後部要素が純粋な名詞の場合でも,「たねいも」,「たねほん」など, アクセントが変わる (杉岡洋子氏の指摘による). また柚原一郎氏 (個人談話) は同じ「〜まき」でも「水まき」は無アクセントなので,「〜まき」のアクセントは語彙化されていると示唆する. 本章は Kubozono (2008) に従い, 複合語のアクセントは規則によるものと語彙指定によるものがあると仮定する. この規則によれば, 複合語の右要素が2拍以下の場合は, 左要素の最後の拍がアクセントを持ち,「種まき」はこの例である. 一方「水まき」の無アクセントは語彙指定による. 語彙指定は右要素が決定するのが普通だが, ここでは左要素が決定している. もし本章の示唆の通り, アクセント付与は統語部門の後で起こるのなら,「語彙指定」の情報が統語部門の後で有効になることを意味する. これらの問題は重要な帰結を持つが, 本章では深く扱うことはできない.

4. 名詞編入を伴わない句複合

これまで名詞編入によりできる句複合語を見てきたが，本節では名詞編入を伴わない句複合語を見る．(12) で見た [小さな親切] 運動のほかに，3つのタイプがあり，それは等位構造，接尾辞，接頭辞である．

等位構造を含む例は以下である．

(14) a. カラオケとゲーム大会　　　　　　(Kageyama (2009: 518))
　　　b. 美女と野獣症候群

これらも常套句であり，これが句複合を可能にしている．ここに出てくるのは Wälchli (2005) などでいわれている等位複合 (co-compounds, dvandva) に近いと思われるが，等位複合は等位接続マーカーを含まないので，自然な等位形 (natural coordination) という方が適切かもしれない．

接尾辞を含む例は以下である．

(15) a. [大会社の社長] 級　　　　　　　(影山 (1993: 327))
　　　b. [ドイツでの大事故] 以来　　　　(窪薗 (1995: 131))
　　　c. [頭の大きい人] 用

〜級，〜以来，〜用は拘束形態素でかつ句につくので，接尾辞というよりは後置接辞 (enclitic) と呼ぶほうが正確かもしれない．もしそうなら，(15) では複合ではなく接辞付与 (cliticization) が起こっていることになる．

これらの形態素はもとは漢語の拘束語根 (bound root) だったものが後置接辞に変わったものである．後置接辞があれば，同様に前置接辞 (proclitic) があると予想されるが，その通りで，以下がその例である．

(16) 前：外務大臣　　反：体制
　　　　　　　　　　　(Poser (1990), Kageyama (2001, 2008))

ほかにも本，元，現，各，某，同などが同様の性質を持つが，(14), (15) とは違い，(16) は句アクセントを持つ．[12] これも，前置接辞は右分かれ構造

---

[12] 窪薗 (1995) は (15b) では句アクセントを持つと表記されていれ，筆者の判断では句アクセントと語アクセントの両方が可能である．この理由はよくわからないが，「以来」は

になりやすいということと関係していると思われる．

これらの前置接辞が句につく証拠として，影山（1993: 336, 2001: 265）は故：[植村さんと長谷川さん]という例を挙げる．ここでは前置接辞が等位接続名詞句に接辞している．更に Kageyama (2001: 258) は，固有的に照応の性質を持つ「同〜」は照応の島（anaphoric island）に違反できることを示しているが，これも句の性質を示す．

5. 語$^+$の再考と再分類

影山（1993），Kageyama（2001, 2009）は語$^+$（Word Plus）という概念を提案する．これは句アクセントを持つ全ての疑似複合語（前述の前置接辞も含む）から，S&K が統語後複合語（postsyntactic compounds）と呼ぶものを除いたものである．語$^+$のレベルは語と句の中間に位置し，これにより，語と句の両方の性質を持つことが説明されると主張する．本節では語$^+$を再考し，既存の概念に再分類する．

先取りして言えば，語$^+$は性質の異なる例の集合体であると思われる．まず Kageyama（2001）が挙げる語$^+$の多くは右分かれ複合語であり，それについては句の性質を持つという証拠はない．したがって以下ではそれ以外の例，つまり接頭辞／前置接辞と右分かれではない複合語を扱う．

前節で接頭辞を扱い，句の性質を持つことから前置接辞と呼ぶのがふさわしいと述べた．一方 Kageyama はこれは語の性質も持つと主張する．

(17) *A は現：会長の知り合いで，B は前：会長の知り合いだ

(Kageyama (2001: 251))

これは同一削除の例で，取り消し線の部分が削除されると非文法的であることを示す．[13] 一方「現」と「前」がそれぞれ「現在の」と「前の」に入れ替われば文法的となる．削除は句に適用されるという前提のもと，影山は (17) は接頭辞が語の性質を持つことを示すとする．

しかし (17) は別な理由で排除できる．まず「現」が接辞とすれば，削除

2つの漢字（bound root）から成るというのが関係しているのかもしれない．

[13] 削除後も文法的と判断する話者もいる．同じ話者は後述の (20) も容認する．

後はそれがよりかかるもの (host) がなくなるので，これは接辞の性質からして許されない．あるいは，削除が起こると削除された部分を復元するものが必要だが (recoverability condition)，接辞はこの働きをしない，という説明も可能である．復元に必要な要素としては，格表示が指摘される (Lobeck (1990) など)．英語でも，John's dog is bigger than Bill's ~~dog~~. と削除が起こった場合，属格の's なしでは非文法的となる．日本語でも同様に「の」が必要であり，そのため「現」が「現在の」となると削除が可能になると思われる．つまり接頭辞／前置接辞は語ではなく句につくと仮定しても，(17) は独立して排除できる．

以下はどうだろうか．

(18)　某有名 (*な) 俳優　　各地方 (*の) 都市

(Kageyama (2001: 249f))

「有名な俳優」や「地方の都市」は可能な句だが，これに接頭辞／前置接辞がつくことはできない．これも語の性質を示すとされ，この指摘は正しいと思われる．しかしもし本章の分析の通り，これらの例が接辞であるなら，この振る舞いは予測される．通言語的に，また通時的に，接辞は語から拘束形態素 (affix) へ変化する文法化の過程において，中間的な位置を占め，2つの性質を兼ね備えると言われる．例えばロマンス語の目的語接辞は，基本的には代名詞なので，英語の *I like him$_i$ John$_i$. のように同一指示の名詞とは共起できないはずだが，接辞重複 (clitic doubling) という現象ではこれが起こる．このことからロマンス語の目的語接辞は一致を示す拘束形態素 (agreement marker) に移行しつつあると分析されることが多い (Suñer (1988) など)．つまり，語と句の両方の性質を持つことは接辞一般に言えることで，これだけでは新しいレベルを仮定する理由としては不十分であろう．

次に右分かれではない複合語を見る．窪薗 (1995) は「九州：南部」のような例を挙げるが，これは2つの要素しかないのに句アクセントを持つ．これに関しては，もとは「九州の南部」のような句であり，それから属格が削除されたと考える．元は句であれば，句アクセントを持つのは当然であ

る.[14]

　属格の削除は通常起こらないので（太郎 *(の) 本），何らかの制約が必要となるが，これにはまた常套句が関わっていると思われる．つまり縦に長い九州は北と南で分けるのが通例であり，それにより「九州：南部」という言い方が確立したということである.[15]

　同様な属格削除が以下でも起こっていると思われる．

(19)　大会社：社長　　私立大学：教授　　　（Kageyama (2009: 518f)）

これらは左分かれ構造なのに句アクセントを持つ．これも，もとは「大会社の社長」，「私立大学の教授」であると仮定すれば説明がつく．そしてこれらは常套句と思われ，一目置かれる立場という性質を持つ．代わりに「大会社の社員」，「私立大学の職員」としたら，「の」を削除すると容認度が落ちるが，これは常套句でないからであろう．

　以上をまとめると，語$^+$は性質の異なる例の集合体であり，3つの種類，つまり右分かれ複合語，接頭辞／前置接辞，属格削除が起こった句に再分類される．

　属格削除の分析は影山・柴谷（1989: 163, 注7）で「ドイツ：文学協会」のような右分かれ複合語に関して示唆されているが，これが「ドイツの文学協会」からできたかどうかは，本章は中立の立場を取りたい．まず一方で内部構造に関係なく「ドイツ：文学協会」，「九州：南部」，「私立大学：教授」が全て属格削除により出来ると仮定するのは，統一的分析という観点から望ましいかもしれない．しかしその一方で，もし右分かれ複合語が普遍的に存在し，そして窪薗 (1995)，Kubozono (2005) の言うように音韻規則は右分かれ複合語とそれ以外では違った方法で適用される，というのであれば，「ドイツ：文学協会」を派生するのに属格削除を用いる必要はないとも言え

---

[14] 窪薗 (1995) は人名も句アクセントを持つと指摘する．人名は現在は苗字と名前の間に「の」は入れないが，昔は入っていたので，その名残があるのだろう．

[15] 窪薗 (1995: 71f) はこうした例を「有標の意味構造」という概念で説明している．これについて Kageyama (2001: 261) は意味関係だけで説明はつかないと主張するが，窪薗の直観は，常套句につながる語用論的制約と捉え直すことができる．

なおここで言う常套句は，「母の日」や「孫の手」のような「完全に語彙化した」(Kageyama (2001: 268)) 表現とは異なる．後者は属格削除ができない．

る．

影山（1993: 342），Kageyama（2001, 2009）は前述の自身の属格削除分析は採用せず，代わりに語$^+$分析を展開する．そして以下のような例を挙げる．

(20) A は私立大学 *(の) 教授で，B は国立大学 *(の) 教授です．
(Kageyama (2009: 519))

(20) は属格がないと削除が許されないことを示す．これは「私立大学の教授」と「私立大学：教授」が元は同じであるという分析の反例と思えるかもしれない．しかし (17) で見たように，削除の復元には属格が必要なら，(20) はこの分析と矛盾なく説明ができる．

6. 結語

本章は日本語の句複合について，これまで扱われてきた例の再解釈と再分類をした．句複合をつくる重要な操作は名詞編入だが，本章は Shibatani and Kageyama (1988)，影山・柴谷 (1989) で提案された漢語動名詞の分析を，和語動名詞に拡張した．和語動名詞を含む複合語は名詞編入により形成されるという分析は Sugioka (2002) で提案されているが，本章はそれを精密化した．具体的には，修飾語残留のない和語動名詞を含む複合語は名詞編入を含む構造と含まない構造の両方の分析が可能であり，修飾語残留があると名詞編入の分析のみが可能となる．

句複合の考察を進める過程で，本章では句複合ではない例も見てきた．「ドイツ：文学協会」は句アクセントを持つが，句複合ではない．これは右分かれ構造のため句アクセントを持つのであり，句アクセントは必ずしも句の特徴を反映するものではないことを示す．逆に「朝顔の種まき」は「種まき」の部分は語アクセントだが，これは句複合である．更に「九州：南部」は句アクセントを持つが，これは複合語ではなく，「九州の南部」という句（常套句）から属格が削除されてできた．また「ヨーロッパ旅行」は述語と項の関係があるように見えるが，句複合ではなく，名詞編入は起こっていないと分析した．こうした議論を通じて，影山 (1993), Kageyama (2001, 2009) の語$^+$ (Word Plus) という概念は，既存の 3 種類のタイプ，つまり

第5章 日本語の句複合

右分かれ複合語，接頭辞／前置接辞，属格削除が起きた句，に再分類されると主張した．

最後に本章で提案した句複合語の分類と分析を表にまとめる．

名詞編入あり			名詞編入なし			
漢語動名詞	和語動名詞		修飾構造	等位構造	接尾辞／後置接辞	接頭辞／前置接辞
ヨーロッパ：旅行 (2c)	朝顔の種まき (5b)	きれいな町づくり (9)	小さな親切運動 (12)	美女と野獣症候群 (14b)	大会社の社長級 (15a)	前：外務大臣 (16)
	関係名詞	常套句	常套句	常套句		

句複合語はまず名詞編入があるものとないものに分かれる．名詞編入があるものは，動名詞が漢語か和語かで分かれる．漢語動名詞は右分かれと再分析され，句アクセントを持つ．上の例では，句アクセントが名詞編入の証左となる．これに対し，語アクセントの「ヨーロッパ旅行」は名詞編入はない．和語動名詞は，修飾語残留なしでは名詞編入の有無がはっきりしないので，上では修飾語残留の例を載せてある．修飾語残留の認可条件として，関係名詞 (relational noun) と常套句の2つがある．

名詞編入がない場合は4つのタイプに分かれる．修飾構造と等位構造では，常套句が認可条件となる．接尾辞／後置接辞と接頭辞／前置接辞は漢語の拘束語根に由来するが，接辞となり句につくようになった．その性質上，これらは句につくために特に常套句のような認可条件は必要としない．

参考文献

Bresnan, Joan and Sam A. Mchombo (1995) "The Lexical Integrity Principle: Evidence from Bantu," *Natural Language and Linguistic Theory* 13, 181-254.

Carstairs-McCarthy, Andrew (2002) *An Introduction to English Morphology*, Edinburgh University Press, Edinburgh.

Chomsky, Noam (2001) "Derivation by Phase," *Ken Hale: A Life in Language*, ed. by Michael Kenstowicz, 1-52, MIT Press, Cambridge, MA.

Hawkins, John A. (1990) "A Parsing Theory of Word Order Universals," *Linguistic Inquiry* 21, 223-261.

Ito, Junko and Armin Mester (2003) *Japanese Morphophonemics: Markedness and Word Structure*, MIT Press, Cambridge, MA.

影山太郎 (1993)『文法と語形成』ひつじ書房，東京．

Kageyama, Taro (2001) "Word Plus: The Intersection of Words and Phrases," *Issues in Japanese Phonology and Morphology*, ed. by Jeroen van de Weijer and Tetsuo Nishihara, 245-276, Mouton de Gruyter, Berlin.

Kageyama, Taro (2009) "Isolate: Japanese," *The Oxford Handbook of Compounding*, ed. by Rochelle Lieber and Pavol Štekauer, 512-526, Oxford University Press, Oxford.

影山太郎・柴谷方良 (1989)「モジュール文法の語形成論:「の」名詞句からの複合語形成」『日本語学の新展開』, 久野暲・柴谷方良(編), 139-166, くろしお出版, 東京．

窪薗晴夫 (1995)『語形成と音韻構造』くろしお出版，東京．

Kubozono, Haruo (2005) "Rendaku: Its Domain and Linguistic Conditions," *Voicing in Japanese*, ed. by Jeroen van de Weijer, Kensuke Nanjo and Tetsuo Nishihara, 5-24, Mouton de Gruyter, Berlin.

Kubozono, Haruo (2008) "Japanese Accent," *The Oxford Handbook of Japanese Linguistics*, ed. by Shigeru Miyagawa and Mamoru Saito, 165-191, Oxford University Press, Oxford.

Lieber, Rochelle (1983) "Argument linking and Compounds in English," *Linguistic Inquiry* 14, 251-285.

Lobeck, Ann (1990) "Functional Heads as Proper Governors," *NELS* 20, 348-362.

Nishiyama, Kunio (2010) "Penultimate Accent in Japanese Predicates and the Verb-Noun Distinction," *Lingua* 120, 2353-2366.

Poser, William (1990) Word Internal Phrase Boundary in Japanese," *The Phonology-Syntax Connection*, ed. by Sharon Inkelas and Draga Zec, 279-288, University of Chicago Press, Chicago.

Roeper, Thomas and Muffy Siegel (1978) "A Lexical Transformation for Verbal Compounds," *Linguistic Inquiry* 9, 199-260.

阪倉篤義 (1952)『日本文法の話』創元社．［改訂 1974, 教育出版．］

Shibatani, Masayoshi and Taro Kageyama (1988) "Word Formation in a Modular Theory of Grammar: A Case of Postsyntactic Compounds in Japanese," *Language* 64, 451-484.

島村礼子 (2014)『語と句と名付け機能――日英語の「形容詞＋名詞」形を中心に――』開拓社，東京．

Spencer, Andrew (1992) *Morphological Theory*, Blackwell, Malden.

Sproat, Richard (1993) "Morphological Non-separation Revisited (Review Article: Deconstructing Morphology, by Rochelle Lieber, 1992)," *Yearbook of Morphol-*

ogy 1992, 235-258.
Sugioka, Yoko (2002) "Incorporation vs. Modification in Deverbal Compounds," *Japanese/Korean Linguistics 10*, 495-508, CSLI Publications, Stanford.
Sugioka, Yoko (2005) "Multiple Mechanisms Underlying Morphological Productivity," *Polymorphous Linguistics: Jim McCawley's Legacy*, ed. by Salikoko S. Mufwene, Elaine J. Francis and Rebecca S. Wheeler, 203-223, MIT Press, Cambridge, MA.
Sugioka, Yoko (2008) "Remarks on Asymmetry and Recursion in Compound Formation," *An Enterprise in the Cognitive Science of Language: A Festschrift for Yukio Otsu*, ed. by Tetsuya Sano et al., 65-78, Hituzi Syobo, Tokyo.
杉岡洋子 (2011)「複合語の意味と統語をめぐる考察」『エネルゲイア』36, 1-20, 朝日出版.
Suñer, Margarita (1988) The Role of Agreement in Clitic Boubled Constructions," *Natural Language and Linguistic Theory* 6, 391-434.
Wälchli, Bernard (2005) *Co-compounds and Natural Coordination*, Oxford University Press, Oxford.
Wiese, Richard (2008) Two Levels of Morphological Structure, *Journal of Germanic Linguistics.* 20, 243-274.

第6章

初期近代英語における名詞転換動詞*

米倉 綽

京都府立大学（名誉教授）

1. はじめに

　基体 (base) としての語 (word) に接頭辞 (prefix) あるいは接尾辞 (suffix) による接辞付加 (affixation) がなされることなく，品詞の変換がおこなわれる語形成 (word formation) は転換 (conversion) と呼ばれている．転換の通時的研究には Biese (1941) がある．Biese (1941) は 13 世紀から 19 世紀までの転換について豊富な実例を挙げながら調査・分析しているが，研究の中心は形態的・統語的特徴に基づいて転換の用法と発達の要因を明らかにしようとしたものである．

　しかし，転換で重要なことは形態的・統語的要素よりも転換が表す意味である．また，転換のうちでも最も生産的な型は「名詞→動詞」，つまり転換によって名詞から派生された動詞 (denominal converted verbs, 以下では「名詞転換動詞」とする) である．この型は後期中英語から初期近代英語に頻繁に見られるようになる．[1] そこで本論では初期近代英語における名詞転換動詞の意味特徴を明らかにすることを目的とする．[2] また，初期近代英語でも名詞転換動詞が頻繁に用いられているのはシェイクスピア以外にはほと

---

* 本論考は Yonekura (2003) を修正・加筆したものである．
[1] 名詞転換動詞の通時的頻度については Biese (1941: 486) を参照．
[2] Hope (2004: 1) は次のように言っている：
　　"... taken as a cultural entity, within literary or cultural criticism, language changes radically between the Early Modern period and our own ..."

んどない。³ したがって，分析対象はシェイクスピアの英語ということになる。具体的な分析に入る前に，以下に転換について言われている主な議論を概観しておく。

2. 先行研究

Marchand (1969: 357-389) および Kastovsky (2009: 153) は転換をゼロ派生 (zero derivation) ととらえている。例えば，名詞 fish「魚」が動詞 fish「(魚を) 捕る」になるのは，fish (n.) にゼロ形態素 (zero-morpheme) が付加された結果と考えている。ということは，ゼロ形態素を仮定すると，接辞付加と同じように，派生された語の意味には，有形の接辞付加の場合にみられるような規則性⁴ が予想される。ところが，Nagano (2008: 23) は，転換によって表される意味はより多様であり，ゼロ形態素付加ではこの点が説明できないと指摘している。⁵

Clark and Clark (1979: 768-781) は名詞転換動詞の意味特徴を次の意味グループに分類している：

　　Locatum meaning ('cause to have NOUN')
　　Location meaning ('cause to be at/in/on NOUN')
　　Goal meaning ('cause to be in the state of NOUN')
　　Agent meaning ('act (on) as/like NOUN')
　　Instrument meaning ('use NOUN; act on by NOUN')
　　Duration meaning ('spend NOUN')
　　Source meaning ('make from NOUN')

---

　³ Biese (1941: 78-100) のほかに，Leisi (1974: 106-108), Hussey (1982: 123-125), Scheler (1982: 125), Blake (1983: 51-53) を参照。この時期のシェイクスピア以外の作家では，スペンサー (Edmund Spenser) に12例の名詞転換動詞が見られる。スペンサーの代表作 *Faerie Queene* でもわずかに6例のみである (Biese (1941: 98-99) を参照)。

　⁴ これについては第3節を参照。

　⁵ ただし，このゼロ形態素を完全に否定してよいかという問題がある。例えば，名詞 house [haus] が名詞転換動詞 house となると発音が [hauz] と変化する。さらに名詞 calf が名詞転換動詞になると calve と綴り字も変化する。ということは，ゼロ形態素の存在も考えられる。

Experience meaning ('watch or do NOUN')
Miscellaneous verbs

この Clark and Clark (1979) に近い提案が Kageyama (1997) および Kiparsky (1997) によってなされている．それは lexical semantic approach と呼ばれるもので，名詞転換動詞の意味を語彙概念構造 (lexical conceptual structure) という意味表示で表すものである．この具体的な適用については第5節の実例で示すことにする．

これに対して，Nagano (2008: 67-84) は sparse semantic approach を提案している．[6] つまり，語彙目録 (lexicon) からある形態素を取り出して，異なる範疇の語としてその形態素を語彙目録に再編入させる (relisting) のである．[7] 例えば，語彙目録に名詞として掲載されている語彙項目 cat を取り出して，この cat を動詞として語彙目録に登録する．このプロセスによって，名詞の cat が動詞の cat として転換されたことになる．この sparse semantic approach を仮定した場合，名詞転換動詞はどのようにして新しい意味を獲得するかであるが，これは基体名詞の評価領域 (evaluation domain) から生じる．この「評価領域」とは基体名詞が慣習的あるいは瞬間的に関連する活動 (event, state, process など) のことである．例えば，転換によって名詞 bottle から派生した動詞 bottle は location meaning ('put into a bottle') や instrument meaning ('hit with a bottle', 'throw a bottle at') を表すが，'drink heavily' のような意味にもなる．このうちのどの意味を持つかは語用論的 (pragmatic) に決まる．[8]

この Nagano (2008) の考えに近いものとして Štekauer (1996) がある．彼もゼロ形態素による転換は認めず，転換の最も顕著な特徴は「概念の再範疇化を言語学的に表している」としている．例えば，名詞 father (「父親」) が名詞転換動詞 father (「父親になる」) という意味になるのは SUBSTANCE という本来の概念 (意味内容) をもつ father が Agent (= the hu-

---

[6] Nagano (2008: 83) は lexical conceptual structure を否定しているわけではない．なお，Urushibara (2011: 314) も参照．

[7] この考え方は，転換のもつ規則性と語彙性の両面を捉えた二重メカニズム (Dual Mechanism) モデルに近いともいえる (伊藤・杉岡 (2002: 147-152) 参照).

[8] Nagano (2008: 62) を参照.

man being instigating or performing the Action) になることにより AC-
TION という新しい概念をもつスペクトル (spectrum) に移ることである．

以上において，名詞転換動詞について言われている主な見解を概観したが，いずれも転換動詞の意味は基体の名詞の意味とは無関係には決められず，最終的にどの意味を示すかは語用論的要素が大きいということである．ただし，Nagano (2008) は転換のメカニズムに重点を置いた考察と言える．本論考では転換をどのように捉えるかを問題にするのではなく，このような見解も考慮しながら，初期近代英語における名詞転換動詞がどのような意味を表しているのかを明らかにするのが目的であるので，上に言及した Clark and Clark (1979) の意味分類に基づいて具体的な考察をする．[9]

3. 動詞派生接尾辞 -ate, -ify, -ize

名詞転換動詞の分析に入る前に，-ate, -ify, -ize によって派生される動詞の意味に言及しておく．

Locatum meaning:
(1) O flesh, flesh, how art thou *fishified*!　　　　　　　(*RJ* 2.4.38)[10]
　　（おお，肉よ肉，魚と化するぞ）

Agent meaning:
(2) Allowing him a breath, a little scene, / To *monarchize*, be fear'd, and kill with looks,　　　　　　　　　　(*R2* 3.2.165)
　　（つかのまの時を与えて，一幕芝居を演じさせる，そこで国王とし

---

[9] Clark and Clark (1979: 807) は次のように言っている：
"For innovations, at one extreme, people must create completely new meanings: confronted with *Wayned*, they cannot retrieve a ready-made meaning from their mental lexicon, since they have none for verbs they have never heard before. If the line we have taken is correct, they must construct the meaning of *Wayned* in conformity with the innovative denominal-verb convention."
これは Nagano (2008) の sparse semantic approach にも通じる指摘であろう．

[10] シェイクスピアからの引用はすべて Evans (1997) による．作品の略記も Evans (1997) に基づいている．行数の数字は該当する語が現れている行数のみを示す．また，参考までに例文にはすべて日本語訳を付している．

て君臨し，畏敬され，目でもって人を殺す）

Goal meaning:

(3) The sly, slow hours shall not *determinate* / The dateless limit of thy dear exile;　　　　　　　　　　　　　　　(*R2* 1.3.150)
（足音をしのばせゆっくりと過ぎ行く時も，永久におまえの厳しい追放の日々に終わりを告げはせぬだろう）

Location meaning:

(4) It lives by that which nourisheth it, and the elements once out of it, it *transmigrates*.　　　　　　　　　　　　　(*Ant* 2.7.45)
（動くときはその体で動き，養分を食らって生きている．その生命を成り立たしめる元素が抜けてしまうと生まれ変わる）[transmigrates = pass after death into another body]

シェイクスピアでは -ate 動詞が 32 例，-ify 動詞が 11 例，-ize 動詞が 13 例使われているが，それらの動詞の表す意味は上記に示したように，locatum, agent, goal, location の 4 種類に限られている．[11]

4. 臨時語 (nonce words)

　Jespersen (1942: 105) では，転換とは人が怒った時，相手の言った語（句）をとらえて，その語を怒った調子の声で動詞として使うものであると定義されている．しかし，この転換はいわゆる臨時語と言われているものである．臨時語の場合，名詞転換動詞ではあるが，次の点で区別すべきと考える．[12] まず例をみてみよう．

(5) Bullingbrook: Here comes his Grace in person. My noble uncle!
　　York: Tut, tut! / *Grace* me no grace, nor *uncle* me no uncle.
　　　　　　　　　　　　　　　　　　　　　　　　(*R2* 2.3.82 & 86)
（ボリングブルック：　公ご本人がみえられた．叔父上！
　ヨーク：　チッ，チッ！　何が「閣下」だ，何が「叔父」だ，よし

---

[11] Nagano (2008: 25-26) を参照．
[12] これについての詳細は米倉 (2003) および米倉 (2006: 113-133) を参照．

てくれ！」)[13]
(6) Mrs. Page: Come, Mother Prat, come give me your hand.
Francis Ford: I'll *prat* her.　　　　　　　(*MWW* 4.2.182)
（ページ夫人： さ，プラットのおばさん，手を引いてあげるわ．
フォード： ばあさんをたたくぞ」
(7) Master Fer! I'll *fer* him,　　　　　　　(*H5* 4.4.29)
（ミスター・フェルだと！ このフェルニア野郎！）
(8) I would have such a fellow whipt for o'erdoing Termagant, it *out-Herods* Herod,　　　　　　　(*Ham* 3.2.14)
（ああいうやつは鞭でひっぱたいてやりたくなる．あれでは回教徒の荒々しい神ターマガントの上を行き，ユダヤの暴君ヘロド王以上にヘロド的と言わねばなるまい）

以上の例から明らかのように，名詞転換動詞 grace と uncle の前に名詞 grace と uncle, prat の前に Prat, fer の前に Fer が現れており，名詞転換動詞 out-Herods のすぐ後ろに Herod が見られる．つまり，臨時語の場合は，各名詞転換動詞の使用の前後にそれぞれの名詞が現れているという環境が準備されている．[14]

5. 名詞転換動詞

シェイクスピアには 112 の名詞転換動詞が初めて使われている．[15] これら

---

[13] 日本語訳は小田島 (1983), 吉田 (2008), 大塚・村里 (2011) を参考にしている．

[14] Franz (1936: 153) は臨時語 (Augenblicksbildung) について次のように言っている：
"Die vorübergehende Verbalisierung eines von dem Redenden für den Augenblick innerlich beschäftigenden oder erregenden Begriffs, der vorher genaunt worden ist …"（その瞬間だけ話し手の心のなかに引っかかっているか心を動かしている概念で，前に示されているものを一時的に動詞化すること）

[15] Biese (1941) は 106 例をあげているが，OED には avouchment (=testify) [*H5* 4.8.36], climate (=sojourn in a particular region) [*WT* 5.1.170], disproperty (=deprive of property to dispossess) [*Cor* 2.1.248], heel (=perform a dance) [*TC* 4.4.86], league (=join in a league or alliance) [*Oth* 2.3.218], petition (=solicit, beg for) [*Ant* 1.2.183] もシェイクスピア初例となっている．また，refuge (=find protection or consolation for shelter) の初例は OED では 1594 年となっており，シェイクスピアからの例はあげられて

の名詞転換動詞がどのような意味で用いられているかをみてみよう.

Locatum meaning:

(9) His rudeness so with his authoriz'd youth / Did *livery* falseness in a pride of truth. (*LC* 105)
(彼の乱暴も，若さの特権で，虚偽に立派な真実の衣装を着せ，飾ったものです)

(10) It shall be inventoried, and every particle and utensil *labell'd* to my will: (*TN* 1.5.246)
(1つ1つの明細な条項に書き並べて遺言書に貼り付けておきます)

Location meaning:

(11) But like still-pining Tantalus he sits, / And useless *barns* the harvest of his wits; (*Luc* 859)
(いつも餓に苦しむタンタラスのように，ぽつんと座って，おのれの才覚で集めた収穫を無駄骨をおって蓄える)

(12) I have writ my letters, *casketed* my treasure, (*AWW* 2.5.24)
(手紙は書いたし，大事なものは箱に収めた)

Goal meaning:

(13) Their blood is *cak'd*, 'tis cold, it seldom flows; (*Tim* 2.2.216)
(彼らの血は固まり，冷たくなり，ほとんど流れなくなっている)

(14) No more shall trenching war *channel* her fields, (*1H4* 1.1.7)
(これ以上，とぎすまされた戦いの爪に田畑を引き裂かれてはならぬ)

Agent meaning:

(15) Within thine own bud buriest thy content, / And, tender chorl, mak'st waste in *niggarding*: (*Son* 1.12)
(蕾の自分のうちに，あなたの幸せを埋葬するなんて，若いしみったれだ，けちけちしながら浪費するなどと)

(16) Wife, mother, child I know not. My affairs / Are *servanted* to others; (*Cor* 5.2.82)

いないが，1593年の *R2* 5.5.26 が初例であろう．

(妻も，母も，子も，おれは知らぬ．いまのおれは他国に仕える身だ)

Instrument meaning:
(17) A sovereign shame so *elbows* him: (*Lr* 4.3.44)
(この上ない恥ずかしさにお心が押さえられておられるのです)
(18) ... and work the peace of the present, we will not *hand* a rope more. (*Tem* 1.1.23)
(いますぐ凪にしてくださりゃあ，あっしらはもうロープを扱うのはやめます)

(9) から (18) の例のそれぞれ 1 つを Kageyama (1997) らが提唱する語彙概念構造で表すと次のようになる．

(10′) [ ]$_X$ CAUSE [BECOME [[ ]$_Y$ BE [WITH [*label*]$_Z$]]]]
(12′) [ ]$_X$ CAUSE [BECOME [[ ]$_Y$ BE AT / IN [*casket*]$_Z$]]
(13′) [ ]$_X$ CAUSE [BECOME [[ ]$_Y$ BE AT [*cake*]$_Z$]]
(16′) [ ]$_X$ ACT (ON-[ ]$_Y$) LIKE / AS [*servant*]$_Z$
(17′) [ ]$_X$ ACT (ON-[ ]$_Y$) BY-MEANS-OF [*elbow*]$_Z$

これらのテンプレートのいずれが用いられるかは基体の名詞および意味特徴によって決まることになる．

シェイクスピアでは以上の 5 種類の意味で名詞転換動詞が使用されているが，その使用にはいくつかの特徴がみられる．まず，虚語 (empty word) としての it が目的語のように用いられている場合がある．

(19) But this place is too cold for hell. I'll *devil-porter it* no further.
(*Mac* 2.3.17)
(だがどうも地獄にしては寒すぎるな．そろそろ地獄の門番役は御免こうむるか)
(20) But to make an end of the ship, to see how the sea *flap-dragon'd it*; (*WT* 3.3.98)
(船のほうを片付けるとね，海にペロって具合に飲み込まれちまったんだ)
(21) This dream of mine / Being now awake, I'll *queen it* no inch far-

ther, (WT 4.4.449)
(私の夢は覚めました．これからは二度と女王様のまねなどいたしません)

(22) ... and my true lip / Hath *virgin'd it* e'er since. (*Cor* 5.3.48)
(あれ以来おれの唇は純潔を守り通している)

この it が現れるのは，flap-dragon'd を除いて，Agent meaning の名詞転換動詞で，しかも自動詞の働きをする場合である．[16] また，(19) と (20) の例では it が散文に使われていることから考えて，韻律の要請とは無関係のようである．[17] もちろん，この it は何の意味も表していない．このように it と共起する名詞転換動詞は人を表す場合が多い．しかし，次の例では sire は「〈特に馬が子を〉産む，〈子の〉父親になる」の意味の自動詞であるにもかかわらず，it は使われていない．

(23) Cowards father cowards and base things *sire* base: (*Cym* 4.2.26)
(臆病者は臆病者を生み，卑怯者は卑怯者から生まれる)

もちろん，次の (24) の例では sister (=resemble closely) が他動詞として使われているので it は用いられない．

(24) Deep clerks she dumbs, and with her neele composes / Nature's own shape of bud, bird, branch, or berry, / That even her art *sisters* the natural roses; (*Per* 5.ch.7)
(学を論ずれば博学の士をも沈黙せしめ，針をとって花や鳥，枝や木の実を刺繍すれば，自然をそのまま写して見分けもつかず，そのバラは天然のバラと姉妹かと見える)

さらに次のような例がみられる．

(25) No, my complete master, but to *jig* off a tune at the tongue's end, *canary* to it with your feet, *humor* it with turning up your eyelids, (*LLL* 3.1.13)

---

[16] Jespersen (1942: 108-109) を参照．
[17] Salmon (1970) はシェイクスピアの語形成を韻律との関係で考察している．

(いいえ，流行の先端を行く旦那様，そうではありません．ただ，舌の先で軽く歌ったり，それに足を合わせてスパニッシュ・ダンスを踊ったり，それとも目を天に向けて気分を出したり）

(26) Will you, with those infirmities she owes, / Unfriended, new adopted to our hate, / *Dow'r'd* with our curse, and *stranger'd* with our oath, / Take her, or leave her?　　　　　(*Lr* 1.1.204)
（さあ，どうされる，この欠点だらけの娘を，頼るものとてなく，新たにわしの憎しみを買い，わしの呪いを持参金とし，わしに勘当された娘を，おとりになるか，お捨てになるか？）

(27) Will the cold brook, / *Candied* with ice, *caudle* thy morning taste / To *cure* thy o'ernight's surfeit?　　　　　(*Tim* 4.3.226)
（氷に覆われた小川の水が朝の熱い飲み物となり，二日酔いを治してくれるとでも思うのか）

(28) It will but *skin* and *film* the ulcerous place,　　(*Ham* 3.4.147)
（そのような油薬を潰瘍の上に塗っても上っ面をごまかすだけだ）

(29) You *jig* and *amble*, and you [lisp,] you *nickname* God's creatures
　　　　　(*Ham* 3.1.144)
（踊騒ぐ，尻を振って歩く，甘ったれた口をきく，神のお造りになったものにみだらなあだなをつける）

(30) Say he be taken, *rack'd*, and *tortured*,　　(*2H6* 3.1.376)
（たとえやつらが捕えられ，責め立てられても）

最初の2例では jig, canary, humor, dower, stranger すべてシェイクスピア初例の名詞転換動詞，3つ目の例では caudle のみがシェイクスピア初例であり，candied と cure はシェイクスピア以前に見られる名詞転換動詞，4つ目以下の例では，それぞれ film, jig, tortured はシェイクスピア初例の名詞転換動詞であるが，skin (=furnish or cover with skin), amble (=move in a way suggesting the motion or pace of an ambling dance), nickname (=invent names for), rack'd (=inflict mental pain or torture) は括弧に示した意味で使われているという意味でシェイクスピアが新語義として用いた名詞転換動詞が並列的にみられる．このような並列表現は散文（(25) の例）にもみられるので，韻律的な要因ではないであろう．むしろ，

名詞転換動詞を連続して使うことで，シェイクスピアは文体的効果を狙ったと考えられる．文体的効果は，次の例についてもいえる．

(31) Sense sure you have, / Else could you not have motion, but sure that sense / Is *apoplex'd*,　　　　　　　　　　(*Ham* 3.4.73)
（確かに感覚はお持ちだろう，欲望がある以上，だがその感覚は確かに麻痺しているのだ）

(32) … so shall my lungs / Coin words till their decay against those measles / Which we disdain should *tetter* us,　　(*Cor* 3.1.79)
（息をふりしぼり罵倒のことばを吐き続けてやる．やつらに皮癬，疥癬をうつされるのはいやだが）

この 2 例では apoplex'd (= paralysed) と tetter (= affect with tetter) という名詞転換動詞がみられる．apoplex は「卒中」，tetter は「皮疹」という病気を表す語である．シェイクスピアはこのような病名を動詞化することで，相手に不快感や嫌悪感を与えようと意図したのである．[18]

6. 名詞転換動詞は単音節語が多い？

名詞転換動詞が使われるのは相手に不快な気持ちを与えたり，相手を非難したりする場合に用いられることが多いということを考えれば，単音節語が好まれるのは当然といえる．しかし，シェイクスピアでは，すでにあげた devil-porter (*Mac* 2.3.17) や flap-dragon'd (*WT* 3.3.98) のような複合語が名詞転換動詞になっている例もある．さらに，多音節の語が名詞転換動詞として使われている場合もある．[19]

(33) Find me to marry me with Octavius Caesar, and *companion* me with my mistress.　　　　　　　　　　(*Ant* 1.2.30)
（私の手相に出ていないの，オクテーヴィアス・シーザーの妻となってご主人の女王様と肩を並べると）

---

[18] von Lindheim (1954: 250) を参照．
[19] Biese (1941: 239) および Nevalainen (1999: 426) は初期近代英語では多音節語が名詞転換動詞になるのはまれであるといっている．

(34) To shape my legs of an unequal size, / To *disproportion* me in every part, (*3H6* 3.2.160)
(おれの足を左右別々の大きさにして，おれの身体をどこもかしこも無茶苦茶にしたのだ)

(35) They have here *propertied* me, keep me in darkness, send ministers to me, (*TN* 4.2.91)
(彼らはおれを古道具かなんかのようにこの暗い部屋に押し込めて，牧師なんて馬鹿な野郎をおれのところによこした)

(36) Not changing heart with habit, I am still / *Attorneyed* at your service. (*MM* 5.1.384)
(身なりは変わっても心は変わらぬ．あのとき聖職者としてお前のためにほねをおったように，これからも力になるぞ)

(37) Who art the table wherein all my thoughts / Are visibly *character'd* and engrav'd, (*TGV* 2.7.4)
(お前は私の手帳，そこには私の考えることのすべてがはっきりと書かれ，彫られているのよ)

(38) Still *virginalling* / Upon his palm? (*WT* 1.2.125)
(まだあの男の手のひらをいじり回している？)

7. 不変化詞あるいは接頭辞 un- との共起

不変化詞（particle）と共起することで，その不変化詞が名詞を名詞転換動詞という範疇に変える働きをする．[20] 次の例では off と out がそれぞれ名詞の jig と jade に動詞としての機能を付与している．

(39) No, my complete master, but to *jig off* a tune at the tongue's end, (*LLL* 3.1.11)
(いいえ，流行の先端を行く旦那様，そうではありません．ただ，舌の先で軽く歌ったり)

(40) The ne'er-yet-beaten horse of Parthia / We have *jaded out* o' th'

---

[20] Goldberg and Ackerman (2001: 812) および Nagano (2008: 138-142) を参照．

field.   (*Ant* 3.1.33)
(無敵を誇るパルチア騎兵隊を，疲れ切った騎馬同然に蹴散らかした)

次の場合は不変化詞が名詞の前に付加されている．

 (41) Thou art *up-rous'd* with some distemp'rature;   (*RJ* 2.3.40)
   (精神の混乱で目が覚める)

この例にある rouse は「覚醒」という意味の名詞であるが，この名詞の前に不変化詞の up が付加されることで rouse が名詞転換動詞として使われている．なお，この例は OED には見当たらない．

また，接頭辞の un- はシェイクスピアが好んで用いた接辞であるが，この接辞が名詞に付加されることで名詞転換動詞に機能変化する役割をはたしている．

 (42) Come, you spirits / That tend on mortal thoughts, *unsex* me here,
                   (*Mac* 1.5.41)
   (さあ，人殺しに手を貸す悪霊ども，私を女でなくしておくれ)
 (43) If his occulted guilt / Do not itself *unkennel* in one speech, / It is a damned ghost that we have seen,   (*Ham* 3.2.81)
   (もし叔父の隠された罪悪がある台詞で姿を現わさなかったら，我々が見た亡霊は悪魔の仕業だ)

OED によれば，2つ目の例の unkennel が自動詞として英語に現れるのは 1552 年であるが，'drive out from a place, bring to light, reveal' の意味で用いられているのはシェイクスピアが最初である．

8. おわりに

すでに第3節で述べたように，3つの動詞派生接尾辞による派生動詞が表す意味は locatum, location, agent, goal の4種類に限られていたが，名詞転換動詞の場合は次の5種類の意味で用いられている．それらをタイプ頻度で示すと以下のようになる．

第6章　初期近代英語における名詞転換動詞　　　　109

Agent meaning	34
Locatum meaning	31
Location meaning	12
Goal meaning	15
Instrument meaning	20
TOTAL	112

表1

現代英語では agent meaning で用いられることは少ないが,[21] この表から明らかのように，初期近代英語では agent と locatum の意味で用いられていることが多い．すでに多くの例示でみてきたように，これらの意味はしばしば比喩的に用いられている．例えば，次の例の monster'd も agent の意味であるが，「大げさにはやしたてる」という比喩的な表現となっている．

(44) When the alarum were struck than idly sit / To hear my nothings
    monster'd.　　　　　　　　　　　　　　　　　　　(*Cor* 2.2.77)
    (戦闘合図のラッパを聞きながら，つまらぬ手柄を大げさにはやし
    立てるのを聞きながら)

もう1つは，なぜ名詞転換動詞が使われるのかという問題である．Clark and Clark (1979: 768, 801 & 809) は基体である名詞が意味する典型的場面についての一般的知識が話し手と聞き手の間に共有されているからだとしている ('speaker's and listener's mutual knowledge')．しかし，シェイクスピアの場合は他の理由もあるのではないか．この疑問に答える前に次の例をみてみよう．

(45) Ay, or drinking, fencing, swearing, quarrelling, / *Drabbing*—you
    may go so far.　　　　　　　　　　　　　　　　(*Ham* 2.1.26)
    (そう，それに酒を飲む，暴れまわる，悪態をつく，喧嘩をする，
    女を買う，ぐらいまではな)

この例では drabbing がシェイクスピアの初例であり，同じ名詞転換動詞

---
[21] 伊藤・杉岡 (2002: 54) を参照．

fencing と quarrelling はシェイクスピア以前から使われている語である．しかし，この引用で5つの語が -ing 形の語としてまるで畳みかけるように連続して使われている．このような使い方をすることで，それに気付いたときの聞き手の驚きや衝撃を意図したものといえる．

　すでに第3節で述べたように，英語において動詞を派生する接尾辞は -ate, -ify, -ize の3つである．これは名詞や形容詞を派生する接尾辞に比べると極めて少ないといえる．この意味でも名詞転換動詞が好まれるといえよう．しかし，もっと注目すべき理由は，内容語としての品詞の中で最も具体的な意味を表すのは名詞であるということである．この名詞を動詞として用いるということは，話し手（書き手）が最も伝えたいと考えているものを端的に表すものであり，聞き手（読み手）には印象的な表現となる．[22] このことは次の例からも明らかであろう．

(46) When I did hear / The motley fool thus *moral* on the time, / My lungs began to crow like chanticleer,　　　　(*AYL* 2.7.29)
（まだら服の阿呆がそのように時について教訓を垂れるのを聞いて，私の肺臓は雄鶏のように鬨の声を挙げはじめた）

この例では以下のように moralize (= interpret morally or symbolically) という動詞があるにもかかわらず，シェイクスピアはわざわざ moral という名詞転換動詞を用いて読者に直接的に訴えているのである．

(47) Did he not *moralize* this spectacle?　　　　(*AYL* 2.1.44)
（その光景をみて教訓めいた言葉を吐いたろう？）
(48) Nor could she *moralize* his wanton sight,　　　　(*Luc* 104)
（彼のみだらな視線をどのように解釈したらよいものか）

次の例にも同じことがいえる．

(49) But can you *affection* the oman?　　　　(*MWW* 1.1.228)
（あなたはあのご婦人を愛してますか）

つまり，affect (= love, like) という動詞が使われているにもかかわらず，

---

[22] Scheler (1982: 125) を参照．

名詞の affection を名詞転換動詞として用いている．

 (50) Maria once told me she did *affect* me, (TN 2.5.24)[23]
   （マライアも言っておった，お嬢様はこのおれを愛しておると）

シェイクスピアが初例ではないが，次の例でも名詞転換動詞 knee が使われている．

 (51) I could as well be brought / To *knee* his throne, (*Lr* 2.4.214)
   （彼（＝フランス王）の玉座の前にひざまずかされたほうがよい）
 (52) Go you that banish'd him / A mile before his tent, fall down, and *knee* / The way into his mercy. (*Cor* 5.1.5)
   （彼を追放したおまえたちが行くほかないな．陣地の一マイルも先からひざまづいて，憐れみを乞いつつすすむがよい）

以下の例で明らかのように，本来の動詞である kneel が存在するにもかかわらず，[24] より具体性のある名詞の knee を名詞転換動詞として用いることで，より簡潔で鮮明な (precise and vivid) 表現となる．[25]

 (53) This boy, that cannot tell what he would have, / But *kneels* and holds up hands for fellowship, (*Cor* 5.3.175)
   （何を頼んでいるかさえ分からぬこの子まで，ひざまずき，両手をさしあげて頼んでいる）

なぜ，初期近代英語期の他の作家に比べて，シェイクスピアに名詞転換動詞が多くみられるかといえば，シェイクスピアは常に言語の不十分さと戦ってきたからであろう．[26]

---

 [23] ほかに動詞 affect が用いられているのは *Lr* 1.1.1, *2H6* 4.7.98, *Ant* 1.3.71, *Cor* 3.3.1, *WT* 4.4.20, *Jn* 1.1.86 である．
 [24] これ以外にも *MV* 5.1.31, *R3* 4.4.94, *Per* 5.3.46, *VA* 350 でも kneel が用いられている．
 [25] Clark and Clark (1979: 802) 参照．
 [26] de Grazia (1978: 375) を参照．また，Salmon (1970: 17) はシェイクスピアが名詞転換動詞を多く用いているのは彼の文体に dramatic energy を付与するためであるといっている．

また，名詞転換動詞によって表される意味は，接辞付加なしで基体の意味を基本に語用論的に決定されるということは，その意味の透明度は低くなる．つまり，語彙化 (lexicalization) の程度が高くなるので，語彙項目 (lexicon) に登録する必要が出てくる．この観点からいえば，Nagano (2008) が主張する sparse semantic approach が有効とも考えられる．

さらに，英語に限らず，言語はより単純な形が可能であれば，その単純な形式を用いる傾向がある．名詞転換動詞の場合も，接辞付加をせずに，接辞付加動詞より多様な意味を表せるのであれば，この単純な形を用いるのはごく自然といえる．[27]

参考文献

Biese, Yrjö Moses (1941) *Origin and Development of Conversions in English*, Annales Academiae Scientiarum Fennicae, B XLV, Helsinki.
Blake, Norman F. (1983) *Shakespeare's Language: An Introduction*, Macmillan, London.
Clark, Eve V. and Herbert H. Clark (1979) "When Nouns Surface as Verbs," *Language* 55, 767-811.
de Grazia, Margreta (1978) "Shakespeare's View of Language: An Historical Perspective," *Shakespeare Quarterly* 29:3, 374-388.
Evans, Blakemore, G., ed. (1997) *The Riverside Shakespeare*, Houghton Mifflin, Boston.
Franz, Wilhelm (1939) *Die Sprache Shakespeares in Vers und Prosa*, Max Niemeyer Verlag, Halle.
Goldberg, Adele E. and Farrell Ackerman (2001) "The Pragmatics of Obligatory Adjuncts," *Language* 77, 798-814.
Hope, Jonathan (2004) "Shakespeare and Language: An Introduction," *Shakespeare and Language*, ed. by Catherien M. S. Alexander, 1-17, Cambridge University Press, Cambridge.
Hussey, Stanley S. (1982) *The Literary Language of Shakespeare*, Longman, London.
伊藤たかね・杉岡洋子 (2002)『語の仕組みと語形成』研究社，東京．

---

[27] Jespersen (1938) を参照．Clark and Clark (1979: 802) も名詞転換動詞の使用は 'economy of expression' といっている．

Jespersen, Otto (1938) *Growth and Structure of the English Language*, Basil Blackwell, London. [10th edition, 1982.]

Jespersen, Otto (1942) *A Modern English Grammar on Historical Principles*, VI: Morphology, Ejnar Munksgaard, Copenhagen.

Kageyama, Taro (1997) "Denominal Verbs and Relative Salience in Lexical Conceptual Structure," *Verb Semantics and Syntactic Structure*, ed. by Taro Kageyama, 45–96, Kurosio, Tokyo.

Kastovsky, Dieter (2009) "Typological Changes in Derivational Morphology," *The Handbook of the History of English*, ed. by Ans van Kemenade and Bettelou Los, 151–76, Blackwell, Oxford.

Kiparsky, Paul (1997) "Remarks on Denominal Verbs," *Complex Predicates*, ed. by Alex Alsina, Joan Bresnan and Peter Sells, 473–499, CSLI Publications, Stanford.

Leisi, Ernst (1974) *Das heutige Englisch*, Carl Winter, Heidelberg.

Marchand, Hans (1969) *The Categories and Types of Present-Day English Word-Formation: A Synchronic and Diachronic Appraoch*, 2nd ed., C. H. Beck'sche, München.

Nagano, Akiko (2008) *Conversion and Back-Formation in English*, Kaitakusha, Tokyo.

Nevalainen, Terttu (1999) "Early Modern English Lexis and Semantics," *The Cambridge History of the English Language*, Vol. III, ed. by Roger Lass, 332–458, Cambridge University Press, Cambridge.

小田島雄志（訳）（1983）『シェイクスピア全集』白水社，東京．

大塚定徳・村里好俊（訳）（2011）『新訳　シェイクスピア詩集』大阪教育図書，大阪．

Salmon, Vivian (1970) "Some functions of Shakespearian Word-Formation," *Shakespeare Survey* 23, 13–26.

Scheler, Manfred (1982) *Shakespeares Englisch: Eine sprachwissenschaftliche Einfürung*, Erich Schmidt, Berlin.

Simpson, John A. and Edmund S. C. Weiner, eds. (1989) *The Oxford English Dictionary*, 2nd ed., Clarendon Press, Oxford, (CD-ROM 3-1 Version). [OED]

Spenser, Edmund (1552–1596) *The Faerie Queene*, Book I (ed. by Carol V. Kaske, 2006), Book II (ed. by Erik Gray, 2006), Books III & IV (ed. by Dorothy Stephens, 2006), Book V (ed. by Abraham Stoll, 2006), and Book VI (ed. by Andrew Hadfield, 2007), Hackett, Indianapolis/Cambridge.

Štekauer, Pavol (1996) *A Theory of Conversion in English*, Peter Lang, Frankfurt am Main.

Urushibara, Seiko (2011) "Review of Akiko Nagano (2008) *Conversion and Back-Formation in English: Toward a Theory of Morpheme-Based Morphology* (Kai-

takusha, Tokyo)," *English Linguistics* 28, 309-320.
von Lindheim, Bogislav (1954) "Syntaktisch Funktionsverschiebung als Mittel des Barocken Stils bei Shakespeare," *Shakespeare-Jahrbuch* 90, 229-251.
吉田秀生（訳）(2008)『シェイクスピアのソネット集』南雲堂，東京．
Yonekura, Hiroshi (2003) "Some Remarks on Denominal Verbs in Shakespeare," *Studies in Modern English* (The Twentieth Anniversary Publication of the Modern English Association), 67-80.
米倉綽 (2003)「臨時語，転換，そしてゼロ派生――中英語から初期近代英語を中心に――」『コルヌコピア』13, 1-21.
米倉綽（編）(2006)『英語の語形成――通時的・共時的研究の現状と課題』，英潮社，東京．

第 7 章

単語と接辞の境界*

竝木　崇康

聖徳大学

1.　単語と接辞の基本的な区別

　従来，語形成（派生形態論）の研究においては，単語と接辞（affix）の区別は基本的なものとされてきた（cf. Jespersen (1924), Marchand (1969), Bauer (1983), Spencer (1991))．その区別をする基準はおおよそ次のようなものであった．

　（1）　単語とは，言語において次の 4 つの条件
　　　a.　文中で独立して現れることができ（independent），
　　　b.　分割不可能で（inseparable），
　　　c.　意味を持った（meaningful），
　　　d.　最小の（smallest）
　　　　を満たす単位である．　　　　　　　　　（Marchand (1969: 1)）

この 4 つのうちで (1a) は満たさず (1b-d) だけを満たす単位は，「拘束形態素（bound morpheme）」と呼ばれ，それらの典型的なものが接辞である．英語や日本語において接辞は接頭辞（prefix）と接尾辞（suffix）の 2 種類に分かれる．[1] 一方，拘束形態素から見た単語は，(1a) の「文中で独立して現

---

* 本論の注 6 で述べている『日葡辞書』（土井忠生解題付き，1960 年）については聖徳大学文学部講師佐藤直人氏のご厚意によりお借りすることができ，実物を確認することができた．ここに記して感謝致します．

[1] タガログ語などにおいては「挿入辞（infix）」と呼ばれる，単語の真ん中に挿入される接辞があると言われている（Spencer (1991: 12))．

れることができ」るという基準を満たすので,「自由形態素 (free morpheme)」と呼ばれる.

このようなとらえ方をすると,単語と接辞の区別は明瞭であるように思えるが,実際には上記の (1) の4つの少なくとも3つの基準に関してはそれぞれ例外があり,必ずしも明瞭とは言えないところがある.たとえば,冠詞は文中では名詞が(直接ではなくても)後に現れることが必要であり,「独立性」(1a) という点では問題がある.また (1b) の「分割不可能性」については,absolutely という副詞が,「絶対的に」という基本的な意味ではなく,「もちろん,全くその通り」という意味で使われる場合(そのときの第1強勢の位置は1番目ではなく3番目の音節に置かれるが)には,absobloominlutely や absobloodylutely のように強意を表す表現 (bloomin(g) や bloody) が,abso- と -lutely の間に入ってくることがあるとの指摘がなされている (Adams (1973: 8), Bauer (1983: 89-90)).[2] さらに (1c) の「最小性」について言えば,複合語はすべてこの基準を満たさない(並木 (1985: 10)).しかしながらそれでも,これらについては,複合語を除けば,いわば例外的な少数の存在として以前から扱われてきたのであり,基本的には (1) の基準が認められてきたと言ってよいであろう.

本論では,上記のようなものとは異なる種類の例をあげて,上記とは異なる意味で単語と接辞の境界が不明瞭になっていることを示したい.以下,第2節においては,単語が接辞へと変化する種類の「文法化 (grammaticalization)」の例を扱い,第3節では逆に接辞が単語へと変化する種類の「脱文法化 (degrammaticalization)」について論じる.特に脱文法化に関して,従来実証されてこなかったと言われるタイプの例の存在を主張する.[3]

---

[2] Adams は bloomin(g) などを英語における挿入辞の例として扱っている.しかし bloomin(g) や bloody という表現は元々英語の単語の例であるから,これらを拘束形態素である挿入辞の例と考えることには問題がある.

[3] 接辞に類似しているが別の表現として考えられてきた「結合形 (combining form)」に関しては,古くから議論がなされ (Adams (1973), Bauer (1983), Scalise (1984) など),最近では理論的な提案をしている長野 (2013) や辞書の編纂という観点から用語の整理と提案をしている東森 (2006) などの研究があるが,この論考においては扱わない.

2. 単語から接辞へ

2.1.「～よろしく」

現代日本語における「よろしく」という表現は，もともと形容詞「よろしい」の連用形で副詞として用いられ，「ちょうどよい具合に，適当に」という意味を持ち，典型的には「よろしくお願い致します．」のような形で独立して用いられる．しかし次の (2) の例においては，そのようなものとは異なる使い方がなされている．

(2) a. こうなったらクリスマスの朝にさっさと帰って皆に景品をサンタよろしく配ってしまおうと考えたそうです．（小路幸也 2007『シー・ラブズ・ユー』pp. 17-18, 集英社，下線部筆者（並木），以下同様）

b. 大学が雇った大学院生が質問コーナーにいて，家庭教師よろしく勉強を教えてくれました．（田中共子（編）2003『よくわかる学びの技法』p. 35, ミネルヴァ書房）

c. 児童はグループごと，ひと昔前の誘拐犯よろしく新聞を切り張りし，黒板の例文を再現したという．（天声人語『朝日新聞』2010年10月15日朝刊，13版N, p. 1）

d. 爺やは…この家屋敷と池田屋をぐるりと囲む垣根の手入れはもちろん，大工よろしく金槌を持てば裏の畑で青菜も拵え，お客様が立て込めば玄関で下足番も買って出るという働き者だ．（朝井まかて 2013『恋歌』p. 40, 講談社）

e. …シャーロック・ホームズとワトソンよろしくウィリアムとアドソのコンビが殺人事件の解決に要した七日間を細密に描き出している．（小澤実 2011「エーコ，中世イタリア，そしてユーラシア世界」『UP』第40巻第5号，p. 26, 東京大学出版会）

f. パセリ，セージ，ローズマリー，タイムなども「スカバロフェア」よろしく生えていて料理に使えるし，ミント，レモンバームは摘みたてハーブティーにする．（森まゆみ．2010．「ゆっくりと，何度でも」『図書』第738号，p. 20, 岩波書店）

g. この話はわかりやすく，納得感もあるから，伝言ゲームよろし

く広がっていくのも道理だろう▼（天声人語『朝日新聞』2013年7月14日朝刊，13版，p. 1）

　これらの例においては，「よろしく」の前に必ず名詞または名詞句が先行しており，それらは典型的には人間を表す表現である．(2a) や (2d) のように単独の名詞のこともあれば，(2b) のように複合名詞のこともあるし，(2e) のように接続詞「と」で等位接続された表現もあるし，また (2c) のように名詞句のこともある．(2a) から (2e) までの例においては「～よろしく」の意味は「まるで誰々のように」というものであろう．一方，(2f) と (2g) の「～よろしく」の前には人間を表すのではない表現が現れて，「まるで何々のように」という意味で使われている．[4]

　以上からわかることは，これらの例に見られる「よろしく」は通常の意味を表すのではなく，「まるで～のように」とか「いかにもそれらしく」のような意味で，類似したものを直喩的に表しているということと，名詞的な表現の直後に生起し接尾辞のように用いられているということである．

2.2.　「～放題」

　次に取り上げるのは，「食べ放題」や「飲み放題」というような例でよく見かける「～放題」という表現である．この表現に関して筆者は既に Namiki (2010) において詳しく論じているが，ヨーロッパの言語学雑誌に掲載された英語で書かれた論文であり，手に入れづらいこともあるので，ここでも少し詳しく述べてみたい．

　まずこの「放題」という表現が現代の日本語でどのように使われているかを小説や新聞からのデータで見てみよう．

　(3) a.　ベビーベッドの周囲は散らかし放題になっていた．
　　　　　　　　　　（長岡弘樹 2011『傍聞き』p. 152, 双葉文庫）
　　　b.　「… たいてい，完全停止しないから，検挙し放題だ」
　　　　（今野敏「精鋭」『朝日新聞』2014年1月14日夕刊3版，p. 4）
　　　c.　ストラップを1本，カバンに忍ばせておけば衝動買いし放題だ

---

[4] このような用法を持つ「～よろしく」の他の例文に関しては，並木 (2009: 167) を参照．

ね☆（『朝日新聞』2010年8月5日夕刊，be ライフスタイル p. 4）
   d. 「... 吸い殻なんて選びたい放題ってわけだ」
      （東野圭吾 2014『マスカレード・イブ』p. 91，集英社文庫）
   e. 王弁からすると我がまま放題で何かと噛みつかれた印象が強い．
      （仁木英之 2011『先生の隠しごと　僕僕先生』p. 14，新潮社）

　(3) からわかるように，「放題」という表現の直前に現れるのは動詞の連用形（(3a-c)），動詞の連用形に後続し形容詞を作り出す「-たい」という接尾辞が連用形に付いた形（(3d)），そして「我がまま」のような「形容名詞」（従来「形容動詞」と呼ばれていたもの）の3種類がある．ただし動詞の連用形と言っても，単純動詞の連用形（「散らかし」），漢語に「する」という軽動詞が付いた形の連用形（「検挙し」），そして複合名詞（「衝動買い」）に「する」という軽動詞が付き，さらにそれ全体の連用形となった表現（「衝動買いし」のようにその複雑度はさまざまである．[5]
　また (4) に示されるように，現代の日本語においては，「放題」という表現は文中で独立して用いられることができず，また複合語の最初の要素として用いられることもできない．

   (4) a. *あの人は放題な人だ．
        b. *あの人は放題我がままな人だ．

　以上からわかることは，現代の日本語においては「放題」という表現は接尾辞のように使われているということである．
　しかしながら，15世紀の日本語においては「放題」にあたる表現は2つの表記（つまり「ほうだい」と「はうだい」）があり，それぞれ発音と意味が異なっていた．『日本国語大辞典第二版』によれば，「ほうだい」は『あるやり方や順序に任せること．またそのさま．... その動作，作用の行われるままにしておく，また意志のままに任せるなどの意を添える ...』という意味を持ち，それに対して，「はうだい」は「行ないなどが常軌を逸していること．

---

[5] 現代の日本語における「～放題」の用例の詳細な議論と分析については Namiki (2010: 2368-2374) を参照．

きまりのないこと．自由勝手にふるまうこと．育ちや品位がいやしいこと．またそのさま．」という意味を持っていたとのことである．[6]

その後，両者は発音が同じになるとともに，2つの異なった意味を持つ1つの単語（多義語）として理解されるようになり，さらには19世紀後半頃には現在と同じように「〜放題」のような他の単語の直後に付いた形でしか使われなくなり，接尾辞に類似した用法のみを持つようになった．(Namiki (2010: 2374-2378) を参照)

しかし「〜放題」という表現は，次のような点において，現代の日本語においても依然として複合語としての性質を保持していると考えられる．第一に，この「〜放題」という表現は全体としては複合語アクセントパターン（たとえば「言いたい放題」であれば，イイタイホウダイ（網掛けの部分は高いアクセントを示す）を持っている．（秋永（編）(2006: 772) と Namiki (2010: 2380-2381) を参照のこと．)

第二に，「〜放題」という表現は名詞としての用法と副詞としての用法の

---

[6] 『日本国語大辞典第二版』の「ほうだい【放題・傍題】」の項目では，「〘名〙（形動）一①行ないなどが常軌を逸していること．きまりのないこと．自由勝手にふるまうこと．またそのさま．」と書かれており，1443年の文書の例が挙げられている．また『日葡辞書』(1603-04) の例として，「Fõdai（ハウダイ）シゴクナ　モノ〈訳〉非常に育ちや品位の劣るもの」が挙げられている．さらに「二　あるやり方や順序に任せること．また，そのさま．そのまま．また，ある人の意志のまま．接尾語的に，名詞や動詞連用形，希望の助動詞「たい」などに付いて，その動作，作用の行なわれるままにしておく，また，意志のままに任せるなどの意を添えるのにももちいる．「勝手放題」「食べ放題」「言いたい放題」など．」と書かれており，1471-73年の文書の例が挙げられている．またこちらの用法でも『日葡辞書』からの用例として「ソナタ fôdai（ホウダイ）」という例が挙げられている．

実は上記の『日本国語大辞典第二版』においては，前者の Fõdai と後者の fôdai の o という母音の音質の区別（開音と合音）が，1603-04年に出版されたと言われる『日葡辞書』の記述に従って補助記号を用いて表記されている．その区別を『日葡辞書』(VOCABVLARIO DA LINGOA DE IAPAM)（土井（解題）(1960)）や『邦訳日葡辞書』（土井・森田・長南（編訳）(1980)）によって確認し，また開音と合音の区別を『国語学大辞典』(1980) に基づいて調べると，中世の日本語において「オ段の長音の口の開き」の大きい音が「開音」で（英語の all や ball という単語における長母音に相当すると思われる），口の開きの小さい音が「合音」とされている．このことを考慮に入れて上記の「ハウダイ」と「ホウダイ」を区別すると，「行ないなどが常軌を逸していることや自由勝手にふるまうこと」などを意味する前者のほうが開音で「ある人の意志のままに任せること」などを意味する後者のほうが合音で発音されていたと考えられる．

第 7 章 単語と接辞の境界

2つを持っている．次の例を見てほしい．

(5) a. … どうすればアメリカのやりたい放題に終止符を打ち，…
　　　　（『朝日新聞研究用記事データ 2007 年版』2007 年 1 月分）
　　b. 荒れ放題の空き家（同上）
(6) a. やくざ組織が好き放題暴れまわっていた.
　　　　（『朝日新聞研究用記事データ 2007 年版』2007 年 9 月分）
　　b. 知事は五日間タミフルを飲み放題飲んだ．
　　　　（『朝日新聞研究用記事データ 2007 年版』2007 年 4 月分）

(5) は名詞的用法の「〜放題」の例であり，(6) は副詞的用法の例である．
　一般的に，接尾辞はその基体（または語基）(base)，つまりその接尾辞が付加する直前の単語，に付加するとその結果生じる派生語は 1 つだけの品詞を持つ．たとえ同一の形を持っていても，基体の品詞が異なれば派生語の品詞も異なり，それらは異なる接尾辞ということになる．たとえば (7) の英語の例を見てほしい．

(7) 　[形容詞 + -ly] = 副詞：　quickly（速く），carefully（注意深く），
　　　mercilessly（無慈悲に）
　　　[名詞 + -ly] = 形容詞：　costly（値段の高い），weekly（週刊の）

また同一の形を持っていて基体の品詞も同じであっても，その接尾辞自体の意味が異なり，派生語の品詞も異なれば，それらは別の接尾辞であることになる．(8) の例を参照．

(8) 　[名詞 + -ful] = 形容詞：　careful（注意深い），beautiful（美しい）
　　　[名詞 + -ful] = 名詞：　spoonful（スプーン一杯分の量），mouthful
　　　（一口分の量，少量）

（並木 (1985: 44, 49)）

(8) においては，形容詞を作り出す接尾辞の -ful は「〜でいっぱいの，〜に満ちている」という意味を持つが，名詞を作り出す接尾辞の -ful は「〜一杯分の量」という意味を持つもので，さらには両者の母音の質も異なり，両者は異なる接尾辞である．
　以上から，少し上で論じてきた「放題」を後部要素として持つ表現が名詞

としても使われ副詞としても使われるということは,「放題」自体が完全に接尾辞になっているとは考えにくく,むしろ「放題」は単語であり複数の品詞にまたがって使われていると考えるほうが妥当であると考えられる.

とはいうものの,現代の日本語において「放題」という表現が文中で独立して使われることはないということと,2つ並んだ単語の最初の要素として使われることもないということ (上記の(4)を参照) は,それが接尾辞としての性質をも持っていることを示している.したがって,歴史的変化という観点から考えても「放題」という表現は依然として,単語から接尾辞への移行過程にあると言えるであろう.

2.3. full から -ful へ

次に単語から接辞へという変化をした英語の例をあげよう.既に (8) であげた careful や beautiful という形容詞に見られる接尾辞の -ful は元来 full (いっぱいの) という意味を持つ形容詞であったと Marchand (1969: 292-293) は述べている.また spoonful や cupful (コップ一杯分 (の量)) という表現に現れる,名詞を作り出す接尾辞の -ful もある.秋元 (2002: 18) は,形容詞の full からこれら2種類の接尾辞 -ful への変化として次のような過程を想定している.

(9) a basket full of eggs > a cupful (of water) > hopeful

さらには,childhood (子供時代) や neighborhood (近所) などの単語における -hood という接尾辞も,元来は「状態,階級」などの意味を持つ名詞であったと言われている (Marchand (1969: 293)).これらの例のように,元々は単語として使われ語彙的な意味をきちんと持っていた自立する単語が,用法の自立性を失って接辞という文法的な機能を持つ要素になる現象は (ある種の)「文法化 (grammaticalization)」と呼ばれている.

3. 接辞から単語へ

逆に接辞から単語への変化を示す例をあげる.これは「文法化」とは逆の方向を示すもので,「脱文法化 (degrammaticalization)」と呼ばれる過程の一種である.脱文法化については Norde (2009) が詳しく述べており,さま

ざまな種類をあげているが，本章においては「接辞から単語へ」という種類の例に絞って議論する．

3.1. 英語の接頭辞
英語の接頭辞が自立して使われている例には以下のようなものがある．

(10) a. mini-（非常に小さい，非常に短い）→
mini（ミニスカート，ミニドレス）
b. anti-（〜に反対の）→ anti（反対の）
(以上，Huddleston and Pullum (2002: 1624))
c. ex-（元の，前の）→ ex（元の夫，元の妻）
d. retro-（後方へ，再び元へ）→ retro（懐古的な）
(以上，並木 (2009: 25))

また (10b) と (10d) の例文を (11) に示す．（下線は筆者（並木）による．）

(11) a. I'm very anti that sort of behavior.
(Huddleston and Pullum (2002: 1624))
b. ... his success in going retro was not quite what he would have liked.　(Simon Winchester, 2003, *The Meaning of Everything*, p. 7, Oxford University Press)

(11a) においては程度を表す副詞 very の後に anti が現われ，(11b) においては補語となる形容詞を後ろにとる動詞 go（〜の状態になる）の後に retro が現われているので，これらにおける anti と retro という表現が接頭辞ではなく形容詞であることは明らかである．

3.2. 英語の接尾辞
以上で見たように，英語における接頭辞から単語へと変化した例は少なくとも4つあるが，それに対して接尾辞から単語へと変化した例はあまり多くなく，次のようなものに限られているようである (Norde (2009: 9))．

(12) a. -ism（〜差別，〜主義，〜の学説）→ isms
b. -ology（〜学，〜の学問，〜に関する考え）→ ologies

これら 2 つの例について，Oxford English Dictionary, 2nd edition (OED2) によって検討する．まず -ism の語義の大意を和訳して (13) にまとめる．

(13) **-ism** 1. （通例 -ize で終わる動詞を伴い）行為を表す単純な名詞を作り，過程または完了した行為，あるいはその結果（ただし具体的なものは稀である）を名づける．主な例は baptism（洗礼），criticism（批評，非難），plagiarism（剽窃）など．b. 以上のものと関連を持ち，ただし次の 2. との類似性も持つのは，-ism が人々の集合の行動や行為を表す場合である．主な例は，heroism, patriotism などである．

2. 宗教的，教会的，哲学的，政治的，社会的などの理論または実践の体系の名前を作り出し，ときにはその主題などの名前，その創始者の名前などに基づいて作られる．主な例は，Buddhism（仏教），Catholicism（カトリック信仰），Judaism（ユダヤ教），Liberalism（自由主義）など．b. 教義や原則を表す階級の名前または記述的な用語の性質を帯びた表現の例の主なものは，egoism, empiricism（経験主義，経験論），feminism, realism などである．

3. （特に言語の）特異性または特徴を示す用語を作る．主な用例は，Americanism, Latinism, Orientalism などである．

それに対して，ism のほうは (14) のような記述がなされている．

(14) **ism** 疑似名詞．接尾辞の -ism が独立した単語として総称的に (generically) に使われている．他のものとは異なる特徴や関係を持つ，あるいは持つとされる教義，理論あるいは実践を表し，主にけなす意図で使われ，時には schism（分立した宗派）との関連を暗にほのめかす．
1680 'HERACLIO DEMOCRITUS' *Vision of Purgatory* 46 He was the great Hieroglyphick of Jesuitism, Puritanism, Quaquerism, and of all Isms from Schism. ... **1974** *Listener* 14, Feb. 220/1 Impressionism became the most successful 'ism' in the history of art.

(*OED2*, s.v. "ism")

上に示したように，ism は接尾辞の -ism が独立した単語として総称的な意味で使われる「疑似名詞」として扱われ，1680 年の用例では複数形の Isms という形で用いられている．また OED2 であげられている，この表現の最後の用例は 1974 年のもので，美術の印象派について述べられており，"the most successful 'ism'" という単数形で用いられている．

次に -ology と ology について見ていこう．ここでも OED2 に基づいて，(15) でまとめて述べる．

(15) **-ology, ology.** 接尾辞と疑似名詞．
1. 接尾辞．ギリシャ語が元になっている -LOGY という接尾辞が単語の中で通常生じるこの形はギリシャ語の単語から派生されており，母音の o は，語源的には logy に先行する要素に属している．それゆえ，近代に作られた表現におけるこの接尾辞は -ology であり，しばしば冗談的な臨時語に使われる．**1803** FESSENDE *Terrible Tractoration* I. (ed. 2) 18 *note*, Sublime discoveries in the abstruse sciences of insect-ology, mite-ology and nothing-ology. **1805** J. LAURENCE *Treat. Cattle* (1809) 495 The contemplation, either of physiology, or commonsensology.
2. 疑似名詞．さまざまな科学またはある科学のさまざまな分野の任意のもの．
1811 E. NARES *Thinks-I-to-myself* (ed. 5) I. 68 She ... was therefore supposed to understand Chemistry, Geology, Philology, and a hundred of other ologies. **1976** A. PRICE *War Game* I. ix. 172 ... Ology is about the only thing they have in common.

(*OED2*, s.v. "-ology, ology")

(15) の記述から，接尾辞の -ology については，ギリシャ語の単語からの派生であり，最初の o という母音は語源的には logy に先行する要素に属していたが，近代に作られた表現では -ology が接尾辞として使われたとい

うことや，初出例は 1803 年のもので，綴り字においてもハイフンが入った insect-ology のような形が使われていたということがわかる．

それに対して，OED2 で疑似名詞と呼ばれている，つまり単語として使われている ology の方は，「さまざまな科学またはある科学のさまざまな分野の任意のもの」を意味し，初出例は 1811 年で ologies という複数形が使われ，1976 年の用例では Ology という単数形が使われたということがわかる．

ここまで，英語において接辞から単語へと変化したと思われる接頭辞と接尾辞の例について述べてきた．次の節では，日本語における同様の接辞について検討する．

3.3. 日本語の接辞

日本語における脱文法化の例としては「〜めかす」と「めかす」というペアが考えられる．最初に接尾辞としての「〜めかす」の用例を小説から取り上げて (16) に示す．

(16) 「そうですね．そういう喩え話なら，そうかもしれませんね」
明るく冗談めかして言いましたけど，全然そうは聞こえませんでしたね．（小路幸也 2012『レディ・マドンナ』p. 273, 集英社，下線部は筆者（並木））

次に接尾辞の「〜めかす」について，現代の日本語を主に扱った辞典で調べると，次のように書かれている．

(17) a. **めかす**（接尾）［接尾辞「めく」から］名詞などに付いて，それらしくする，そう見えるようにする，などの意を表す．「親切―・していろいろ言う」　　　　　　　　　　（『大辞林第三版』）
b. **めかす**（接尾）名詞などに付いて，五段活用の動詞をつくる．…のようにする．…らしくする．」　　　　　　　（『広辞苑第六版』）

これらの辞典の記述を元にして考えれば，上記 (16) の用例の下線部の意味は，「冗談のように聞こえるようにして」とか「冗談のように見せかけて」というようなことであろう．

それに対して，単語としての「めかす」の用例には次のようなものがある．

(18) で，こう云う作品は，ちょっとめかしすぎたなあと自己嫌悪になるのです．(山口晃 2012『大画面作品集』p. 88, 青幻舎，下線部は筆者（竝木））

そして「めかす」を同様に辞典で調べると次のように述べられている．

(19) a. **めかす【粧す】**（接尾語「めかす」から）①念入りに化粧をしたり，身なりを飾ったりする．また，気取る．②それらしくふるまう．見せかける．　　　　　　　　　　　　　　（『大辞林第三版』）
b. **めかす**［自五］①（接尾語「めかす」の上接する名詞を省略した言い方）それらしくふるまう．　　　　　　（『広辞苑第六版』）

これらの辞典の記述を元に考えると，(18) の用例の下線部が意味していることは，自作の美術の作品（絵画ではなく立体）が「飾りすぎた，あるいは気取りすぎた」と作者が感じているということであろう．

以上，現代の日本語における接尾辞の「～めかす」と動詞としての「めかす」の用法について述べてきた．脱文法化について論じる際にここで問題としたいことは，これらの「～めかす」と「めかす」が使われた歴史的な順序である．

そこで，ここからは現代の日本語ではなく古い時代の日本語を詳しく扱った辞典を取り上げて，接尾辞の「～めかす」と動詞としての「めかす」の用法について，それらがいつ頃から使われていたかを検討する．ここでは次の2つの辞典の記述を見てみよう．

(20) a. **めかす**　一　**接尾サ四**　「めく」の他動詞形．名詞などに付き，その様子を帯びさせる，それらしくする，それらしく見せる，などの意を表す動詞を構成する．多く，他をそれらしくしたりそれらしく扱ったりすることに用いるが，自分をそれらしく見せることにも用いる．「蔵人のいみじくたかくふみごめかして」（枕・五六）

　　　　　二　**動サ四**　上接の名詞を省略していう用法．①一人前らしくする．②見せかける．ごまかす．③気取る．④化粧をしたり着飾ったりする．

（『角川古語大辞典』第五巻）

b. **めかす** 一（接尾）五（四）段活用（接尾語「めく」から）名詞などに付いて動詞をつくり，そのように見せかける，…らしくふるまうの意を表わす．「人めかす」「ものめかす」「なまめかす」など．現代では，「学者めかす」「本物めかす」「風流めかす」などと，名詞に付いて用いられることが多い．

二（粧）（自サ五（四））（一から）①外見を装う，とりつくろう．上に連用修飾語や目的語を伴って用いる場合と，それらを省略して用いる場合とがある．②身なりを飾りたてる．化粧や衣服などを必要以上に飾りたてて，おしゃれをする．非難やからかいの気持をこめていう場合が多い．＊滑稽本・素人狂言紋切形（1814）「あれもめかしたやつだ．すがぬひの紋所で，黒八の羽織にお太刀をきめて，大きな面だ．」

(『日本国語大辞典第二版』第 12 巻)

上記の (20a) において，接尾辞の「めかす」は，枕草子からの用例があげられているので，平安時代から用いられていることがわかる．一方 (20b) において，動詞としての「めかす」は，1814 年出版の滑稽本での用例が挙げられているので，江戸時代の後期に最初に用いられたことがわかる．それゆえに，(20) の記述に基づけば，接尾辞としての「〜めかす」の方が単語（動詞）としての「めかす」よりも約 1,000 年も前から使われていたということが言えるであろう．言い換えれば，動詞である「めかす」は接尾辞である「〜めかす」からの脱文法化の例と考えられる．

ここまでは現代の日本語における実際の用例と国語辞典の記述に基づいて議論を進めてきた．次に先行研究を調べてみると，阪倉 (1966) に次のような注目すべき主張がなされている．

… たとへば，接尾語「めかす」は，「めく」に「す」の膠着したものと考えられるが，「めく」が前述のごとく四種類にわたる，ひろい範囲の語基をとり得たに対して，「めかす」は，

ひとめかす，ときめかす，いろめかす，いまめかす，おもほしびとめかす（源氏），ものめかす

のごとく，(一) 名詞に接する例しかない．しかもその名詞は，すでにこの平安時代の例でもうかがはれるやうに，あるすぐれた属性を有

第7章　単語と接辞の境界　　　　　　　　　　　　　129

するものなのであって,「めかす」は,特にそうした属性を発揮する意味をあらはした.このことは現代語についても同様で,そこから「めかす」は逆に,限定された語基の意味の一部を自己の意味内容にとりこみ,具体性を得て,つひに「よそほひ・かざる」といふような意味の,独立動詞に昇格したのである.

(阪倉 (1966: 137))

阪倉 (1966) は,歴史的仮名遣いで書かれた,日本語語構成の歴史的な研究のパイオニア的著作であり,約500ページに及ぶ浩瀚なものである.上記に引用した阪倉の主張が正しければ,まさに上で述べてきた接尾辞の「～めかす」と動詞の「めかす」のペアが日本語における脱文法化の例になるということを裏付けるものである.

さらに脱文法化に関する最新のまとまった研究である Norde (2009) は,次のように主張している.

Three important properties of degrammaticalization need to be mentioned at this point. First, there are no examples of degrammaticalization 'all the way up the cline'—a degrammaticalization chain from suffix all the way to lexical item has not been attested. (Norde (2009: 8)).

この中の2番目の文に述べられている「第一に,問題のクラインにおける一番下から一番上への脱文法化の例,すなわち脱文法化の連鎖を一番下からずっと上がって一番上の語彙項目になるという例は,今まで立証されてこなかった.」という点が重要である.そのわけは,上記で述べてきた接尾辞の「～めかす」から単語の「めかす」への変化はまさにこの「接尾辞から語彙項目(つまり語彙的な意味を持つ単語)へ」という変化を示すものと考えられるからである.それゆえに,上で述べてきた議論は日本語という個別言語の文法と語形成に関して重要であるというだけではなく,脱文法化の一般的な理論に関しても重要な議論であると言える.[7]

---

[7] 脱文法化の英語の例と日本語の例を比較すると,もともと数は多くないものの,英語では接頭辞と接尾辞の例があり,接尾辞よりも接頭辞の例が多いのに対して,日本語では現在のところ接尾辞の例が1つ提案されているだけであるという点において相違が見られ

参考文献

Adams, Valerie (1973) *An Introduction to Modern English Word-Formation*, Longman, London.
秋元実治 (2002) 『文法化とイディオム化』ひつじ書房, 東京.
Bauer, Laurie (1983) *English Word-Formation*, Cambridge University Press, Cambridge.
東森めぐみ (2006)「英和辞書と連結形」『関西大学外国語教育フォーラム』5 号, 17–25.
Huddleston, Rodney and Geoffrey K. Pullum, eds. *The Cambridge Grammar of the English Language*, Cambridge University Press, Cambridge.
Jespersen, Otto (1924) *The Philosophy of Grammar*, George Allen and Unwin, London.
Marchand, Hans (1969) *The Categories and Types of Present-Day English Word-Formation*, C. H. Beck, München.
長野明子 (2013)「複合と派生の境界と英語の接頭辞」『生成言語研究の現在』, 池内正幸・郷路拓也 (編著), 145–161, ひつじ書房, 東京.
並木崇康 (1985) 『語形成』新英文法選書第 2 巻, 大修館書店, 東京.
並木崇康 (2009) 『単語の構造の秘密—日英語の造語法を探る—』言語・文化選書 14, 開拓社, 東京.
Namiki, Takayasu (2010) "Morphological Variation in Japanese Compounds: The Case of *Hoodai* and the Notion of 'Compound-Specific Submeaning'," *Lingua* 120, 2367–2387.
Norde, Muriel (2009) *Degrammaticalization*, Oxford University Press, Oxford.
阪倉篤義 (1966) 『語構成の研究』角川書店, 東京.
Scalise, Sergio (1984) *Generative Morphology*, Foris, Dordrecht.
Spencer, Andrew (1991) *Morphological Theory*, Blackwell, London.

[辞典・データ類]
秋永一枝 (編) (2006) 『新明解日本語アクセント辞典』三省堂, 東京.
朝日新聞社 (2007) 『朝日新聞研究用記事データ 2007 年版』CD-ROM.
国語学会 (編) (1980) 『国語学大辞典』東京堂出版, 東京.
新村出 (編) (2008) 『広辞苑第六版』岩波書店, 東京.
土井忠生 (解題) (1960) 『日葡辞書 (VOCABVLARIO DA LINGOA DE IAPAM)』

る. ほかにも「～ぶる」と「ぶる」というペアが候補として阪倉 (1966: 137) においてあげられているが, 本章では取り上げない.

岩波書店，東京.
土井忠生・森田武・長南実（編訳）（1980）『邦訳日葡辞書』岩波書店，東京.
中村幸彦・岡見正雄・阪倉篤義（編）（1999）『角川古語大辞典』角川書店，東京.
日本国語大辞典第二版編集委員会・小学館国語辞典編集部（編）（2001）『日本国語大辞典第二版』小学館，東京.
松村明（編）（2006）『大辞林第三版』三省堂，東京.
The Oxford English Dictionary, second edition (1989) Clarendon Press, Oxford.

第Ⅱ部
音声学・音韻論

第 8 章

クレオール語化に基づく中英語のリズム構造と音節構造

西原　哲雄

宮城教育大学

1. はじめに

　一般的に言語の持つリズム構造は，Pike (1945) や Abercrombie (1967) などによれば，音節 (syllable) という単位が繰り返される「音節拍リズム」(syllable-timed rhythm) と，強勢 (stress) という発話の単位が卓立を繰り返す，「強勢拍リズム」(stress-timed rhythm) に分別できるとされているものである．
　一般的に英語のリズム構造は，フランス語やイタリア語などが「音節拍リズム」(syllable-timed rhythm) であるのとは異なり，ドイツ語やオランダ語などと同様に，「強勢拍リズム」(stress-timed rhythm) であると指摘されているのである．
　しかしながら，英語が母語である，アメリカ英語やイギリス英語とは異なった，英語が公用語として用いられているアジア圏やアフリカ圏での英語のリズム構造は，強勢拍リズムというよりは，むしろ音節拍リズムを持つ場合が多いのである．これは，これらの英語がそれぞれの地域における現地語との融合に基づいているという事と関連性があるからであり，これらの英語はクレオール英語 (Creole English) と呼ばれるものである．
　そこで，本章では，英語が母語である，アメリカ英語やイギリス英語などの英語でも実際には，会話中で，一部「音節拍リズム」が用いられている場合が存在しており，この現象が，中英語期 (Middle English) におけるノルマン人の征服 (Norman Conquest) によるフランスの語の影響に基づく，クレオール英語 (Creole English) 化の残存の影響である事実を指摘するもの

である.

また，主に「音節拍リズム」を持つ言語が，開音節構造 (CV) に対応しており，「強勢拍リズム」を持つ言語が，閉音節構造 (CVC) に対応しているという事実にも注目し，閉音節構造の言語である英語が，一部開音節構造 (CV) を持っているという現象の妥当性についても検討するものである.

2. 言語のリズム構造の分析について

上記で見たように，言語のリズム構造を，英語やオランダ語とフランス語やイタリア語の間で2つに区別する事は，聴覚的な観点からもほぼ妥当なものである．そこで，Roach (1982) では，次のような記述が見られるのである．

(1) One of the most familiar distinction in phonetics is that between STRSS-TIMED and SYLLABLE-TIMED language. Many textbooks refer to this, but nowhere is the distinction as explicitly made as in Abercrombie (1967, 96) … (Roach (1982))

しかしながら，ここでこのようなリズム構造の分割論には，いくつかの問題が付随すると窪薗 (1993) は述べ，以下のような問題を指摘しているのである.

(2) a. 特定言語がいずれのリズム構造を有しているのかを客観的に証明できるのか.
b. 言葉のリズムは抽象的なレベルで存在するものか，それとも表層的な言語現象なのか.
c. 「強勢拍リズム」と「音節拍リズム」は二者択一的な原理か？これらのリズム原理は同一体系内で共存しえないものか.

(窪薗 (1993))

ここでは，「強勢拍リズム」の英語と「音節拍リズム」の日本語（正確にはモーラリズムである）の分類も，先に述べたように，多くの音声学研究書で述べられているものである．英語の「強勢拍リズム」では，音節の長さを調整しながら（強音節間の音節の数にかかわらずに）強音節間の間隔を等時的

に保とうとする「等時性」を保持しようとするのであるのが, Dauer (1983) によれば,「音節拍リズム」であるスペイン語と「強勢拍リズム」である英語の間の「等時性」には違いがなく, ほぼ同じであることが示されたのである. また「強勢拍リズム」である英語も強音節間の音節数が増加すると, その物理的時間の長さも増加する傾向が観察されることも指摘されている.

Lehiste (1977) では,「等時性」を保持する話者もいれば, 保持しない話者もおり, 統語的境界を守るためにこの「等時性」を守らない話者がいるという事実が示されているのである.

また, Roach (1982) にしたがえば, 英語を含む, いくつかの言語における強勢音節間の音節数の相対的な数値は, 以下のように, ほぼ同じであり, これによれば, 言語を2つのグループに分類することは不可能のように思われると述べているのである.

(3) French: .41   English: .53
    Telugu: .61   Russian: .61
    Yoruba: .62   Arabic: .57

(Roach (1982))

さらに, Kaisse (1988) では, Hayes (1984) は英語の単語の連続 (名詞句や複合語など) において, 生じる強勢の衝突による強勢移動が起きる英語のリズムルール (English rhythm rule) も衝突を起こす強勢音節間の音節数が増加すると, 英語のリズムルールの適用頻度が低下し, 音節数が減少するほど, 適用頻度が増加していると指摘しているのである. すなわち, 強勢音節間の音節数が英語のリズムルールに適用されているというより, 実際の物理的時間が, この規則適用には関与していると, 以下のように述べているのである.

(4) But Hayes also suggests in an appendix that the spacing requirement of eurhythmy counts not syllables but actual time.

(Kaisse (1988))

しかしながら, 基本的には, 文の強勢に関わる知覚の研究などから, 英語の「強勢拍リズム」における等時性の存在は確認されているのも事実である. この事実は音韻論的 (音声学的) 概念である *Lapse という以下のような制

約(原則)が存在し,等時性が機能していることからも明らかである.

(5) The constraint *Lapse is a markedness constraint that disfavors sequences of three adjacent unstressed syllables (or moras).
(Torres-Tamarit and Peter Jurgec (2015))

続いて,リズムが言語構造や音韻構造の中核的なものではないと Dauer (1983) は主張する一方,「強勢拍リズム」と「音節拍リズム」の音韻的構造を比較した結果として,以下のような相関関係に基づく分類を提案しているのである(窪薗 (1993) を参照).

(6) 　　　　　　　　〈「強勢拍リズム」〉　〈「音節拍リズム」〉
音節構造： 　　複雑な子音結合　　単純な子音結合
弱強勢音節： 　弱化しやすい　　　弱化しにくい
(窪薗 (1993) を一部改定)

このような状況ついては,Roach (1982) でも同様な記述が以下のように見られるのである.

(7) … languages classed as syllable-timed may tend to have simpler syllable structure (Smith (1976) suggests this as a factor in the case of Japanese and of French), and that languages classed as stress-timed may be more likely to exhibit vowel reduction in unstressed syllables. (Roach (1982))

これらの記述から,本章では,言語のリズムは基底的なものであり,「音節拍リズム」が単純な音節構造をもち,「強勢拍リズム」が複雑な音節構造を持つと考え,言語のリズムは発話における抽象的な基底原理と考えることが妥当であると考えるのである.この言語体系の違いに基づく対応関係について,Yavas (2015) も以下のように同様な指摘をしている.

(8) Stress-timed languages can be identified through the dominant CVC-syllables allowing complex onsets and codas, mora-timed languages as having almost only CV-syllables and syllable-timed

languages as being in between, with more CV-syllable and more restrictions on the onset and coda than stress-timed languages.

(Yavas (2015))

　次には，「音節拍リズム」との「強勢拍リズム」関連性であり，これらは二者択一的なのか，それとも，これらのリズム原理は同一体系内で共存しえないものか，という点である．この点については，先に述べたように，アジア圏やアフリカ圏における英語が，現地語，の母語の影響を受けることで，「強勢拍リズム」ではなく，「音節拍リズム」の英語が多用されていると言う事から，必ずしも，英語という言語が「強勢拍リズム」であるとは言えないことがわかる．

　また，ニュージーランド英語（New Zealand English: NZE）でも，Hay et al. (2008) によれば，「音節拍リズム」への移行とまでは行かないが，他の英語（イギリス英語）と比較した時に，いくぶん「強勢拍リズム」の特徴が失われていることが指摘されている．そこで，この現象も断片的ではあるが，「音節拍リズム」との「強勢拍リズム」の同一体系内での共存，または共存の方向への変化の証となるではないかと考えることができるのである．

(9) … NZE is stress-timed rather than syllable-timed, but it is noticeably less stress-timed than British English. One obvious way in which NZE is less stress-timed than other varieties of English, is the way it uses more full vowels in unstressed syllables.

(Hay et al. (2008))

　ここで，このニュージーランド英語のリズムの変化も，先に述べた，アジア圏やアフリカ圏における「音節拍リズム」に基づく英語と共通している部分があると考えることもできるのである．それは，ニュージーランドの現地語であるマオリ語（Maori）の影響であり，マオリ語は「音節拍リズム」であるという事から，上記のニュージーランド英語のリズムの変化もこの影響によるものであると考えることはもっともである．さらに，ニュージーランドにおいて，特にマオリ語の影響を強く受けた言語として，「音節拍リズム」に基づく，マオリ英語（Maori English: ME）が実際に，存在することも事実である．

(10)　ME is considerably more syllable-timed than general NZE ...

(Hay et al. (2008))

このような現象は，社会言語学的観点からよく指摘される，二言語の接触という現象から生じる，クレオール語（Creole）の生起，または，その結果として生じるクレオール語化（Creolization）として捉えることが可能であると考えるのである．

そこで次節では，現代英語における「強勢拍リズム」を中心としながら，「音節拍リズム」の構造が一部において残存している現象を中英語期に生じたクレオール語化現象の観点から検討することにするものである．

3. 中英語のクレオール語化によるリズム構造と音節構造

本節では，中英語期において，英語という言語が，フランス語の流入によって，英語とフランス語が融合したクレオール英語が成立したと考えるものである．Watts (2011) では，以下に述べるように，当時の英語がクレオール語化したことを積極的に支持するものである．

(11) a. In the one camp, we find a group of linguists who argue that the form of language resulting from contact situation between speakers of English and speakers of Anglo-Norman French (or at an earlier stage with speakers of old Norse) can best be classified as a creole.
　　 b. Evidence that the debate, as a debate, might have got a little out of hand is provided by the generation of a number of stories and counter-stories on whether English—and in particular Middle English—actually is a creole.

(Watts (2011))

このように Watts (2011) が指摘するように，当時の英語が，クレオール語化したと考えることによって，Markus (1994) で以下に，述べられているように，中期英語のリズム構造が「強勢拍リズム」ではなく，フランス語の影響によって「音節拍リズム」であったと考えることは妥当なものであると

言える.[1]

(12) a. In this paper, it is assumed that Middle English is basically a syllable-timed language, and Modern English a stress-timed language.
b. All in all, Middle English was not stress-timed yet (in the sense of an approximately equal temporal distance between one ictus and the next), but syllable-timed.
(Markus (1994))

この場合,英語が持つ「強勢拍リズム」は基本的に複雑な音節構造であるCVC音節構造(閉音節構造)であり,フランス語は「音節拍リズム」であり,比較的単純な構造であるCV音節構造(開音節構造)であることから,2つの言語接触によるクレオール語化では,クレオール語の特徴である「単純な文法構造」が好まれるということから判断すると,「音節拍リズム」がこの当時の英語のリズム構造を担っていると考えることは適切であると言える.

さらに,このように「強勢拍リズム」と「音節拍リズム」が混在するという考えは,Grabe and Low (2002) が提案するように両者の区別があまり明白なものではないという主張からも,妥当である.

(13) … it can be assumed that the "weak categorical distinction between stress-timing and syllable-timing" hypothesized by Grabe and Low (2002) …　　　　　　　　　　　(Kazmierski (2015))

そして,Nespor (1990) では,リズムパターンの類型化において,「強勢拍リズム」と「音節拍リズム」の特徴が併存している言語が存在すると指摘している.[2]

---

[1] Ritt (2012) では,中英語でもすでに「強勢拍リズム」が具現化していたと指摘している.また,Gorlach (1986) は中英語のクレオール化を否定している.

[2] 一方,Cummins (2015) によれば,Ramus et al. (1999) では,言語の stress-timed と syllable-timed への二分化を支持している.

(14) Nespor (1990) introduced the concept of "rhythmically mixed" or intermediate languages ... so-called intermediate languages exhibited shared properties characteristic of both stress-and syllable-based languages ... Catalan is another such language, which has been classified as syllable-based but which has vowel reduction, a property that is not usually found in syllable-based language.
(Low (2015))

また，Markus (1994) によれば，中英語の終了しようとする時代のあとに続く，初期近代英語期 (Early Modern English) には，すでに「強勢拍リズム」が再現化されていると指摘している．

(15) In Early Modern English ... English had started to be a stress-timed language. (Markus (1994))

これらの事実を，総合的に概観すると，以下のような当時の英語のリズムの構造の図式が提案されるものである．

(16)
〈中期英語：クレオール語化〉　〈初期近代英語・現代英語〉
仏語：「音節拍リズム」　　　　英語：「強勢拍リズム」
英語：「強勢拍リズム」　　　　（「音節拍リズム」）

クレオール語化によって，中英語期に上位語であった，フランス語の「音節拍リズム」がフランス語だけでなく，下位語であった英語のリズム構造にも影響（浸透）をして，中英語期のリズムが「音節拍リズム」であったという想定は問題なく，ノルマン人の征服の後約 300 年後に，英語が上位語としての地位を再び得た後には，英語の本来のリズム構造であった「強勢拍リズム」が再現されることになるが，それゆえ現代英語の一部には，中英語期のリズムである「音節拍リズム」が残存していると考えられるものである．

さらに，英語自体の音節構造は，一般的には「強勢拍リズム」に基づく CVC の閉音節構造とされているが，さきの Dauer (1983) のデータによれば，日常会話の中で現れる音節構造としては，CV の開音節構造も非常に高

い割合で出現していると指摘されているのである．[3]

(17) Most Frequently Occurring Syllable Types:
CV (34%) CVC (30%) VC (15%) V (8%) CVCC (6%)
(Dauer (1983))

これらの事実は，人間の言語における普遍的に無標であり，基本的にすべての幼児が最初に習得する音節構造が，CV の開音節構造であることなどかに由来するものであるということは明白である．

また，中英語とフランス語のように2つの言語が融合し，クレオール語化した際には，英語が基本とする複雑な音節構造である CVC の閉音節構造よりも，フランス語が持つ単純な音節構造である CV の開音節構造が，選択されることになる（以下を参照）．

(18) a. It is a standard textbook claim that syllable structure of Creole languages tends toward the unmarked, very simple consonant-vowel structure, which is present in all languages of the world (cf. Blevins 1995). For example, Romaine (1988) puts forward that "[c]reoles have no intial or final consonant cluster.
(Plag and Schramm (2006))
b. The tendency throughout creoles was to reduce non-CV syllables to CV syllables. (Bickerton (1988))

さらに，Schramm (2015) では，標準英語の音脱落でもよく見られ，語末の子音連続を単純化する，舌頂性閉鎖音脱落（Coronal Stop Deletion）である [t] と [d] の脱落も中期英語（14 世紀）で生起していると述べている．これも CV 開音節構造への変化の傾向の一部である．[4]

---

[3] Ritt (2012) によれば，英語はゲルマン語強勢規則（Germanic Stress Rule: GSR）によって第1音節に基本的に強勢が付与されたが，中英語期におけるノルマン人の征服以後，フランス語やラテン語の流入によって強勢の付与はロマンス語強勢規則（Romance Stress Rule: RSR）が導入されて，かなり複雑なものへと変化したのであった．

[4] 小島 (2002) はフランス語では CV 開音節構造は全体の音節構造の 59.1% を占めており，母音で終わる音節である開音節は，75,4% にのぼると指摘している．

(19) Loss of word final coronal stops is documented for dialectal and vulgar speech from the 14th century onwards ... Dobson (1968) states that final [t] could be dropped after the voiceless coronal fricative [s] and after the plosive [k] and [p]. (Schramm (2015))

では，どのようにして英語話者は，CVC の閉音節構造を習得するのかは，Stampe (1972) などによって提案された自然音韻論 (Natural Phonology) の基本概念である生得的な過程 (process) という考え方によって説明が可能である．この理論に基づく，音韻体系は以下のように記述されている．

(20) ... the phonological system of a language is largely the residue of an innate system of phonological processes, revised in certain ways by linguistic experience. (Stampe (1969))

また，根間 (1979) では，以下のような生得的過程が挙げられており，西原 (2002, 2005) では，自然音韻論に基づく生得的過程の中の 1 つとして (21d) のような現象を挙げている．

(21) a. 語末で有声阻害音を無声化する過程
 b. 鼻音の前で母音を鼻音化する過程
 c. 母音間で無声子音を有声化する過程 （根間 (1979)）
 d. 音節構造を CV 構造にする過程 （西原 (2002, 2005)）

この過程は，生成音韻論における後天的に習得する音韻規則とは異なり，生得的に人間が持っている音韻現象であり，この過程は習得する言語の基本的な音韻体系によって抑制されるとされ，これによって幼児は自分の母語の音韻体系を習得することになる．例えば，英語の CVC である，閉音節構造や，フランス語などの CV の開音節構造の獲得現象は，以下のように図示することができる．

(22) a. 英語の音節構造獲得
 〈幼児期〉 〈言語習得期〉 〈大人〉
 CV （過程） → CVC （英語の音節構造） → CVC
 ↘ ~~CV~~ （過程：抑制） ──→ (CV)

b. フランス語の音節構造獲得
　〈幼児期〉　　〈言語習得期〉　　　　〈大人〉
　CV（過程）→（抑制なし）　　──→　CV

　上記のような図式化は，Dauer（1983）に基づく，リズム構造と音節構造との対応関係からも得られるものであり，妥当性が高いと言えるものである．自然音韻論の枠組みであるCV音節構造を生得的過程という概念として認めることで，抑制された後でも，大人の音韻構造（音節構造）において，CV音節構造が潜在的に残存しているという事が的確に説明可能となっている．

　そこで，(22a) で見られたような，英語の音節構造獲得が，中英語期では，CV開音節構造を持つフランス語と融合して，開音節構造を含んだクレオール語化した中英語として観察されたと考えるものである．

(23)　中英語のクレオール語化での音節構造獲得
　〈幼児期〉　　〈言語習得期：クレオール語化〉　〈大人〉
　CV（過程）→ CVC（英語の音節構造）──→　CVC・(CV)
　　　　　　↘ CV　（仏語の音節構造）─────────↗

4. 結語

　以上，本章では，中英語期の英語のリズム構造が，現代英語におけるリズム構造である「強勢拍リズム」ではなく，フランス語などのリズム構造である「音節拍リズム」であったという主張を，英語とフランス語の融合に基づくクレオール語化という観点から論証したものである．

　したがって，現代英語における音節構造が完全な閉音節構造ではなく，一部では，開音節構造が散見される（残存している）という事実も，このクレオール語化を経た，「強勢拍リズム＝CVC」と「音節拍リズム＝CV」の対応関係という観点から的確に説明が可能であることも指摘した．

参考文献

Abercrombie, David (1967) *Elements of General Phonetics*, Edinburgh University Press, Edinburgh.
Bickerton, Derek (1988) "Creole Languages and the Bioprogram," *Linguistics: The Cambridge Survey II*, ed. by Frederick J. Newmeyer, 268-284, Cambridge University Press, Cambridge.
Blevins, Juliette (1995) "The Syllable in Phonological Theory," *Handbook of Phonological Theory*, ed. by John Goldsmith, 206-244, Blackwell, Oxford.
Cummins, Fred (2015) "Rhythm and Speech," *The Handbook of Speech Production*, ed. by Melissa A. Redford, 158-177, Blackwell, Oxford.
Dauer, Rebecca (1983) "Stress-Timing and Syllable-Timing Reanalyzed," *Journal of Phonetics* 11, 51-62.
Dobson, Eric (1968) *English Pronunciation 1500-1700*, Oxford University Press, Oxford.
Gorlach, Manfred (1986) "Middle English—a Creole?" *Linguistics across Historical and Geographical Boundaries in Honour of Jacek Fisiak VOL 1*, ed. by Dieter Kastovsky and Aleksander Szwedek, 329-344, Mouton de Gruyter, Berlin.
Grabe, Esther and El Ling Low (2002) "Durational Variability in Speech and the Rhythm Class Hypothesis," *Laboratory Phonology VII*, ed. by Carlos Gussenhoven, Tanya Rietvelt and Natasha Warner, 515-546, Mouton de Gruyter, Berlin.
Hay, Jennifer, Margaret Maclagan and Elizabeth Gordon (2008) *New Zealand English*, Edinburgh University Press, Edinburgh.
Hayes, Bruce (1984) "The Phonology of Rhythm in English," *Linguistic Inquiry* 74, 33-74.
Kaisse, Ellen (1988) "Toward a Typology of Postlexical Rules," *The Phonology-Syntax Connection*, ed. by Sharon Inkelas and Draga Zec, 127-143, University of Chicago Press, Chicago.
Kazamierski, Kamil (2015) *Vowel-Shifting in the English Language*, De Gruyter, Berlin.
小島憲一 (2002)『やさしいフランス語の発音』語研,東京.
窪薗晴夫 (1993)「リズムから見た言語類型論」『月刊言語』11月号, 62-69.
Lehiste, Ilse (1977) "Isochrony Reconsidered," *Journal of Phonetices* 5, 253-263.
Low, EE-Ling (2015) "The Rhythmic Patterning of English(es): Implication for Pronunciation Teaching," *The Handbook of English Pronunciation*, ed. by Marine Reed and John Levis, 125-138, Wiley-Blackwell, London.

Markus, Manfred (1994) "From Stress-Timing to Syllable-Timing: Changes in the Prosodic System of Late Middle English and Early Modern English," *Studies in Early Modern English*, ed. by Dieter Kastovsky, 187-203, Mouton de Gruyter, Berlin.

Nespor, Marina (1990) "On the Rhythm Parameter in Phonology," *Logical Issues in Language Acquisition*, ed. by Iggy Roca, 157-175, Foris, Dordrecht.

根間弘海 (1979)『生成音韻論接近法』晃学出版，名古屋.

西原哲雄 (2002)「核心音節構造の普遍性について」『音韻研究』第 5 号, 63-70.

西原哲雄 (2005)「生得的過程に基づく音削除と添加――最適性理論の観点から――」『Justice and Mercy (古澤充雄教授退職記念論文集)』，関西英語英米文学会 (監修), 381-390, 大阪教育図書，大阪.

Pike, Kenneth (1945) *The Intonation of American English*, University of Michigan Press, Michigan.

Plag, Ingo and Mareile Schramm (2006) "Early Creole Syllable Structure: A Corss-Linguistic Survey of the Earliest Attested Varieties of Saramaccan, Sranan, St. Kitts and Jamaican," *The Structure of Creole Words*, ed. by Parth Bhatt and Ingo Plag, 131-150, Mouton de Gruyter, Berlin.

Ramus, F. M. Nespor and J. Mehler (1999) "Correlates of Linguistic Rhythm in the Speech Signal," *Cognition* 73:3, 265-292.

Ritt, Nikolaus (2012) "Middle English: Phonology," *English Histroical Linguistics*, ed. by Alexander Bergs and Laurel Brinton, 399-414, Mouton de Gruyter, Berlin.

Roach, Peter (1982) "On the Distinction between 'Stress-Timed and 'Syllable-Timed' Languages, *Linguistic Controversies*, ed. by David Crystal, 73-94, Edward Arnold, London.

Romaine, Suzanne (1988) *Pidgin and Creole Languages,* Longman, London.

Schramm, Mareile (2015) *The Emergence of Creole Syllable Structure*, Mouton de Gruyter, Berlin.

Stampe, David (1969) "The Acquisition of Phonetic Representation," *CLS* 5, 443-454.

Stampe, David (1972) *A Dissertation on Natural Phonology*, Doctoral dissertation, University of Chicago. [Published by Garland, 1979.]

Torres-Tamarit, Francese and Peter Jurgec (2015) "Lapsed Derivations: Ternary Stress in Harmonic Serialism," *Linguistic Inquiry* 46, 376-387.

Watts, Richard (2011) *Language Myths and the History of English*, Oxford University Press, Oxford.

Yavas, Mehmet (2015) *Unusual Production in Phonology*, Psychology Press, New York.

第9章

連声は現代日本語に生きているか*

ティモシー・J・バンス
国立国語研究所

1. 連声とは

現代日本語（すなわち「標準語」の基となっている東京方言）の連声とは，2つの漢語形態素が結合し，熟語を形成した場合に，散発的に生起する音韻変化である．例えば，(1) のような例である．

(1) a. 「反応」/haN+noH/ ← /haN/+/oH/
b. 「因縁」/iN+neN/ ← /iN/+/eN/

(1) に示されているように，前部要素の末尾子音（撥音）と後部要素の頭母音との間に /n/ が挿入されるのが連声の典型的な事例である．[1]
しかし，(2) に表示した例のように，形態素境界にまたがった /N/+V の連続が /N/+/nV に変化しない漢語二字熟語もある．変化するケースより変化しないケースが圧倒的に多い．

(2) a. 「半音」/haN+oN/ ← /haN/+/oN/ (ˣ/haN+noN/)
b. 「印影」/iN+ei/ ← /iN/+/ei/ (ˣ/iN+nei/)

---

* 本章は，2010年2月に開催された第5回音韻論フェスタでの口頭発表に基づいたものである．インディアナ大学の Stuart Davis 氏，京都産業大学の川越いつえ氏，神戸松蔭女子学院大学の Philip Spaelti 氏，そしてオハイオ州立大学の J. Marshall Unger 氏から貴重なコメントやご助言をいただいた．この場を借りて深く御礼を申し上げたい．

[1] 「連声」という術語は元々梵語の *sandhi* の和訳で，2つの分節音の隣接によって起こる音変化を指す広い意味であった（松本 (2007: 358)）．ただし，現在の日本語学では，本章で使用する狭い意味が定着している．

147

2. 連声の起源

連声の起源は中古日本語（Early Middle Japanese, 以下 EMJ）に遡る。[2] その当時は，鼻音の ^{EMJ}/n/ および阻害音の ^{EMJ}/t/ が漢語要素の末尾子音として可能であった．連声の対象となった漢語二字熟語のほとんどは，(3) に表示された例のように，後部要素の基本形が半母音（^{EMJ}/w/ または ^{EMJ}/y/）で始まる（J. M. Unger 私信）．

(3) a. 「輪」^{EMJ}/rin/ +「廻」^{EMJ}/we/ → ^{EMJ}/rin + ne/
    現代日本語：「輪廻」/riN + ne/
   b. 「屈」^{EMJ}/kut/ +「惑」^{EMJ}/waku/ → ^{EMJ}/kut + taku/
    現代日本語：「屈託」/kuQ + taku/（「託」は当て字）

(4) のような例もあるので，中古の漢語において音節末子音として ^{EMJ}/n/ と ^{EMJ}/m/ が対立していたという説もある（Irwin and Narrog (2012: 250)）．

(4) 「三」^{EMJ}/sam/(?) +「位」^{EMJ}/wi/ → ^{EMJ}/sam + mi/
    現代日本語：「三位」/saN + mi/

(4) の「三位」を (3a) の「輪廻」と対照すると，唐代中国語（中古漢語，Middle Chinese）の ^{MCH}/m/ と ^{MCH}/n/ の対立を反映していることは確かである（その対立を保っている現代広東語の「三」^{CAN}/sam^{53}/ と「輪」^{CAN}/løn^{21}/ を比較参照）．しかし，中古日本語の音節末で [m] と [n] が対立していた証拠は，連声以外は何もない．漢語が一般庶民の言語生活にわずかな役割しか果たしていなかったので，当時の口語にこの対立があったと結論づけることはできない（Frellesvig (2010: 200), Tranter (2012: 214)）．つまり，(3) や (4) のような熟語の大部分は，外国語風の学問的な表現であり，口語に溶け込んでいたとは考えにくい。[3]

音節末鼻音の ^{EMJ}/n/ は，口腔内の閉鎖を伴う子音の直前にあった場合は，

---

[2] 連声の初出例は平安中期（10 世紀前半）の『倭名類聚抄』にある（外山 (1972: 230), 松本 (2007: 357-358)）.

[3] (4) の「三位」の場合は，日本の知識層に借用される前に，原語のくだけた発音で [m.w] が [m.m] に変化した可能性もある (Tranter (2012: 214))．

恐らく調音点の同化によって [m], [n], または [ŋ] として具現されたであろうが, 母音, 半母音, またはポーズの直前にあった場合は, 鼻腔閉鎖音の [n] として具現されたと思われる. 鎌倉・室町時代の中世日本語 (Late Middle Japanese, 以下 LMJ) の音節末鼻音がこのような具現パターンを示した (Frellesvig (2010: 318)) ということから推測すると, 中古日本語の音節末鼻音も同じような振る舞いをしたのはほぼ確実である (Frellesvig (2010: 189-190)). 音節末で [m] と [n] の対立が, 上に述べたように, なかったとすれば, 音節末鼻音を ^{EMJ}/N/ と表記したほうがいいかもしれないが, 連声の音声的な動機づけを明白にするために, ^{EMJ}/n/ という表記は役立つと言える. (3a) の場合は, (5) に示されているように, [n] が後続の [w] に影響を与え, 進行同化を引き起こしたように見える.

(5) 「輪廻」^{EMJ}/rin/ + /we/ → ^{EMJ}/rin + ne/
    [n.w]   [n.n]

現代の漢語形態素末尾の /Q/～/či/ (例,「日」/niQ/～/niči/) または /Q/～/cu/ (例,「熱」/neQ/～/necu/) には, 中古の ^{EMJ}/t/ が相当する. この音節末子音は, 漢語に限られており, 中世の無声閉鎖音としての具現は中古に遡る (Martin (1987: 73), Irwin and Narrog (2012: 249-250)). したがって, (6) に示されているように, (3a), すなわち (5) と同様に (3b) も進行同化の結果と解釈できる.

(6) 「屈惑」^{EMJ}/kut/ + /waku/ → ^{EMJ}/kut + taku/
    [t.w]   [t.t]

3. 音節接触法則

現代日本語だけを考察すると, 連声の事例のほとんどは音節構造の改善と見なすことができる. つまり, (7) に示されているように, 頭子音なしの好ましくない音節に連声によって頭子音が付け加えられるのである.

(7) 「安穏」/aN/ + /oN/ → /aN.oN/ → /aN.noN/
       VC.VC VC.CVC

最適性理論（OT）においては，挿入された /n/ は音節の頭子音を要求する有標性制約である ONSET (Kager (1999: 93-94)) の働きに起因すると考えられる．

しかし，第2節で提案したように連声が元々挿入ではなく，同化であったとすれば，単純に頭子音の要求で説明するわけにはいかない．(7) の「安穏」の場合は，初出例が1110年であり，後部要素「穏」の歴史的仮名遣いの表記「をん」でわかるように，その当時の発音は ^{EMJ}/oN/ ではなく，^{EMJ}/woN/ であった．すでに頭子音を持っていた音節を ONSET に応じて修正する必要がなかったのである．

結局，各音節の個別評価にとどまる分析では，連声の動機づけは明らかにならない．つまり，音節同士の連結を考慮しない限り，説明がつかないので，音節接触 (Murray and Vennemann (1983), Gouskova (2001), Baertsch and Davis (2008)) という概念が不可欠である．簡単に言うと，隣り合った2つの子音の間に音節境界がある場合に，(8) に示されているように，先行音節の尾子音が後続音節の頭子音より聞こえ度が低い連続は，発音しにくいので，有標である．

(8) 「天皇」^{EMJ} /ten/ + /wau/　聞こえ度の差：/ten.wau/ [n] < [w] 有標
　　現代日本語：「天皇」/teN + noo/

したがって，/⋯n.y⋯/ や /⋯n.w⋯/ などは，C.V ほど悪くないが，最適ではない．音節境界にまたがる聞こえ度の上昇を禁止する制約は音節接触法則 (Syllable Contact Law) と呼ばれている (Murray and Vennemann (1983: 520), Calabrese (1999: 679))．

音節連結を改善するための修正策略は，いろいろ考えられるが，最も簡単なのはいわゆる再音節化であろう。再音節化とは，尾子音が次の音節に移動し，その音節の頭子音になるということである．例えば，スペイン語の /ko.men/「食べる（三人称複数形）」と /a.ki/「ここ」が連結すると，/ko.men.a.ki/ が再音節化によって /ko.me.na.ki/ になる (Hualde (2005: 87))．

可能な修正策略としては，再音節化のほかに子音重複もある (Murray and Vennemann (1983: 520))．中古日本語の漢語二字熟語の場合は，音節境界が形態素境界と重なり合うため，その境界にまたがる聞こえ度の上昇を修正すると同時に，原語の音節末尾子音を保つことが望ましかった（浜田

(1960: 12)).同化がもたらした子音重複によって,中古日本語では,(9)に示されているように,音節接触法則の違反が消えた.

(9) 天皇 ᴱᴹᴶ/ten/＋/wau/　聞こえ度の差：/ten.wau/　[n] < [w]　有標
　　　　　　　　　　　　　　　　　　　　/ten.nau/　[n] = [n]　無標
　　　　　　　　　　　　　　　　　　　　　　↑
　　　　　　　　　　　　　　　　　　　　　同化

その一方で,(10)のような事例では,半母音が残るので,同化と解釈するのは明らかに不可能である.

(10) a.「陰陽」ᴱᴹᴶ/om＋myaũ/ ＜ /om/＋/yaũ/ (Tranter (2012: 214))
　　 b.「年預」ᴸᴹᴶ/nen＋nyo/ ＜ /nen/＋/yo/ (Frellesvig (2010: 318))
　　 c.「山野」ᴸᴹᴶ/san＋nya/ ＜ /san/＋/ya/ (Frellesvig (2010: 318))

後部要素の半母音が(9)のように消えたり(10)のように残ったりする理由は音素配列の制約であると言える.つまり,音節頭のCGV（子音＋半母音＋母音）の組み合わせは,許容されたのもあれば,禁止されたのもあったのである.制約の詳細は,現代日本語とは少し違うが,(11)に示されている部分は共通である.

(11) 許容組み合わせ： ᴸᴹᴶ/mya myo nya nyo nyu/⁴
　　 禁止組み合わせ：×ᴸᴹᴶ/mye mwV nye nwV tye twV/

音節接触法則によっての子音重複が禁止されていたCGVの連続をもたらした場合にG,すなわち半母音が脱落したとすれば,連声の出力を正しく記述するのは簡単である((12)).

---

⁴ ᴸᴹᴶ/myu/ は禁止されていたとは思われないが,事例はない.現代日本語においても/myu/ は「ミュージカル」/myuujikaru/ のような外来語にしか現れない.ᴸᴹᴶ/ty/ は,中世の終わりまでに [tɕ] と発音されるようになった (Frellesvig (2010: 305))ので,『節用集』という辞書の連声形が ᴸᴹᴶ/set＋tyoo＋syuu/ [set.tɕoː.ɕuː] であった (Frellesvig (2010: 318)).

(12)   a. 「信用」   b. 「見惑」
入力 ^{LMJ}/sin + yoo/ ^{LMJ}/ken + waku/
子音重複   /…n + ny…/   /…n + nw…/
半母音脱落   —   /…n + w…/
出力 ^{LMJ}/sin + nyoo/ ^{LMJ}/ken + naku/

4. 室町時代における連声の生産性

室町時代に話されていた中世日本語においては，連声は生産的であった．(2) のような子音+半母音の連続だけでなく，子音+母音の連続も対象となった．(13) の後部要素「恩」は，前期中古日本語までは頭子音のない ^{EMJ}/oN/ であったが，平安時代末期 (1000 年ごろ) に音節頭母音の /o/ が (ONSET に応じて) ^{EMJ}/wo/ に変化し，元々の ^{EMJ}/wo/ と合流した (Frellesvig (2010: 206-208)) ので，^{LMJ}/but + ton/ の連声は，(9) と同じように同化と解釈できる．

(13) 「仏恩」^{LMJ}/but + ton/ ← ^{LMJ}/but/ + /won/ (^{LMJ}/won/ < ^{EMJ}/on/)

950 年ごろまでに音節頭母音の ^{EMJ}/e/ が同様に ^{EMJ}/ye/ に変化し，元々の ^{EMJ}/ye/ と合流したが，それに続いて 1000 年ごろまでに ^{EMJ}/we/ も ^{EMJ}/ye/ に変化し，音節頭の ^{EMJ}/e/ ≠ /ye/ ≠ /we/ の対立が完全になくなった (Frellesvig (2010: 206-208))．[5]

その一方で，同化と解釈できない連声の事例もある ((10) に挙げた事例も参照)．狭母音 (/i/ または /u/) の直前に同器官的半母音を禁止する制約が上代から現代までずっと働いているので，現代日本語と同様に，$^{\text{LMJ/EMJ}}$/yi/ と $^{\text{LMJ/EMJ}}$/wu/ は中古日本語においても中世日本語においても許されていなかった．したがって，(14) の連声は同化の結果とは言えない．[6]

---

[5] Frellesvig (2010: 208-210) の分析によると，前期中古日本語の [wo], [je] の半母音は，^{EMJ}/w/, ^{EMJ}/y/ の具現ではなく，連母音を防ぐために自動的に挿入された渡り音に過ぎない．

[6] ^{LMJ}/i/ ≠ /yi/, ^{LMJ}/u/ ≠ /wu/ の対立がなかったので，[i u] が ^{LMJ}/yi wu/ の具現であったという分析も考えられる (J. M. Unger 私信) が，この分析は説得力が乏しい．

(14)　a.　「雪隠」^{LMJ}/set + tin/ ← /set/ + /in/ (×/yin/)
　　　b.　「云々」^{LMJ}/un + nun/ ← /un/ + /un/ (×/wun/)

(15) の事例も明らかに同化ではない．

(15)　「銀杏」^{LMJ}/gin + nan/ ← /gin/ + /an/

しかしながら，連声によって生起した子音重複は，同化の結果であろうがなかろうが，すべての事例を音節接触法則に帰することができる．なぜなら，音節境界にまたがる連続が子音＋母音の場合も，子音＋半母音の場合と同様に，聞こえ度が上昇するからである．[7]

　室町時代の後期中世日本語の「標準語」，すなわち京都の上層階級の方言において連声が体系的であったと提案した先行研究もあるが，根拠となる文書の解釈が容易ではない．現代の連声より中世の連声のほうがはるかに生産的であったことは明白であるが，程度の差はあっても，現代日本語と同様に，中世日本語の連声も語彙的（散発的）な現象であったかもしれない（浜田 (1960: 11-14)，福島 (1963)，松本 (1970, 2007)）．

　いずれにしても，元々漢語に限られていた連声が，室町時代において (16) のような名詞＋助詞の連結にも及んだことが明らかになっている（日本音声学会 (1976: 318)，Frellesvig (2010: 218)）．

(16)　a.　「分別を」^{LMJ}/fun + bet + to/ ← /fun + bet/ + /wo/
　　　b.　「人間は」^{LMJ}/nin + gen + na/ ← /nin + gen/ + /wa/

5. 現代日本語における連声の化石化

　中世日本語の連声の規則性度合いはともかくとして，現代日本語においては，漢語二字熟語の連声は非常に限られている．(17a) のように連声形が定着した例もあるが，(17b) のように連声形が廃れたのが圧倒的に多い．

---

[7] 熟語の後部要素を切り離して発音すると，形態素頭母音の前に非弁別的な声門閉鎖音が自然に現れる可能性が高い．仮にこのような丁寧な発音が室町時代にあったとすれば，(15) の「銀杏」が [gin.ʔan] になり，連声によって [n.ʔ] が [n.n] に変化したということになる．そうすると，音声的な同化と見なしてもおかしくないが，[n] より [ʔ] が聞こえ度が低いので，この同化は音節接触法則で説明できない．

(17) a. 「因縁」(/iN/ + /eN/)　　/iN + neN/
　　 b. 「信用」(/šiN/ + /yoo/)　 /šiN + yoo/　　(12a) を比較参照

　/t/ 連声が保たれた，使用頻度がやや高い単語は「屈託」/kuQ + taku/ だけである．(3b) に示したように，語源は「屈惑」(/kut/ + /waku/) であるが，「惑」との関係がやがて不透明になってしまい，後部要素が当て字の「託」で表記されるようになった．したがって，現代日本語においては，/kuQ + taku/ の /taku/ が /waku/ と同様に「惑」という意味の形態素を具現しているとは考えられない．つまり，「屈託」/kuQ + taku/ の /taku/ と「幻惑」/geN + waku/ の /waku/ が同じ形態素の異形態であるとは言いがたい．

　/n/ 連声の場合も，使用頻度の高い単語がほんのわずかしかないので，形態素分裂分析が妥当である (Vance (1987: 174))．例えば，「観音」/kaN + noN/ の /noN/ は，語源的には /oN/ の連声形に由来するが，現代日本語の母語話者にとっては，この /noN/ は単に「音」という漢字の音読みの1つにすぎない．要するに，呉音の /oN/ および漢音の /iN/ と同等で，別の形態素を具現していると結論づけることができる．

　そうすると，(18) に示されている意外な漢字表記も説明がつく (P. Spaelti 私信)．

(18)　「一王山町」/iči + noo + saN + čoo/（神戸市灘区の町名）

一王山町に2つの尾根があり，その1つの上に建てられた一王山十善寺の「一王」は元々「一の尾」であったらしい（『角川日本地名大辞典』編纂委員会 (1988: 173))．この /iči.no.(w)o/ が /iči.noo/ に変化したあとで，/noo/ に「王」という漢字が当てられ，その字に従った通俗語源が定着したが，「親王」/siN + noo/ や「山王」/saN + noo/ に連声形である /noo/ がなければ，この当て字の選択は理解しがたい．/iči.noo/ の場合に連声を引き起こす環境，すなわち音節末尾鼻音がないので，連声の事例とは言えないが，「王」という意味を表す /oo/ と /noo/ がそれぞれ違う形態素であるとすれば，/iči.noo/ の /n/ は問題なく処理できる．

6. 外来語への普及？

第5節で説明したとおり，現代日本語においては，漢語二字熟語の連声（の名残）は極めて稀である（田中 (1988: 568)）．しかし，20世紀の半ばごろから (19) のような外来語に連声に類似した現象が現れてきている．

(19) a. 「ワンナウト」/waN.nau.to/ < /waN/ + /auto/
    b. 「ワンナップ」/waN.naQ.pu/ < /waN/ + /aQpu/
    c. 「ピンナップ」/piN.naQ.pu/ < /piN/ + /aQpu/

「パンアメリカン航空」の略称である「パンナム」もこの現象の一例と見なせばいいであろう．[8]

(20) のような揺れもある．[9]

(20) a. 「ラインアップ」〜「ラインナップ」
       /raiN.aQ.pu/〜/raiN.naQ.pu/ < /raiN/ + /aQpu/
    b. 「クリーンアップ」〜「クリーンナップ」
       /ku.riiN.aQ.pu/〜/ku.riiN.naQ.pu/ < /kuriiN/ + /aQpu/
    c. 「ターンオーバー」〜「ターンノーバー」
       /taaN.oo.baa/〜/taaN.noo.baa/ < /taaN/ + /oobaa/

(19) と (20) に示した /n/ 挿入は，なぜかスポーツ用語が対象となりがちなようである．

この挿入現象の環境は，形態素境界にまたがった /N/ + V の連続に限られている．[10] 原語，すなわち英語の形態素内に [n].V の連続があれば，(21) に

---

[8] 航空会社は1991年に破産したが，アメリカで2011年9月から2012年2月まで放送されたテレビ番組「Pan Am」の日本語版は「パンナム」であった．短縮されていない「パンアメリカン」は，表記上の揺らぎはなかったが，「パンナメリカン」と発音されることがなかったとは断言できない．

[9] (20a) の揺れは『広辞苑』第6版（新村 (2011)）においても『大辞林』第3版（松村 (2006)）においても認められているが，(20b) の「クリーンナップ」は後者にしか載っていない．(20c) の「ターンノーバー」はどちらにも載っていないが，アメリカン・フットボールの日本語放送では頻繁に現れる．

[10] ちなみに，現代日本語の外来語の場合は，中古日本語の連声のような /m/ 挿入，/t/ 挿入（第2節）はありえない．なぜなら，原語の形態素末尾の /m/ が /mu/ に，/t/ が /to/ に

示されているように，借用に伴う再音節化によって日本語の頭子音の /n/ が生じる．

(21) 「Panama」 [ENG]/pǽn.ə.mà/ >「パナマ」/pa.na.ma/ (ˣ/paN.(n)a.ma/)

ただし，形態素境界にまたがった /N/ + V という条件が満たされても，(22) のような，/n/ が普段挿入されない単語も少なくない．

(22) a. 「ワンアンダー」 /waN + aNdaa/ (??/waN + naNdaa/)
b. 「バージョンアップ」/baajoN + aQpu/ (??/baajoN + naQpu/)

では，(19) や (20) のような /n/ 挿入を「現代日本語の連声」と称してもいいのであろうか．厳密に言うと，この命名は時代錯誤である．なぜなら，現代の撥音 /N/ が母音の直前にある場合，音声的な鼻音化半母音（もしくは鼻母音）として具現されるからである．[11] 第 2 節に述べたように，中古・中世日本語の音節末尾の [EMJ/LMJ]/n/ は，母音，半母音，またはポーズの直前にあった場合は，[n] として具現されたらしい．したがって，(23) に示されているように，現代日本語の場合は，末尾子音と頭子音の聞こえ度の差がわずかしかないので，外来語の /n/ 挿入を音節接触法則（第 3 節）に帰するわけにはいかない．

(23) 聞こえ度の差
a. 「銀杏」 [LMJ]/giN.naN/ < /giN/ + /aN/ /N.a/→[n.ã] [n]<[a]
b. 「ワンナウト」/waN.nau.to/ < /waN/ + /auto/ /N.a/→[ũ̯.a] [ũ̯]≈[a]
c. 「見惑」 [LMJ]/keN.na.ku/< /keN/ + /waku/ /N.w/→[n.w] [n]<[w][12]
d. 「ワンワード」/waN.waa.do/ < /waN/ + /waado/ /N.w/→[ũ̯.ɯ̯] [ũ̯]≈[ɯ̯]

なるために，音節末に子音が現れないからである．例えば，英語の「game over」[ENG]/gem.ov.ər/ は日本語の /gee.mu.oo.baa/ に，英語の「shut out」[ENG]/ʃʌt.aut/ は日本語の /šaQ.to.au.to/ に相当する．

[11] 現代日本語の場合に，母音または半母音の直前の /N/ を便宜上 [ũ̯:] と表記してもいい (Vance (2008: 97-99)) が，半母音を伸ばすと，母音との区別が不確かになる．後続音のない，すなわちポーズの直前の /N/ は，たいてい口蓋垂音の [ɴ:] と発音される (服部 (1930: 41), 有坂 (1940: 83-84), Vance (2008: 96) が，最近の研究で具現の揺らぎが確認された (Nogita and Yamane (2015)))．

[12] 現代日本語の /w/ はたいてい [ɯ̯] として具現される (Vance 2008: 89-90) が，中世日本語の [LMJ]/w/ は，円唇の [w] であったかもしれない．

第9章 連声は現代日本語に生きているか　　　　　157

　先行研究で指摘されているように，現代日本語の /n/ 挿入を動機づけするのは調音容易性である（服部 (1930: 43), Vance (1987: 167))．(23b) のような V[ũ].V 連続の調音が特に困難であるが，(23d) のような V[ũ].G 連続も容易ではない．これらの音連続は，日本語を母語とする子供や日本語学習者にとっても熟達が難しい．[13] (23d) の /waN.waa.do/ が (23c) の /keN.na.ku/ と違う，ˣ/waN.naa.do/ にならないことを説明するために，現代日本語において ONSET（第3節）が働いているが，音節接触法則は働いていないと言えるであろう．[14]

　第3節に指摘したように，現代日本語において，中古・中世日本語と同様に，/nw/ という子音連結はないが，/ny/ (/nya nyo nyu/) はある．故に，(23d) の /waN.waa.do/ が /n/ 挿入によってˣ/waN.nwaa.do/ になりえないが，「オン・ユア・マーク」/oN.yu.a.maa.ku/ が /oN.nyu.a.maa.ku/ になってもおかしくない．Martin (1952: 84) は，日常会話において，外来語に限らず /N.y/ がしばしば /N.ny/ に変わると主張し，「金曜日」/kiN.yoo.bi/ が /kiN.nyoo.bi/ と発音される可能性を例証として挙げる．/N.y/ を対象とするこのような /n/ 挿入は，非標準と思われ，それ以来あまり研究されていないようで，実際に頻繁に起こるかどうかは，現時点では不明確である．

7. まとめ

　現代日本語の「反応」/haN.noo/ (1a) と「ワンナウト」/waN.nau.to/ (19a) のような例を比較してみると，外来語の /n/ 挿入が漢語二字熟語の /n/ 挿入，すなわち連声に酷似していることは否定できない．挿入生起の散発性も共通している．しかしながら，上で説明したように，撥音の音声的変化を十分考慮に入れると，この2種類の挿入を動機づけした環境条件は大分違うと判

---

[13] 「雰囲気」/fuN.i.ki/ が /fu.iN.ki/ に変化するような音位転換は極端な修正策略である．
[14] 地名の「サンノゼ」/saN.no.ze/ は，英語の「San Jose」の借用形である．原語の丁寧な発音 [ENG]/sæn.ho.zé/ に基づいているとすれば，日本語の [sãũ.ho.ze] が子音重複によって [sãn.no.ze] に変化したように見えるが，英語の普通の発音 [ENG]/sæn.o.zé/ に基づく可能性が高い．そうすると，日本語の /saN.no.ze/ は，(19) の例と同様に，/n/ 挿入の結果にすぎない．ちなみに，スペイン語の原形，すなわち [SPA]/san.xo.se/ が日本語に借用されると，「サンホセ」/saNhose/（コスタリカの首都）になる．

断せざるをえない．つまり，通時的な観点から考えると，「連声は現代日本語に生きている」という文言は誤解を招きかねない．一方で，共時的な類似性に重点を置き，この2種類の現象を両方とも「現代日本語の連声」と名付けても，何の害にもならないであろう．

参考文献

有坂秀世（1940）『音韻論』三省堂，東京．
Baertsch, Karen and Stuart Davis (2008) "Decomposing the Syllable Contact Asymmetry in Korean," *Asymmetries in Phonology: An East-Asian Perspective*, ed. by Haruo Kubozono, 27-47, Kurosio, Tokyo.
Calabrese, Andrea (1999) "Sievers' Law in Vedic," *The Syllable*, ed. by Harry van der Hulst and Nancy A. Ritter, 673-751, Mouton de Gruyter, Berlin.
Frellesvig, Bjarke (2010) *A History of the Japanese Language*, Cambridge University Press, Cambridge.
福島邦道（1963）「連声と読み癖」『国語学』第52号，28-36．
Gouskova, Maria (2001) "Falling Sonority Onsets, Loanwords, and Syllable Contact," *CLS* 37, 175-185.
浜田敦（1960）「連濁と連声」『国語国文』第29巻10号，1-16．
服部四郎（1930）「『ン』に就いて」『音声の研究』第3号，41-47．
Hualde, José Ignacio (2005) *The Sounds of Spanish*, Cambridge University Press, Cambridge.
Irwin, Mark and Heiko Narrog (2012) "Late Middle Japanese," *The Languages of Japan and Korea*, ed. by Nicolas Tranter, 246-267, Routledge, London.
『角川日本地名大辞典』編纂委員会（編）（1988）『角川日本地名大辞典』第28巻「兵庫県」，角川書店，東京．
Kager, René (1999) *Optimality Theory*, Cambridge University Press, Cambridge.
Martin, Samuel E. (1952) *Morphophonemics of Standard Colloquial Japanese* (*Language* Dissertation No. 47), Linguistic Society of America, Baltimore.
Martin, Samuel E. (1987) *The Japanese Language through Time*, Yale University Press, New Haven.
松本宙（1970）「連声現象の体系性をめぐる疑問」『国語学研究』10号，11-18．
松本宙（2007）「連声」『日本語学研究事典』，飛騨良文ほか（編），357-358，明治書院，東京．
松村明（編）（2006）『大辞林』第3版，三省堂，東京．
Murray, Robert W. and Theo Vennemann (1983) "Sound Change and Syllable

Structure in Germanic Phonology," *Language* 59, 514-528.
日本音声学会（編）（1976）『音声学大辞典』三修社，東京．
Nogita, Akitsugu and Noriko Yamane (2015) "Japanese Moraic Dosalized Nasal Stop," *Phonological Studies* 18, 75-84.
新村出（編）（2008）『広辞苑』第6版，岩波書店，東京．
田中春美（編）（1988）『現代言語学辞典』成美堂，東京．
外山映次（1972）「近代の音韻」『講座国語史第2巻：音韻史・文字史』，中田祝夫（編），173-268，大修館書店，東京．
Tranter, Nicolas (2012) "Classical Japanese," *The Languages of Japan and Korea*, ed. by Nicolas Tranter, 212-245, Routledge, London.
Vance, Timothy J. (1987) *An Introduction to Japanese Phonology*, SUNY Press, Albany.
Vance, Timothy J. (2008). *The Sounds of Japanese*, Cambridge University Press, Cambridge.

第 10 章

日本人の名前と性別
——「セイヤ」の男性性と「シホ」「ユーリ」「キヨ」の女性性——

六川　雅彦

南山大学

1. はじめに

　日本語母語話者は初めて耳にする日本人の名前でも，ほとんどの場合それが男性名か女性名かを言い当てることができるが，このことは日本人の名前に用いられている音，あるいは音の組み合わせに性差があり，その性差により名前の性別が決定されていることを示している．また，日本語母語話者が日本人以外の名前を初めて耳にした時，あるいは日本語非母語話者が日本人の名前を初めて耳にした時は，その名前の性別を言い当てることが容易ではないが，これは名前の性別を決定する性差が必ずしも普遍的でないことを示唆している．

　本章では，1906 年から 2014 年の間に生まれた日本人の名前のデータをもとに，「セイヤ」の男性性と「シホ」「ユーリ」「キヨ」の女性性等について考察し，日本人の名前に見られる性差と性別の関係を論じる．

2. データ

　日本人の名前と性別の関係を考察するために，1906 年から 2014 年までの 109 年間の新生児の名前を年度別に集めた．

　まず 1906 年から 1985 年までのデータは第一生命広報部（編）(1987) に拠る．この本では，1906 年から 1985 年までの 80 年にわたる男女の名前が出生年別に，読み方をもとに集計され，各年の男女の名前の上位各 5 つが紹介されているので，それを採用した．

次に，1986年から2000年までのデータに関しては，読み方をもとにしたデータが入手できなかったため，明治安田生命のウェブサイト[1]で公開されている漢字表記をもとに作成された「生まれ年別名前ベスト10」を活用し，そのリストに含まれる名前の最も一般的と思われる読み方を採用した．

最後に，2001年から2014年までのデータに関しては，明治安田生命のウェブサイトで毎年公開されている名前ランキングの中の「名前の読み方ベスト30」(2001年から2003年) と「名前の読み方ベスト50」(2004年から2014年) を採用した．なお，この中の2009年から2014年のデータは，本章の分析のために新たに収集し，データに追加したものである．

結果として数多くの名前が得られたが，同じ名前も繰り返し現れたため，それらをまとめたところ男性名145，女性名149が得られたのでそれらを分析した．データ数としては多いとはいえないが，ここで取り上げたランキング上位の名前はその時代を代表する男性名，女性名であり，それらを耳にした時多くの日本人が男性的，あるいは女性的な響きを持つ名前であると判断すると考えられる．したがって，それらの名前を分析することによって得られる性差は，日本人の名前の性別の決定に重要な役割を果たしていると言えるだろう．

3. 先行研究

3.1. 英語圏の名前に関する先行研究

ここでは英語圏の名前と性別の関係を扱った5つの先行研究を紹介する．その5つの先行研究は Slater et al. (1985), Cutler et al. (1990), Lieberson et al. (1995), Cassidy et al. (1999), Wright et al. (2005) である．まず，それぞれの研究の対象をまとめたのが (1) である．

(1) 先行研究の研究対象
    a. Slater et al. (1985)
       アメリカの大学生489名 (男性267名，女性222名)

---

[1] 明治安田生命「名前ランキング」(http://www.meijiyasuda.co.jp/profile/etc/ranking/)

b. Cutler et al. (1990)
   Hanks et al. (1986) の 1667 の名前（男性 783, 女性 884）
c. Lieberson et al. (1995)
   1973 年から 1985 年のアメリカ人（アフリカ系と白人）の名前トップ 100, ほか
d. Cassidy et al. (1999)
   フィラデルフィア在住者, ほか
e. Wright et al. (2005)
   ウェブサイト (http://www.babyzone.com/) から得られた 1998 年に最も人気のあった男女各 500 の名前

次に, 名前に見られる性差について言及されている個所を, 第一音節, 最終音節, 長さ（構造）, 強勢の 4 つのグループにまとめたのが (2) である. そして, (2) を整理して得られたのが (3) である. Cassidy et al. (1999) は, 名前にみられる性差については言及していないが, 中性名の進化について "The vast majority of unisex names were originally restricted to males but then became extended to females" (p. 373) と述べている.

(2) a. 第一音節
   ・Among names starting with consonants, male names have a larger percentage of voiced beginnings (Slater et al. (1985)).
   ・The name-initial [š] is more common in female names than in male names (Lieberson et al. (1995)).
   ・Male names are more likely to begin with voiced obstruents than female names (Wright et al. (2005)).

   b. 最終音節
   ・Female names are more likely to end in a vowel or a sonorant consonant than male names (Slater et al. (1985)).
   ・Among names ending in vowels, male names have a significantly higher percentage of ending with the high central unrounded vowel than do female names (Slater et al. (1985)).
   ・Female names are more likely than male names to end in an *a*-sound (Lieberson et al. (1995)).

- Female names ending in a hard *d*-sound are not found (Lieberson et al. (1995)).
- The *s*-ending is more common in male names than in female names (Lieberson et al. (1995)).
- Female names are more likely than male names to end in vowels, particularly schwa (Wright et al. (2005)).
- Male names are more likely to end in consonant clusters than female names (Wright et al. (2005)).

c. 長さ（構造）
- Female names tend to have more phonemes than do male names, which is at a marginal level of significance (Slater et al. (1985)).
- Female names have more syllables than do male names (Slater et al. (1985)).
- The ratio of open syllables is higher in female than male names (Slater et al. (1985)).
- Female names are longer than male names. This asymmetry is observed in hypocoristics as well (Cutler et al. (1990)).
- Female names are more likely than male names to contain [i], the high front tense vowel (Cutler et al. (1990)).
- Female names are longer than male names: female names average 2.4 syllables, while male names average 2.1 syllables. Monosyllabic male names are more common than female counterparts (Wright et al. (2005)).
- Among monosyllabic names, female names are more likely than male names to contain long vowels, i.e. long vowels or diphthongs (Wright et al. (2005)).

d. 強勢
- Most female and male names have strong stress on the first syllable. Female names, however, have strong stress on a non-initial syllable more often than do male names (Slater et al. (1985)).

・Female names are far more likely to have unstressed initial syllables than do male names (Cutler et al. (1990)).

(3) 英語圏の名前における性差

	男性的	女性的
第一音節	・Voiced Consonants	・[š]
最終音節	・High Central Unrounded Vowel ・s-ending ・Consonant Clusters	・Vowels (a-sound, schwa) ・Sonorant Consonants ・No Hard d-sound
長さ (構造)	・Monosyllabic Names	・Longer (More Phonemes or Syllables) ・Open Syllables ・[i], the high front tense vowel ・Long Vowels or Diphthongs (in monosyllabic names)
強勢		・Unstressed Initial Syllables

3.2. 日本人の名前に関する先行研究

次に，日本人の名前と性別に関する先行研究を概観する．まず，この分野の先駆的な研究として，金田一 (1988) がタ行音が男性的，マ行音が女性的と論じており，牧野 (1999) では鼻音と口蓋音の対比の観点から鼻音を女性的な音としている．

筆者もこれまで日本人の名前と性別に関する研究を行ってきた．まず，上述のデータの分析から，日本人の名前には性差が見られ，それが (i) 第一音節の種類，(ii) 最終音節の種類，(iii) 重音節の有無，(iv) 拗音の有無，(v) 長さ (構造)，(vi) 意味の6つのグループに分類できることを明らかにし (六川 (2005), Mutsukawa (2008, 2009)) ((4) 参照)，性別の決定に重要な役割を果たしているのは，音節の中の母音部分だけではないことを明らかにした (Mutsukawa (2006))．

(4) 日本人の名前における性差 (Mutsukawa (2010) を翻訳)

	男性的	女性的
第一音節	・k-(特に「ケ-」) ・s-(特に「ソー-」「ショー-」) ・t-(特に「タ-」) ・ry-(特に「リュー-」「リョー-」) ・d-	・頭子音なし (特に「ア-」) ・「サ-」 ・h-(特に「フ-」「ホ-」) ・鼻音 ("m-" と "n-") ・d^z- ・w-
最終音節	・「-オ」(-1965) ・「-シ」「-ジ」(-1985) ・「-キ」(1946-) ・「-ケ」「-タ」「-ト」(1966-) ・「-マ」(2002-) ・「-ク」	・「-コ」「-ミ」 ・「-カ」(1966-) ・「-ナ」(1986-) ・「-オ」(2001-)
重音節	・○	・×
拗音	・○ (1906-1945, 1986-)	・○ (1946-1985)
長さ (構造)	・$\sigma_{\mu\mu}$ ・4 モーラ以上	・$\sigma_\mu \sigma_\mu$ ・$\sigma_\mu \sigma_{\mu\mu}$ (「-ン」)
意味		・植物名

しかし，(4) の性差は上述のデータから得られたものであるが，データに含まれていない名前の中には，これらの特徴を 2 つ以上含むものも存在し ((5) 参照)，日本語母語話者はそれらの名前の性別も判断することができる．これらの名前を分析することにより，Mutsukawa (2007, 2009) では，(4) の特徴が同等に名前の性別を決定しているのではなく，それらは性別の決定に果たす役割に応じて階層化されること ((6) 参照) を明らかにした．

(5) a. マサキ　 (m- = 女性的, -キ = 男性的)　　　　　　　男性名
　　b. ナオト　 (n- = 女性的, -ト = 男性的)　　　　　　　男性名
　　c. カズコ　 (k- = 男性的, -コ = 女性的)　　　　　　　女性名
　　d. トモミ　 (t- = 男性的, -ミ = 女性的)　　　　　　　女性名
　　e. モトハル (4 モーラ以上 = 男性的, m- = 女性的)　　男性名
　　f. ナオノリ (4 モーラ以上 = 男性的, n- = 女性的)　　男性名

g. ヨシフミ （4モーラ以上 = 男性的，-ミ = 女性的）　　男性名
h. ユキタカ （4モーラ以上 = 男性的，-カ = 女性的）　　男性名
i. ヨーコ　 （-コ = 女性的，重音節 = 男性的）　　　　女性名
j. ユーカ　 （-カ = 女性的，重音節 = 男性的）　　　　女性名
k. ミール　 （m- = 女性的，重音節 = 男性的）　　　　女性名

(6) 性差の階層（Mutsukawa (2009) を翻訳）

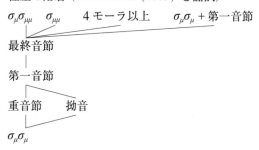

次に，Mutsukawa (2008) では名前の意味や漢字が性別の決定に果たす役割を考察し，その結果，意味が性別の決定に果たす役割は限定的ではあるが音や漢字以上に重要であるのに対して，漢字の役割は小さく，意味や音以下であることを明らかにした．例えば，「名前＝植物名」の時は，その名前の音声的な特徴にかかわらず女性名と判断されるが（(7) 参照），植物名が名前の一部である時はその名前に含まれる音声的な特徴により性別は決定される（(8) 参照）．また，漢字の役割に関しては，漢字が割り当てられる前に音声的，意味的特徴から性別が決定されるため，意味や音以下であるといえる（(9) 参照）．

(7) 植物名 = 女性名 （Mutsukawa (2008) を翻訳）
　　a. モミジ （-ジ = 男性的，m- = 女性的）
　　b. カエデ （k- = 男性的）
(8) 女性名　→　男性名 （Mutsukawa (2008) を翻訳）
　　a. ウメ　→　ウメト （-ト = 男性的）
　　b. キク　→　キクト （-ト = 男性的）

(9) 漢字の役割（Mutsukawa (2008) を翻訳）
Tatuo
↓
性別を音声的，意味的特徴から決定：男性名
↓
漢字を割り当てるために分節化
Tatu.o または *Ta.tu.o* (*Ta.tuo* は不可)
↓
/o/ = 夫，雄，男…

　また Mutsukawa (2014b) では，英語圏の名前における性差と日本語の場合とを比較しつつ，名前に現れる性差には共通点が少ないことを明らかにし，六川 (2014a) では実在する 39 の中性名を収集，分析し，(4) の性差の面から中性名を論じている．
　そして上述の理論的な研究の結果をもとにアンケート調査も行った（六川 (2011, 2012, 2013, 2015)）．まず六川 (2011) では，日本語母語話者が実際にどの程度日本人の名前の性別を判断できているのかを調べるために，実在する名前を用いたアンケート調査を行い，10 代から 70 代までの日本語母語話者の男女 57 名（平均年齢 39.1 歳）から回答を得た．調査の結果，名前の性別を間違って判断することや男性名（女性名）を「男女どちらも可」と判断することは少なく，全体として日本語母語話者は名前の性別を正しく判断できていることが明らかになった．「男女どちらも可」と判断されやすい名前は男性名に多く見られたが，音声的な理由（最終音節の「-オ」）と共に上述の Cassidy et al. (1999) の "The vast majority of unisex names were originally restricted to males but then became extended to females" (p. 373) という指摘との関係も考えられる．また，判断理由について，「同じ名前の人を知っている」という理由とその他の理由を分けて分析した結果，同じ名前の人を知っているかどうかは性別の判断に影響を与えておらず，同じ名前の人を知らない被験者も同じ名前の人を知っている被験者と同じ判断を下すことが明らかになった．
　更に六川 (2013) では，日本語母語話者が初めて出会った日本人の名前の性別をどのように判断するのかを明らかにするために，六川 (2011) と同じ

被験者を対象に，実在しなさそうな名前を用いてアンケート調査を行った．アンケート調査で使用した30の名前はそれまでの先行研究で明らかになった音声的，意味的性差を含む実在しなさそうな名前であり，男性名，女性名と判断されると予測される名前の数が15ずつになるように作成し，調査を行った．調査の結果，予想していた以上に「男女どちらも可」と判断されるケースもあったが，全体として予測していた通りの性別で判断されており，それまでの理論的な先行研究で明らかになった音声的，意味的性差とその役割が正しいことが明らかになった．

　六川（2012）では，六川（2011）で日本語母語話者を対象に行ったアンケート調査を日本語非母語話者を対象に行い，日本語非母語話者も限定的ではあるが日本人の名前の性別判断能力が習得できており，男性名か女性名かを判断できたものに限れば日本人の名前の性別を正しく判断できていることを明らかにした．しかし，総じて「男女どちらも可」と回答するケースが多く，日本語母語話者と同等の性別の判断ができているとは言えないことも明らかになった．

　最後に六川（2015）では，六川（2012）と同じ被験者を対象に，六川（2013）で日本語母語話者を対象に行ったアンケート調査を行い，その結果，日本語非母語話者は総じて日本語母語話者に近い名前の性別判断能力を習得できていると考えられることが明らかになった．しかし，詳しく見ると日本人母語話者との違いもあり，それには個々の性差に関する知識が関係しているように思われる．また六川（2015）では，六川（2012）の調査結果とは異なり，滞在歴の違いと日本語母語話者の性別判断能力の違いに関係があることを示唆する結果が得られた．

3. 分析

　本章の分析のために，新たに2009年から2014年のデータを新たに収集し，追加した．追加されたのは男性名26，女性名18である（（10）参照）．今回追加された名前を見ると，ア行音で始まる男性名が増加しているのが目立つ．2009年から2014年の間に，女性名では18→21と3つしか増加していないのに対して，男性名では6→13と7つ増加し，倍増している．新たにデータを追加した結果，データに含まれる名前は男性名145，女性名

149 の計 294 になった．ここでは，この計 294 の名前の中で，これまでの研究（(4)-(9) 参照）からは説明できない例外的な名前を考察する．

(10) a. 男性名
アオト，アキト，アサヒ，アヤト，アラタ，イツキ，エイト，カイリ，カケル，カナト，コー，コーガ，ソー，ソーシ，ソースケ，タケル，タツキ，トーマ，ハルマ，ミナト，ユーシン，ライト，レイ，レンタロー，レント，リューガ

b. 女性名
アイナ，イチカ，エマ，サナ，シホ，スミレ，セナ，ノゾミ，ヒカリ，ヒマリ，ミハル，ユイナ，ユヅキ，ユラ，リア，リオン，ルカ，レナ

まず，新たに追加された名前の中で例外的な名前は (11) の 5 つ（男性名 2，女性名 3）である．これらの中で「レイ」と「ユヅキ」に関しては，今回データとして採用されているリストの中ではそれぞれ男性名，女性名としてのみ現れているが，実際は中性名として男女両方の名前で使用されていることが確認されている．中性名は男性名とも女性名とも判断される要素を含んでいると考えられるが，現時点ではそれを解明できていない．中性名については今後更に調査を続ける予定である．

次に，「シホ」に関しては，最終音節の「-ホ」が女性性を表していると考えられる．データの中に「-ホ」で終わる男性名が存在しないのに対して，「-ホ」で終わる女性名は「シホ」以外に「カホ」「ミホ」の 2 つが存在する．また，データには含まれていないが，「マホ」「リホ」等「-ホ」で終わる 2 音節名が女性名として多数存在する．これまで「カホ」の女性性についても説明がつかなかったが，最終音節の「-ホ」が女性性を表していると考えると，「カホ」が女性名である理由も説明できる．

また，「エマ」の女性性に関しては，欧米圏の女性名 Emma の影響が考えられる．これまでもデータの中には，「アンナ」(Anna)，「カレン」(Karen)，「サラ」(Sara(h)) のように，音声的な特徴の面からも女性性が説明できる名前ではあるが，欧米圏の女性名の影響とも考えられる名前が複数見られた．また，これまで女性名「リン」の女性性は例外として説明がつかなかったが，借用語（借用名）「リン」(Lynne) として考えると，その女

性性も説明できる．借用名は男性名には少なく，女性名としてのほうがより一般的だと言える．借用名という特徴が性差の階層（(6) 参照）の中でどの位置にあるかについては，現時点では結論付けることができない．借用名についても，今後更に調査を続けていきたいと考えている．

　最後に，「アサヒ」の男性性に関してであるが，今回分析したデータでは最終音節が「-ヒ」の名前は他にはなく，最終音節「-ヒ」が男性的な特徴であると結論付けることは難しい．この名前は，一般的な日本語の単語「朝日」と同音であり，そのことが男性名として判断されることと関係があるかもしれない．この件についても更なる考察が必要である．

(11) a.　アサヒ　（ア- = 女性的）　　　　　　　　　　　　男性名
　　 b.　レイ　　（$\sigma_\mu \sigma_\mu$ = 女性的）　　　　　　　　　　　男性名
　　 c.　エマ　　（-マ = 男性的, $\sigma_\mu \sigma_\mu$ = 女性的）　　　　女性名
　　 d.　シホ　　（s- = 男性的, $\sigma_\mu \sigma_\mu$ = 女性的）　　　　女性名
　　 e.　ユヅキ　（-キ = 男性的）　　　　　　　　　　　　女性名

　次に，データ全体を再確認すると，「-リ」で終わる女性名が9つ存在するのに対し（(12) 参照），男性名では (10a) の「カイリ」1つしか存在していない．この「カイリ」が中性名として使用されていることが確認されている名前であることを考えると，最終音節の「-リ」が女性性を表していると考えられる．これまで (12) の名前の中の「カオリ」「シオリ」「ユーリ」の女性性について説明がつかなかったが，最終音節の「-リ」が女性性を表していると考えると説明できるようになる．

(12)　「-リ」で終わる女性名
　　　アイリ，アカリ，カオリ，サオリ，シオリ，ヒカリ，ヒマリ，ヒヨリ，ユーリ

　また，データの中に女性名として「キヨ」「チヨ」が存在し，これらの女性性についても，これまでの研究では説明がつかなかったが，最終音節の「-ヨ」が女性性を表していると考えると説明できるようになる．データには含まれていない「-ヨ」で終わる女性名が「イヨ」「カヨ」「ミヨ」等数多くあること，データの中には「-ヨ」で終わる男性名が存在しないことも「-ヨ」の女性性を示唆していると言える．

最後に，最終音節「-ヨ」が女性性を表しているのに対して，最終音節「-ヤ」が男性性を表していると言える．データの中に「-ヤ」で終わる男性名が5つ存在するが（(13)参照），女性名は「アヤ」1つしか存在しない．データに含まれていない名前の中にも「ナオヤ」「マサヤ」「ミチヤ」「ユキヤ」「リキヤ」のように「-ヤ」で終わる男性名が数多く存在し，その中の「ナオヤ」「マサヤ」「ミチヤ」等の男性性はこれまでの研究では説明がつかなかったが，最終音節の「-ヤ」が男性性を表していると考えると説明できるようになる．女性名「アヤ」については，性別の決定力が強い「$\sigma_\mu \sigma_\mu$ ＋第一音節」で説明できる（(6)参照）．

(13) 「-ヤ」で終わる男性名
   カズヤ，セイヤ，タクヤ，タツヤ，トモヤ

4. 結論

本章では，1906年から2014年までの間に生まれた日本人の名前のデータを分析し，日本人の名前に見られる性差と性別の決定の関係を考察した．そして男性名「セイヤ」，女性名「シホ」「ユーリ」「キヨ」「エマ」等を手掛かりに，最終音節「-ヤ」が男性性を，最終音節「-ホ」「-ヨ」「-リ」が女性性を表していること，借用名であることが性別の決定に関係していること等を明らかにした．日本人の名前に見られる性差をまとめたのが(14)である．

借用名と判断できる名前は女性名に多いが，男性名にも存在する（例「ケント」(Kent)）．男性名として用いられる借用名も，女性名の場合同様，性別の決定に関係するのか，また，借用名であることが他の特徴と比べてどの程度性別の決定力を持つか等はまだ明らかになっていない．これらの点については今後研究していきたい．

また，日本人の中性名についてはまだまだ明らかになっていないことが多いため，本章でも例外的に扱わざるを得なかった．中性名についても今後研究を進めていきたい．

固有名詞に関する学問は onomastics と呼ばれるが，人名に関する onomastics は日本では研究者も少なく，研究が盛んとは言い難いのが実情である．今後，言語学的，特に音声面からの研究を中心に，様々な観点から onomastics の研究を進めていきたい．そして他言語での研究も行い，日本語との比較研究も行っていきたいと考えている．

(14) 日本人の名前における性差

	男性的	女性的
第一音節	・k-(特に「ケ-」) ・s-(特に「ソー-」「ショー-」) ・t-(特に「タ-」) ・ry-(特に「リュー-」「リョー-」) ・d-	・頭子音なし（特に「ア-」) ・「サ-」 ・h-(特に「フ-」「ホ-」) ・鼻音 ("m-" と "n-") ・d^z- ・w-
最終音節	・「-オ」(-1965) ・「-シ」「-ジ」(-1985) ・「-キ」(1946-) ・「-ケ」「-タ」「-ト」(1966-) ・「-マ」(2002-) ・「-ク」「-ヤ」	・「-コ」「-ミ」 ・「-カ」(1966-) ・「-ナ」(1986-) ・「-オ」(2001-) ・「-ホ」「-ヨ」「-リ」
重音節	・○	・×
拗音	・○ (1906-1945, 1986-)	・○ (1946-1985)
長さ (構造)	・$\sigma_{\mu\mu}$ ・4 モーラ以上	・$\sigma_\mu \sigma_\mu$ ・$\sigma_\mu \sigma_{\mu\mu}$(「-ン」)
意味		・植物名

参考文献

Cassidy, Kimberly Wright, Michael H. Kelly and Lee'at J. Sharoni (1999) "Inferring Gender from Name Phonology," *Journal of Experimental Psychology: General* 128, 1-20.

Cutler, Anne, James McQueen and Ken Robinson (1990) "Elizabeth and John: Sound Patterns in Men's and Women's Names," *Journal of Linguistics* 26, 471-482.

第一生命広報部（編）(1987)『日本全国苗字と名前おもしろ BOOK』恒友出版, 東京.

Hanks, Patrick and Flavia Hodges, eds. (1986) *The Oxford Minidictionary of First*

Names, Oxford University Press, Oxford.

金田一春彦（1988）『日本語 上』岩波書店，東京．

Lieberson, Stanley and Kelly S. Mikelson (1995) "Distinctive African American Names: An Experimental, Historical and Linguistic Analysis of Innovation," *American Sociological Review* 60, 928-946.

牧野成一（1999）「音と意味の関係は日本語では有縁か――鼻音 vs. 口蓋音と文法形式のケーススタディ」『言語学と日本語教育』，アラム佐々木幸子(編)，1-32，くろしお出版，東京．

六川雅彦（2005）「日本人の名前に見られる音韻的性差――音と意味の有縁性」『言語学と日本語教育4』，南雅彦（編），309-320，くろしお出版，東京．

Mutsukawa, Masahiko (2006) "Vowels in Japanese Given Names," paper presented in the 7th High Desert International Linguistics Conference, University of New Mexico.

Mutsukawa, Masahiko (2007) "How Can Japanese People Tell the Gender of their Given Names?" *Proceedings of the 6th High Desert International Linguistics Conference*, 83-94, High Desert Linguistics Society, Albuquerque.

Mutsukawa, Masahiko (2008) "Phonology, Semantics, and Kanji in Japanese Given Names (1912-2005)," *Studies on Japanese Language and Culture* 8, 19-34, Nanzan University, Nagoya.

Mutsukawa, Masahiko (2009) "Phonological Clues in Japanese Given Names: The Masculinity of *Riku* and the Femininity of *Kanon* and *Karin*," *Current Issues in Linguistic Interfaces* 2, 449-459, Hankookmunhwasa, Seoul.

Mutsukawa, Masahiko (2010) "Gender Differences in English and Japanese Given Names," *Studies on Japanese Language and Culture* 10, 77-89, Nanzan University, Nagoya.

六川雅彦（2011）「日本語母語話者の名前の性別判断能力について――実在する名前を使ったアンケート調査――」『南山大学日本文化学科論集』第11号，25-32．

六川雅彦（2012）「日本語非母語話者の日本人の名前の性別判断能力について――実在する名前を使ったアンケート調査――」『南山大学日本文化学科論集』第12号，33-41．

六川雅彦（2013）「日本語母語話者の名前の性別判断について」『南山大学日本文化学科論集』第13号，29-40．

六川雅彦（2014a）「日本人の中性名に見られる音韻的，意味的特徴」『南山大学日本文化学科論集』第14号，55-67．

Mutsukawa, Masahiko (2014b) "Phonological and Semantic Gender Differences in English and Japanese Given Names," *Proceedings of the XXIV ICOS International Congress of Onomastic Sciences*, 370-377, Generalitat de Catalunya, Catalonia. (http://www.gencat.cat/llengua/BTPL/ICOS2011/ cercador.html)

六川雅彦（2015）「日本語非母語話者の日本人の名前の性別判断能力について」『南山大学日本文化学科論集』第 15 号, 39-51.
Slater, Anne Saxon and Saul Feinman (1985) "Gender and the Phonology of North American First Names," *Sex Roles* 13, 429-440.
Wright, Saundra, Jeniffer Hay and Tessa Bent (2005) "Ladies First? Phonology, Frequency, and the Naming Conspiracy," *Linguistics* 43:3, 531-561.

第 11 章

「語呂の良さ」と「間」の関係について
―俳句に関する一考察―

都田青子・石川友紀子

津田塾大学

1. はじめに

　日本語における「語呂の良さ」は七五調リズムに起因するといわれている．(1) に示すとおり，俳句や川柳はもちろんのこと，標語やキャッチ・コピー，さらには早口ことばや歌詞にいたるまで，さまざまなものにこの七五調のリズムが観察される：

(1)　(俳句) 秋深き　となりは何を　する人ぞ
　　　(標語) あいさつは　心をつなぐ　エネルギー
　　　(早口ことば) すももも桃も　桃のうち

実際，この七五調リズムのものを読む際には，通常「7」や「5」のうしろに少し間をあけながらリズムをとっている．一般的には (2) に示すとおり，5拍のうしろには3拍分相当の「間」があり，7拍のうしろには1拍分の「間」があるとされる（上田 (1991)）．

(2)　あきふかき（休）（休）（休）
　　　となりはなにを（休）
　　　するひとぞ（休）（休）（休）

すなわち，休止の部分も含めると，俳句をはじめとする七五調のものは実は「7」や「5」拍ではなく，「8」拍をひとまとまりとした構造を持っていることになる．
　このような「間」を挿入することで調子を整える例は他の言語でも観察さ

175

れる．たとえば，英語のナーサリー・ライムの場合，1行にビートが等時的に4回繰り返されると，一種の語呂の良さを感じるという (Attridge (1990), Burling (1966)) :

(3) Humpty Dumpty sat on a wall
  B B B B
  Humpty Dumpty had a great fall,...
  B B B   B

(B＝ビート付与位置)

ただし，俳句同様，4か所の一部に休止を挿入して調子を整えるケースもある：

(4) Mary had a little lamb
  B B B B
  Its fleece was white as snow...
  B   B   B ϕ

(4)の1行目はMary, had, little, lambそれぞれの語に対して4ビートが対応しているのに対し，2行目はfleece, white, snowの3語にビートが対応しているものの，4ビート目は休止を挿入することでリズムを整えている（「ϕ」は「間」の部分を示す）．

以上のように，ことばのリズムや調子の良さを整える上で，音のない「間」は重要な役割を果たしている．本章では，このような「間」のとり方と「語呂の良さ」との関係に着目し，言語学的観点からそのメカニズムについて考えていきたいと思う．

2. 話しことばのリズム

「リズム」という語はギリシャ語で「流れる」を意味する 'rhythmos' に由来しているといわれる．調子の良い「流れ」を形成するためには一定の「何か」が規則的に繰り返すことになるが，「リズム」とはまさにこのような繰り返しから生じる心地よさのことであると換言できる．

では，話しことばのリズムは，いったいどのような構造が繰り返すことに

よって生じるのだろうか.一般的に,英語,ドイツ語,アラビア語などは強勢が等時的な間隔に現れ,繰り返される傾向にある「強勢拍リズム」(stress-timed rhythm) の言語として分類される.他方,イタリア語やスペイン語などは各音節の長さがほぼ同じに保たれる「音節拍リズム」(syllable-timed rhythm) であるといわれている (Pike (1947), Abercrombie (1967)).さらに,日本語の場合は,各音節ではなく,各モーラ（＝拍）の長さがほぼ同じに保たれることから,「モーラ拍リズム」の言語として分類されることもある (窪薗 (1993)).

英語では,強勢が付与される位置が等時間隔で現れることで調子の良さが生まれるが,もともと強勢アクセントをもたない日本語の場合は同様の方法で心地良いリズムを出すことはできない.かわりに,おおよそ同じ長さを有するとされているモーラを一定の拍数に整えることで語呂の良さを生み出している.このように,繰り返す構造が異なれば,当然,それぞれの言語の「リズムの心地よさ」あるいは「語呂の良さ」を生み出すメカニズムも異なってくるはずだ.ただし,(2) や (4) でみたように,「間」を挿入しながらリズムの調子を整えるという点は,両言語における共通点といえる.

3. 先行研究

本節では,英語の韻文および日本語の俳句における「間」のとり方に関する先行研究を紹介していく.

3.1. 英語における「間」について

英語の場合,ナーサリー・ライムなどの韻文は4行をひとつのまとまりとしており,さらに各行は上述のとおり,原則としてビートが4か所に現れる.この言語事実を形式化するために,Hayes and MacEachern (1998) では (5) のようなグリッド構造を前提としながら分析を行っている：

(5)
```
            x                       x
      x     x           x           x           x
      x     x     x     x     x     x     x     x
   x  x  x  x  x  x  x  x  x  x  x  x  x  x  x  x
   |     |     |     |     |     |     |     |
   As    bright  as   the sum-   mer   sun         φ
      *  φ       As   bright as  the  sum-  mer   sun
```

　グリッドの各柱が強勢の強さを示している．すなわち，グリッドの数が多ければ多いほど強い強勢を表し，逆に少なければ少ないほど弱い位置を表している．一般的に，強い位置を空のままにしておくことは好ましくないとされている．したがって，(5) の上段と下段を比べると，上段は一番高い柱にそれぞれ bright, sun を対応させているのに対し，下段では，一番高い柱のうちの1つが空（「φ」）になっていることから，上段は自然なリズムを感じるのに対し，下段ではこのような調子の良さを感じとることができず，不自然な印象を与えることになる．

　以上のように，グリッド構造と対応させながら韻文を捉えることで，どの位置に「間」が許容されるのかが明らかとなる．

3.2. 日本語における「間」について

　俳句の場合，基本の型は「5-7-5」の計17拍から成り立っているが，第1節でも触れたとおり，実際はそれぞれの句に休止を挿入しながらリズムをとっている．5拍の場合は3拍分，7拍の場合は1拍分の「間」をとり，1句が8拍となるように調整されているのだが，8拍にさえなればどの位置に休止を入れてもよいということでは実はない．たとえば，上記 (2) の俳句の第2句目に着目してみると，もし8拍になるように休止を挿入しているということであれば，理論上は以下の (6) に示すように句末 (6a) と句頭 (6b) のどちらにも休止を挿入することが可能となるはずだ：

(6) a. となりはなにを（休）
　　b. （休）となりはなにを

しかし，実際 (6a) は自然な語呂の良さを感じるのに対し，(6b) はぎこち

なさがあり，この位置に休止を入れながら読むということはまずあり得ない．つまり，8拍になりさえすればよいという単なる拍数合わせ以外に，何か他の条件も合わせて考える必要がありそうだ．

坂野（2004）によると，日本語の語彙は2音（2拍）を基調としており，この2音を重ねていくことで文が構成される（坂野（2004: 19））．8拍から成る句にこの考えを当てはめてみると，1句は前半と後半の4拍ずつにまずは分かれることになる．前半の4拍を「前半句」，後半の4拍を「後半句」とすると，それぞれの半句がさらに2つのフット（坂野によるところの「律拍」に相当）から構成され，各フットはさらに2音で構成されることになる．以上をまとめると (7) のように図式化することができる：

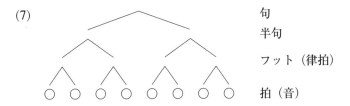

2音，4音，8音が日本語において重要な役割を果たしているという考え方については Poser (1990) や田中 (2005) で詳細に取り上げられている．

(7) の構造をもとに (6) の「間」のとり方について改めて考えてみると，(6a) の句末に休止を挿入した場合，「となりは｜なにを（休）」という具合に4モーラ目と5モーラ目にある前半句と後半句の境と語境界の境とが一致する．ところが，(6b) の場合は句頭に休止が入ることで，後半句の頭に助詞の「は」が配され，名詞と助詞が分断されてしまうことから，前半句と後半句間の境と語境界との一致が崩れてしまう（「(休) となり｜はなにを」）．つまり，俳句においては，たとえ8拍揃っていたとしても，後半句の頭が語境界と合うように休止を挿入しないと，読んだ際の調子が不自然になってしまう．

3.3. グリッド構造とわらべ歌

上記3.1節で述べたとおり，英語の韻文をグリッドに基づいて分析することで，休止の入る位置を予想できるわけだが，Hayes and Swiger (2008) は，このグリッド構造を日本語のわらべ歌にも応用している．

日本語は英語とは異なり，強勢アクセントの言語ではないことから本来は "there is no stress to mark off the rhythmically strong syllables" のはずだ (Hayes and Swiger (2008: 2))．しかし，わらべ歌のリズムの良さは，英語と類似したグリッド構造によって表すことができるという．典型的なわらべ歌のグリッドは (8) のような構造を有している：

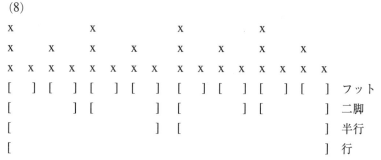

(Hayes and Swiger (2008: 3) (一部改変))

基本的な考え方は先の (7) と同じで，2音（2拍）で1フットを構成し，2つのフットがさらに二脚 (dipods) を構成し，二脚が半行を構成し（前半行と後半行），これら半行が合わさってわらべ歌の1行を成す．

「とおりゃんせ」を (8) のグリッド構造に当てはめてみると，以下の (9) のようになる：

(9)

```
  x               x               x               x
  x       x       x       x       x       x       x       x
  x x x x x x x x x x x x x x x x
  と ー ぉ ー りゃ ん せ φ と ー りゃ ん せ φ φ φ
```

4. 俳句における「間」

この節では，俳句と休止の関係についてさらに詳細にみていくことにする．

俳句の第2句に着目すると，理論上，次に挙げる7つのパターンが形態

上の組み合わせとして存在することになる：[1モーラ語+6モーラ語]，[2モーラ語+5モーラ語]，[3モーラ語+4モーラ語]，[4モーラ語+3モーラ語]，[5モーラ語+2モーラ語]，[6モーラ語+1モーラ語]，[7モーラ語（+0モーラ）]．実際の分布を調べるために，『伊藤園のお～いお茶新俳句大賞』から収集した129句をこの7基準に従って分類した．

表1はその結果をまとめたものである（なお，形態上の境界についてはその句内の「一番大きな」切れ目に従って分類を行っているため，たとえば同じ助詞の「の」でも「等間隔+の」と直前の要素と切り離して扱う場合と「少しの」のように直前の要素と一括りでまとめてある場合とがある）．

型	データ数	具体例
1+6	0	—
2+5	14	手を+入れている
3+4	49	脚を+開くと
4+3	48	少しの+間
5+2	12	もう一度+見る
6+1	6	等間隔+の
7	0	—
計	129	

表1　形態的境界位置に基づく新俳句の分類

収集した129句のうち，[3+4]型と[4+3]型は両者合わせて97句あり，全体の約75%を占めている．逆に，[1+6]型，[7+0]型は今回収集したデータには含まれていなかった．

すでに3.2節でみたとおり，休止を挿入する際には，俳句を構成する3句をそれぞれ8拍に整えること以外に，半句間の境と形態上の切れ目とが一致することも求められる．この観点からすると，(6)で挙げた句頭および句末の位置以外に，句中に休止を挿入するオプションも考えられる：

(10) a. となりは | なにを（休）
　　 b. （休）となり | はなにを
　　 c. となりは | （休）なにを

(10)で挙げた例は[4+3]型であるので，(10b)は半句間の境と形態上の切

れ目とが一致しないが，(10a) と (10c) は一致しており，少なくとも理論上はともに語呂の良さを感じる構造となっている．実際のところはどうなのか．このことを検証するために，32 人の大学生を対象とした知覚実験を行った．まず，(10) に挙げたような休止挿入の位置が異なる 3 パターンを IC レコーダで録音した (SONY ICD-UX300F)．録音した音声はパソコンを介して再生し，被験者には 1 つの俳句型につき 2 パターンずつを計 3 セット聞いてもらった．2 パターンのうちより自然なリズムとして感じるものを選び，回答用紙にその記号を記入することになるが，2 パターンの語呂の良さに関して特に違いを感じなかった場合は「違いは感じられなかった」を選ぶよう指示した．その結果をまとめたのが以下の表 2 ([4+3] 型)，表 3 ([5+2] 型)，表 4 ([3+4] 型) である．

1 回目	「パターン 3」 2(6%)	「パターン 2」 28(88%)	違いは感じられなかった 2(6%)
2 回目	「パターン 1」 15(47%)	「パターン 3」 14(44%)	違いは感じられなかった 3(9%)
3 回目	「パターン 2」 24(75%)	「パターン 1」 4(12.5%)	違いは感じられなかった 4(12.5%)

表 2　[4+3] 型（土手で寝る　少しの間　雲になる）

1 回目	「パターン 1」 5(15.6%)	「パターン 2」 20(62.5%)	違いが感じられなかった 7(21.9%)
2 回目	「パターン 1」 27(84.4%)	「パターン 3」 5(15.6%)	違いが感じられなかった 0(0%)
3 回目	「パターン 2」 23(71.9%)	「パターン 3」 9(28.1%)	違いが感じられなかった 0(0%)

表 3　[5+2] 型（跳び箱で　脚を開くと　空にいる）

第11章 「語呂の良さ」と「間」の関係について　　　183

1回目	「パターン1」 25(78%)	「パターン2」 7(22%)	違いは感じられなかった 0(0%)
2回目	「パターン2」 17(53%)	「パターン3」 12(37.5%)	違いは感じられなかった 3(9.5%)
3回目	「パターン1」 23(72%)	「パターン3」 5(15.5%)	違いは感じられなかった 4(12.5%)

　　　表4　[3＋4]型（寝る前に　もう一度見る　雪だるま）

[4＋3]型の結果については以下のとおりである：

(11)　[4＋3]型の結果
　　　a.（休）すこし｜のあいだ　　　　19
　　　b.　すこしの｜あいだ（休）　　　52
　　　c.　すこしの｜（休）あいだ　　　16
　　　d.　違いが感じられない　　　　　 9

　予測に反し，句末に間を入れる（11b）のパターンを好んだ人が圧倒的に多い結果となった（$x^2(2) = 27.52$, $p<.01$）．（11b）と同様に，（11c）も半句間の境と形態上の切れ目が揃っているため，本来であれば語呂の良さを感じる回答数がもっと多くあってもよさそうなのだが，これほどまでに極端な差が出たのはなぜだろうか．
　ここで先ほど3.3節で取り上げたグリッド構造に目を向けてみることにしよう．わらべ歌のグリッド構造を俳句にも適用すると，(11a-c)の3パターンのグリッド構造は(12)のように表すことができる（枠内が第2句のグリッド構造を示す）：

(12)
a. ［パターン1］

```
x       x         x       x       x       x
x  x  x  x        x x x x x       x x x x
x x x x x x x x   x x x x x x x   x x x x x x x
ど て で ね る 休 休 休  休 す こ し の あ い だ  く も に な る 休 休 休
```

b. [パターン 2]

```
x               x           | x           x         | x           x
x     x     x     x         | x   x   x   x         | x   x   x   x
x x x x x x x x             | x x x x x x x x       | x x x x x x x x
ど て で ね る 休 休 休    | す こ し の あ い だ 休 | く も に な る 休 休 休
```

c. [パターン 3]

```
x               x           | x           x         | x           x
x     x     x     x         | x   x   x   x         | x   x   x   x
x x x x x x x x             | x x x x x x x x       | x x x x x x x x
ど て で ね る 休 休 休    | す こ し の 休 あ い だ | く も に な る 休 休 休
```

(12b)(「パターン2」)と(12c)(「パターン3」)のそれぞれ第2句内の休止の位置に注目してみると，前者はグリッドの数が1，すなわち弱い位置に休止が挿入されているのに対して，後者はグリッドの数が3，つまり一番強い位置に挿入されていることがわかる．上記(5)の英詩の例でもみた通り，英語の場合，「強」の位置に休止が挿入されるとリズムが崩れてしまうのと同様に，俳句の場合も，「強」の位置に休止が入り込むとリズムの調子が崩れてしまうのかもしれない．

つぎに，[5+2]型についてみてみると，句末に休止を挿入するパターン(13b)を好む人が多いという結果が得られた（$x^2(2) = 14.45, p<.01$）．

(13)　[5+2]型の結果
  a.　(休) もうい | ちどみる　　　32
  b.　もういち | どみる (休)　　43
  c.　もういち | ど (休) みる　　14
  d.　違いが感じられない　　　7

(13a-c) それぞれのグリッド構造は以下 (14) に示すとおりである：

第11章 「語呂の良さ」と「間」の関係について　　　　　　　　185

(14)
a. ［パターン1］

```
x           x           x         x         x         x
x     x     x     x     x   x   x   x     x   x   x
x x x x x x x x x x x x x x x x x x x x x
ね る ま え に 休 休 休 休 も う い ち ど み る ゆ き だ る ま 休 休 休
```

b. ［パターン2］

```
x           x           x         x         x         x
x     x     x     x     x   x   x   x     x   x   x
x x x x x x x x x x x x x x x x x x x x x
ね る ま え に 休 休 休 も う い ち ど み る 休 ゆ き だ る ま 休 休 休
```

c. ［パターン3］

```
x           x           x         x         x         x
x     x     x     x     x   x   x   x     x   x   x
x x x x x x x x x x x x x x x x x x x x x
ね る ま え に 休 休 休 も う い ち ど 休 み る ゆ き だ る ま 休 休 休
```

さきほどの [4+3] 型同様，(14b) を語呂が良いと感じた人が一番多かったのは，グリッド上「弱」の位置に休止を挿入しているからと解釈できる．ただ，ここで不思議なのは，(14a) と (14c) のグリッド構造を比べると，前者はグリッドの数の多い「強」の位置に休止が挿入されているのに対し，後者は「弱」の位置に挿入されているので，本来であれば，(14c) に語呂の良さを感じる人が (14a) よりも多くいてもよいはずだ．しかし，実際は「強」の位置に休止のある句頭の (14a) のほうが，句中の「弱」の位置に休止を挿入する (14c) よりも語呂が良いと感じる人が多いという結果が得られた．

さらに，[3+4] 型の結果をまとめてみると，(15) にあるとおり，句頭位置の休止を好む人が圧倒的に多かった ($x^2(2) = 17.82$, $p<.01$)：

(15)　［3+4］型の結果
　　　a.　(休) あしを｜ひらくと　　　　48
　　　b.　あしをひ｜らくと (休)　　　　24

  c. あしを（休）｜ひらくと   17
  d. 違いが感じられない   7

(15a) のグリッド構造は「強」の位置に休止が挿入されているパターンで (cf. (16a))，本来は3パターンの中でもっとも語呂が悪いと感じるはずなのだが（少なくともグリッド構造上は），実際はまったく逆の結果となった．先の (14a) と (14c) の関係同様に，ここでも句頭の「強」の位置に休止を挿入する (16a) のほうが句中の「弱」の位置に休止を挿入する (16c) よりも好まれる傾向が読みとれる．

 (16) [3＋4] 型
a. [パターン1]

```
x          x          | x         x         | x         x
x    x     x    x     | x    x    x    x    | x    x    x    x
x x x x x x x x x x x | x x x x x x x x x x | x x x x x x x x x x
と び ば こ で 休 休 休 | 休 あ し を ひ ら く と | そ ら に い る 休 休 休
```

b. [パターン2]

```
x          x          | x         x          | x         x
x    x     x    x     | x    x    x    x     | x    x    x    x
x x x x x x x x x x x | x x x x x x x x x x  | x x x x x x x x x x
と び ば こ で 休 休 休 | あ し を ひ ら く と 休 | そ ら に い る 休 休 休
```

c. [パターン3]

```
x          x          | x         x          | x         x
x    x     x    x     | x    x    x    x     | x    x    x    x
x x x x x x x x x x x | x x x x x x x x x x  | x x x x x x x x x x
と び ば こ で 休 休 休 | あ し を 休 ひ ら く と | そ ら に い る 休 休 休
```

「弱」の位置に休止が挿入されている (16b) や (16c) よりも，「強」の位置に休止が挿入されている (16a) のほうに語呂の良さを感じた人が多かったのはいったいどのような理由からだろうか．

 次節では最適性理論の枠組みで俳句における休止について取り上げてみることにする．

5. 最適性理論と俳句の「語呂の良さ」

　まず，前節の結果をここで簡単にまとめてみると，[4＋3] 型の場合，半句間の境と形態上の切れ目が揃っている「パターン 2」(すこしの｜あいだ(休))と「パターン 3」(すこしの｜(休)あいだ) はともに構造上は語呂の良さを感じると予測されるのだが，実際はこの予測に反して前者の方が好まれる傾向が強かった．この違いはなぜかというと，グリッド構造の違い（つまり「強」と「弱」の位置に休止を挿入する違い）に起因していると考えられる．同様に，[5＋2] 型においても「パターン 2」が好まれる傾向にあるのは，休止がグリッド構造の「弱」の位置を占めているからだと解釈できる．ただし，[5＋2] 型については，「強」の位置に休止が挿入される「パターン 1」についても一定数の被験者が語呂の良さを感じたという点においては [4＋3] 型とは傾向が異なる．[3＋4] 型については，ほかの 2 つの型とは異なり，「強」の位置に休止が挿入されている「パターン 1」に語呂の良さを感じる人が多く，逆に「弱」の位置に休止が挿入されている「パターン 2」および「パターン 3」を語呂が良いと感じた人は少なかった．

　以上，俳句の第 2 句における語呂の良さに関する条件をまとめてみると (17) のようになる：

(17) a. 前半句と後半句の境界（4 拍目と 5 拍目間）と語境界（複数存在する場合は，「一番大きな」切れ目）とを一致させる (cf. (6))．
　　 b. 休止の挿入位置はグリッド構造上の「弱」の位置を好む傾向にある (cf. (11), (12))．
　　 c. 句中で休止を挿入するよりも，句の端（句頭および句末）に挿入する傾向がある．特に，句中の位置が構造上「弱」であり，句の端が「強」であった場合は，グリッド構造上の強さよりも句の端に休止を置くことが優先される傾向にある (cf. (13a, c), (15a, c))．

Hayes and MacEachern (1998) は，英語韻文の分析を行う際に，最適性理論の枠組みを用いているが，そのうち，上記 (17) に直接関係していると思われるのは PARALLELISM (cf. (17a)), FILL STRONG POSITIONS (cf. (17b)) および AVOID LAPSE (cf. (17c)) である．この 3 制約のほか,

英語の韻文に休止を挿入する際に第2および第4行目の行末にのみ挿入が許容されるのに対し，第1および第3行目は回避される傾向を説明する際に用いられる2制約（COUPLETS ARE SALIENT と PREFER LONG LAST）も加え，計5制約に基づいて，前節で得られた結果を分析していく（ただし，俳句の構造に合わせて制約の一部を改変）．制約の詳細を (18) にまとめてみると：

(18) FILL STRONG POSITIONS: 1行内の「強」の位置（グリッドの高い位置）に休止を挿入してはならない
AVOID LAPSE: 休止は構造の端に挿入せよ（休止は句中よりも句の端へ）
PARALLELISM: 前半句と後半句は並列構造でなければならない（半句の境と語境界とを一致させよ）
COUPLETS ARE SALIENT: 後半句末に休止を挿入せよ（句末に休止を挿入すると，構造上のまとまりを際立たせる）
PREFER LONG-LAST: 前半句よりも後半句を長くせよ（後半句に含まれる拍数が前半句よりも多くなるようにせよ）

この5制約に基づいて [4+3], [5+2], [3+4] 型を分析すると，以下の (19)-(21) のようなタブローにまとめることができる（制約のランキングなどの詳細については Ishikawa (2015) を参照されたい）：

(19) [4+3] 型

	AVOID LAPSE	PARALLELISM	FILL	LONG-LAST	SALIENT
(休) ○○○ | ○○○○		*!	*		*
☞ ○○○○ | ○○○ (休)				*	
○○○○ | (休) ○○○	*!		*	*	*

(20) [5+2] 型

	AVOID LAPSE	PARALLELISM	FILL	LONG-LAST	SALIENT
(休)○○○ | ○○○○		*	*!		*
☞ ○○○○ | ○○○ (休)		*		*	
○○○○ | ○ (休) ○○	*!	*		*	*

(21) [3+4] 型

	AVOID LAPSE	PARALLELISM	FILL	LONG-LAST	SALIENT
☞ (休)○○ ○ | ○○○○			*		*
○○○○ | ○○○ (休)		*!		*	
○○○(休) | ○○○○	*!				*

[4+3] 型の場合 ((19)),「パターン3」(すこしの | (休) あいだ) が句中に休止を含んでいることからまず最上位の AVOID LAPSE に違反する．続いて「パターン1」((休) すこし | のあいだ) は「少し」と「の」が前半句と後半句に分断されてしまうことから PARALELLISM に違反する．結果,「パターン2」が候補の中で最適なものとして選ばれる．

次に, [5+2] 型では ((20)), 上記 [4+3] 型同様に,「パターン3」(もういち | ど (休) みる) が後半句の2拍目に休止を含んでいることから AVOID LAPSE に違反する．続く PARALELLISM については, もともと第2句の第1要素「もう一度」自体が5モーラから成ることから, 3パターンすべてが本制約に違反しており,「パターン3」を除いた残り2つのパターンの優劣はこの時点では評価ができない．そこで, その次にランキングされ

ている FILL STRONG POSITION に目を向けてみると，「パターン 2」は休止が句末の「弱」の位置に挿入されているのに対し，「パターン 1」では句頭の「強」の位置に挿入されていることから本制約違反となり，「パターン 1」ではなく「パターン 2」が最適候補とみなされる．ここで興味深いのは，「パターン 2」が最適候補に選ばれる点は先の [4+3] 型と同じなのだが，同じ制約群を同じランキングで用いていても，その内訳は異なっている点である．すなわち，[4+3] 型では，上位 2 つの制約 AVOID LAPSE と PARALELLISM で最適候補が決定できたのに対し，[5+2] 型では，上位 2 制約だけでは候補が決定できず，さらに下位にランキングされている FILL STRONG POSITION が決め手となっている．

最後に [3+4] 型については ((21))，ほかの 2 パターン同様に，「パターン 3」（あしを（休）｜ひらくと）が句中に休止を含んでいることから最上位の AVOID LAPSE に違反している．さらに，上位 2 番目にランキングされている PARALELLISM との関係でいうと，「パターン 2」のように句末位置に休止が挿入されると，第 2 要素の「ひらくと」の「ひ」のみが前半句に配され，残りの「らくと」の部分が後半句に配され，語境界以外のところで語が分断されてしまうため本制約違反となり，句頭に休止を含む「パターン 1」が最適候補となる．

以上，英語の韻文におけるリズムの良さを説明する際に用いられる 5 制約が日本語の俳句の語呂の良さを説明する上でも有用であることがわかった．

6. おわりに

俳句の定型とされている「5-7-5」の型は，音のない「間」の部分も合わせると，実は「8-8-8」の型であるということが先行研究で指摘されてきた．ただし，単に 1 句が 8 拍となるように調整すればよいという訳ではなく，次のような条件も関与していることが示唆された：1) 前半句と後半句の境界と語境界を一致させる；2) 休止の挿入位置はグリッド構造上の「弱」の位置が好ましい；3) 句中よりも句の端（句頭，句末）に休止を挿入する．

本章では，俳句の 2 句目に着目し，休止の挿入される位置がなぜ型に応じて異なるのかを最適性理論の枠組みで分析した．その結果，各型の「語

呂の良さ」を捉える上では AVOID LAPSE, PARALELLISM, FILL STRONG POSITIONS, PREFER LONG LAST, COUPLETS ARE SALIENT の5制約が関与していることが示唆された．これらの制約は，英語の韻文のリズムの良さを説明する上で用いられるものであるが，日本語というリズム生成のメカニズムがまったく異なる言語の語呂の良さを説明できる点は興味深い．

参考文献

Abercrombie, David (1967) *Elements of General Phonetics*, University of Edinburgh Press, Edinburgh.
Attridge, Derek (1990) "Rhythm in English Poetry," *New Literary History* 21:4, 1015-1037.
Burling, Robbins (1966) "The Metrics of Children's Verse: A Cross-Linguistic Study," *American Anthropologist New Series* 68:6, 1418-1441.
Hayes, Bruce and Margaret MacEachern (1998) "Quatrain Form in English Folk Verse," *Language* 74, 473-507.
Hayes, Bruce and Tami Swiger (2008) "Two Japanese Children's Songs," ms., UCLA.
Ishikawa, Yukiko (2015) "Phonological Rhythm: Comparing English Nursery Rhymes and Japanese *Haiku*," Master's Thesis, Tsuda College.
伊藤園お〜いお茶新俳句大賞 http//:www.itoen.co.jp/new-haiku /indez.html.
窪薗晴夫 (1993)「リズムから見た言語類型論」『月刊言語』第22巻11号, 62-69.
Pike, Kenneth L. (1947) *Phonemics: A Technique for Reducing Languages to Writing*, University of Michigan Press, Ann Arbor.
Poser, William J. (1990) "Evidence for Foot Structure in Japanese," *Language* 66:1, 78-105.
坂野信彦 (2004)『七五調の謎を解く』大修館書店, 東京.
田中伸一 (2005)『アクセントとリズム』研究社, 東京.
上田あゆみ (1991)『はじめての人の言語学――ことばの世界へ』くろしお出版, 東京.

第 12 章

リズム定型における韻律要素の調整
—日本語・イタリア語の定型詩と歌謡の分析—*

田中　真一

神戸大学

1. はじめに

1.1. リズム類型における他要素の併用

　言語のリズム類型として，モーラ（拍）言語，音節（拍）言語，強勢（拍）言語の 3 種に分類されることが知られている（Trubetskoy (1939/1969))．モーラ言語として日本語やフィンランド語等が，音節言語としてイタリア語，フランス語等が，強勢言語として，英語，ドイツ語等が代表例として知られる．重要な点として，各言語はそれぞれのリズム単位のみを利用しているわけではなく，他の要素も副次的に利用している（窪薗 (2013))．

　たとえば，モーラ言語に分類される日本語においても，音節という単位を用いなければ説明できない現象がある．外来語アクセント（Kubozono (1996), Katayama (1998), 田中 (2008a)）や，複合語アクセント（Kubozono (1997), Shinohara (2002), 田中 (2008a)）における位置算定，また，後述のリズム現象そのもの（田中 (2008a, b)）に対しても，音節を併用しなければ決して一般化できないものがある．

　音節言語に属するイタリア語のリズム現象においても，音節を基本としながら，強勢という別の要素によってその調整を行う場合がある（Beltrami (1991), Fabb and Halle (2008), Menichetti (2013))．さらには，強勢言

---

　* 本研究は，日本学術振興会科学研究費補助金基盤研究（B）課題番号：26284058，同基盤研究（C）（課題番号：25370432），日本学術振興会「頭脳循環プログラム」の助成を受けている．

語に属する英語においても，モーラを必要とする場合が見られる（Itô (1990), Hammond (1999), Cohn (2003)）．このように見ると，各言語は，その主要なリズム単位とともに，それとは別の要素を部分的に併用しているのが分かる．

　本章では，第2節で，日本語とイタリア語の定型詩において，基本的には個々の言語の主要なリズム単位により定型が満たされることを確認すると同時に，最終的な調整は，それ以外の要素によって行われることを指摘する．また，それが，末尾要素といった周辺的な位置で行われることを示す．さらに，両言語に共通して，母音連続（hiatus）の回避という共通の方策によってもまた，調整の行われることを報告する．

　このように，異なるリズムに属する言語の定型詩において，共通のリズム調整が行われることを報告し，その言語学的意味を提示する．

1.2. 歌謡と定型

　本章では，第3, 4節で，定型詩のリズム調整が，歌謡のリズム調整においても共通して観察されることについても新たに論じる．

　歌謡をデータにした分析は少なからず見られる（Vance (1987, 2008)，氏平 (1996), 窪薗 (1999), 田中 (2008a, b)）．それらに一貫した視点として，リズムの最小基本単位と1音符との対応関係が問題とされ，日本語はモーラを分節の基本としながら，同時に音節の役割が増して来ているという主張がなされている．しかしながら，それ以外の面，とくに定型という側面からは，ほとんど検討されて来なかったと言ってよい．

　他方，俳句や和歌の定型と4拍子リズムとの関係を記述した研究も見られる（別宮 (1977), 坂野 (1996)）．しかしながら，上記の一連の研究と異なり，それらのほとんどは計量的な分析がされておらず，提示された例がどの程度全体を代表するものなのか定かではない．また，定型詩と楽曲とが具体的にどのように対応するのか，両者を結ぶメカニズムについて積極的に提示されていない．さらに，分節という概念との関わりについては，これまでまったく検討されて来なかったと言ってよい．このように，分節と定型の観点が個別に論じられてきたと言える．

　本章では，上記を視野に入れ，一見，定型とは無縁と判断されがちな歌謡の音符付与と定型との関係を，小節内の構造および音節によるリズム調整の

両面に着目しながら分析し，新たに，定型詩等と共通した調整の見られることを，計量的に提示する．歌謡における小節を，定型詩に見られる4モーラの枠と見立て再解釈すると，定型詩と歌謡におけるリズム調整の共通性が浮き彫りとなる．本章ではこのような視点に立脚し，両者の総合的な一般化を試みる．

2. 日本語，イタリア語の定型詩におけるリズム調整

2.1. 日本語現代定型詩の字余り（田中 (1999, 2008a)）

田中 (1999, 2008a) は，『平成サラリーマン川柳』第 1, 2 集に所収の字余り句 419 例の分析を通して，以下を主張している．

(1) a. 字余りはリズム上は，定型に準じるものが大半であり，かつ，調整法則がある．
   b. 5 と 7 の句とで異なる調整法則を持ち，前者には音節が関わる．
   c. 4 モーラを基本とするという面で，5 の句と 7 の句には共通性があり，かつ，非字余り句を含む統一した説明が可能である．

5 モーラ句の字余りは，(2a) のように，5 音目が重音節であるものが大半（約 7 割）を占め，それ以外 (2b) を量的に圧倒する．さらに，知覚的な許容度にも明確な非対称が見られ，(2b) は字余り感が高いのに対し，(2a) の型は自然なリズムと解釈される（田中 (1999, 2008a)）．なお，下線と波線はそれぞれ重音節と字余り句を表す．

(2) a. サラリー**マン** ： サラリーマン　　家でもこなす　　苦情処理
　　　せいじん**びょう**： あこがれの　　　貫禄ついて　　　成人病
　　　ことわり**たい**　： プロポーズ　　　あの日に帰って　断りたい
　　　ブランド**ひん**, バーゲン**ひん**：
　　　　　　　　　　　　ブランド品　　　あんたが着れば　バーゲン品
　　b. このひとつぼ　： おれよりも　　　値打ちあるのか　この一坪
　　　ローンかりて　： ローン借りて　　自分の値打ち　　知らされる
　　　きゅーかとどけ： 休暇届　　　　　書類の下に　　　そっと出し

このように，5 モーラ句の字余りは，音節という単位によって説明できる．

末尾の音節量が中和する（軽／重の区別が解消される）といった一般言語学的な解釈が可能になるわけである．

非字余り句を含む5モーラ句の構造について次のようにまとめることができる（μ：任意のモーラ，M: 特殊モーラ，L：軽音節，H：重音節）．

(3)　　|4モーラ　　|＋1音
　　a. |μ μ μ μ | M（字余り0）　　やまとさ|ん（大和さん）
　　b. |μ μ μ μ | L（字余り0）　　やまとさ|ま（大和様）
　　c. |μ μ μ μ | H（字余り1）　　やまもと|さん（山本さん）

句頭からモーラ（μ）を4つ厳密に満たし，5音目はリズム単位の選択が自由になる（音節以下のリズム単位すべてが生起可能である）．とくに(3b)と(3c)は，末尾位置における音節量（L / H）の中和を表している．

7モーラ句も4モーラ枠を基準に説明が可能である．7モーラ句の字余りの約9割が，(4)のように「4モーラ＋4モーラ」の構造を有しており，かつ，この構造に限り，字余り感がほとんどない（田中 (1999, 2008a)）．

(4)　えらびに|えらんだ：　待ちに待ち　選びに選んだ　　ただの人
　　あのひに|かえって：　プロポーズ　あの日に帰って　断りたい
　　おっとと|しりつつ：　オレオレに　夫と知りつつ　　電話切る
(5)　うんと・おいっとで：　日曜日　ウンとオイッとで　会話済み

非字余り句と総合すると，以下のようにまとめることができる．このうち，(4)は(6c)の構造となる（「|」および「休」はそれぞれ4モーラの境界，1モーラ分の休止を示す）．各々に対応する具体例を(7)に挙げる．

(6) a. |μ μ μ μ|μ μ μ 休|　（字余り0）
　　b. |休 μ μ μ|μ μ μ μ|　（字余り0）
　　c. |μ μ μ μ|μ μ μ μ|　（字余り1）
(7) a. |まけるな|いっさ休|　（痩せ蛙　負けるな一茶　これにあり）
　　b. |休かわず|とびこむ|　（古池や　蛙飛び込む　水の音）
　　c. |あのひに|かえって|　（プロポーズ　あの日に帰って　断りたい）

上山 (1991) は，7 の句の近年の詠み方について (7a, b) の型を提案している.[1] 7 の句はモーラを基準にして「4+3」あるいは「3+4」の構造に分かれ，前者は句末に休止を 1 モーラ分，後者はそれを句頭に 1 モーラ分置くことで，8 モーラを満たすというものである．8 モーラ枠のちょうど真ん中と，音韻・形態境界とをともに揃えるというものである．

田中 (2008a) は，さらに字余りの分析を通して，上記の妥当性と，包括的一般化を提案している．7 モーラ句の字余りは，8 モーラ枠すべてを満たし，かつ，真ん中に音韻・形態境界が揃えられている（つまり「4+4」の構造を持つ）．

5 モーラ句を含めた一般化を行うと，どの句も基本的に 4 モーラ枠をモーラによって厳密に満たし，5 モーラ句の場合は，句末 1 音を枠の冒頭に揃え，3 モーラ分の休止を置く，7 モーラ句の場合は，1 モーラ分の休止を冒頭あるいは末尾に置く（字余りの場合はすべてをモーラによって埋める）ことによって，8 モーラ分を満たすというものである．

いくつかの研究が示すように，575 の定型は，888 の連続と考えらえており（別宮 (1977)），その内部構造として 4 モーラの連続が，また句全体で「4+4」×3 行という構造が想定されている（坂野 (1996)）．このような面から，4 拍子説（別宮 (1977), 坂野 (1996)）が述べられている．しかしながら，重要な点として，4 拍子説の生じるメカニズムについては，田中 (2008a) を含め，明確に論じられていない（前田 (2011)）．データに基づく記述的説明と論理的な説明がともになされていないためである．

そこで，本節では，4 モーラを中心としたまとまりに必然性のあることを新たに提示する．4 モーラ枠（小節）の内部構造は句の位置によって異なり，(6a-d) のいずれかになることは上で確認した．

小節内における音と休止の論理的な組み合わせは 16 通り (2^4) となるので，(6) 以外の組み合わせとして，(7)-(9) の 12 通りが生起不能のものとして想定される．(6)-(9) の分布を詳細に見ると，音と休止の組み合わせに

---

[1] 本論も現代川柳の分析が中心であるので，近年の詠み方で分析する．この点で俳句や和歌とは厳密には異なる部分がある．俳句や和歌の分析の場合，詠み方も関わるため，句中のどこに休止を取るかについて見解が一定していない．本研究ではそこには立ち入らず，現代定型詩の一般的な詠み方を対象としその言語学的意味を考察する．

は，(10) の制約が働いていると考えらえる．なお，(6d) の第1音は便宜上 μ で代表させているが，(3) の重音節 (H) も想定される．

(6) a. |μ μ μ μ|　　b. |μ μ μ 休|
　　c. |休 μ μ μ|　　d. |μ 休 休 休|
(7) a. *|休 休 休 休|　b.*|休 休 休 μ|　　c.*|休 休 μ μ|
(8) a. *|μ 休 μ 休|　b.*|休 μ 休 μ|
　　c. *|μ 休 休 μ|　d.*|休 μ μ 休|
　　e. *|μ μ 休 μ|　f.*|μ 休 μ μ|
　　g. *|休 μ 休 休|　h.*|休 休 μ 休|
(9) *|μ μ 休 休|
(10)　小節内における音と休止の共起制約
　　a. 小節左端から休止を2つ以上続けてはならない．(7)(8h)
　　b. 小節内で音と休止の切り替えが複数回起こってはならない．(8)
　　c. 切り替えの左右いずれかの要素は，小節のいずれかの端と結びついていなければならない．(9)(7c)

(10b) の「音／休止」の切り替えをピッチの「高／低」の切り替えとして見立てると，日本語諸方言のアクセント制約，すなわち，領域の中で下降したピッチは再上昇しない，さらに言うと，領域内における同一要素の共起禁止 (OCP：必異原理) と類似する．また，(10c) も，切り替えに対して Alignment 制約（領域の左右いずれかの端と音韻単位を揃えること）が守られなければならないことを示唆しており，その領域として4モーラを基本とすることが示されている．仮にフットのみを想定した分析では，一般化は不可能だからである．実例では，フット構造として，(μμ)，(μ休)，(休μ)，(休休) すべてが生起可能であり，たとえば，(7c) を (休休)，(μμ) のように生起可能な型と誤って予測することになる．

この (6a-c) の型は，第3，4節の議論でも重要な役割を果たす．

2.2. 伝統的定型詩の字余り（毛利 (2005)，高山 (2006)）

伝統的な和歌の字余りについて，従来から多くの研究がなされてきた．もっとも基本的なものとして（現代定型詩と異なる点として），母音連続 (hiatus) という要因が挙げられる．字余りの大半は句中母音連続により生

じ，それ以外はほとんど観察されない（毛利 (2005)，高山 (2006)）．
　全作品の創作年代が500年近くに渡る，百人一首（100首）について調査すると，32首33句に字余りが確認でき，その33句すべてが母音連続を含むことが分かる（二重下線は母音連続を，波線は字余り句を示す）．

(11) a. あはんとぞおもふ：瀬をはやみ 岩にせかるる 滝川の 割れても すゑに あわんとぞ思ふ（崇徳院）
　　　b. ありあけのつきと：朝ぼらけ 有明の月と 見るまでに 吉野の里に 降れる白雪（坂上是則）
(12) a. はなのいろは：花の色は 移りにけりな いたづらに 我が身世に ふる ながめせしまに（小野小町）
　　　b. たきのおとは：滝の音は 絶えて久しく なりぬれど 名こそ流れて なほ聞こえけれ（大納言公任）

実際の発音は不明であるが，母音連続のみに字余りが見られることから，2字を音声上1単位として処理していたことは多くの研究において一致する見解である．このような字余り要因は近現代においては相対的に廃れ，むしろ 2.1 節に見られる音節との関連が問題となる．これは，定型詩の使用語彙に重音節が増えたということも関係する（田中 (2008a)）．

2.3. イタリア語11音節定型詩 (Endecasillabo) のリズム調整

　ここでは，イタリア語の11音節定型詩（Endecasillabo）において，前節の日本語定型詩の字余り調整と類似性の見られることを指摘する．
　11音節形式（Endecasillabo）とは各行が基本的に11音節から構成される形式で，ソネット（sonetto），カンツォーネ（canzone），またダンテの『神曲』(La Divina Commedia) など広範囲に見られる．
　行末に位置する語の強勢位置によって，行全体のリズム調整が行われる．行中10音節目に必ず強勢が置かれ，それにより行全体の末尾が示される．別の見方をすれば，10音目までを基本単位である音節によってのみ満たし，10音節目に強勢という別の要素を置き，その後の1音の数え方に自由度を持たせることになる．以下で具体的に調整方法を確認し，日本語の2つの定型詩との共通点を見る．
　イタリア語は，語末2音節目に強勢を置くのがもっとも一般的であるが，

第 12 章 リズム定型における韻律要素の調整

少ないながらそれ以外の位置（語末 3 音節目，末尾音節）に強勢の置かれる語もある（Krämer (2009))．行末に置かれる語の強勢位置によって行の終わり方が異なることになる．

強勢位置が，語末 2 音節目の場合は，(13a) のように，後続の音節が行末と一致し，11 音節行 (endecasillabo) が形成され，これが基本型となる．

行末強勢が語末 3 音節目の場合は，強勢音節の後に 2 音節続く，つまり，全体が 12 音節になり，1 音節分字余りが生じる．ところが，(13b) のように強勢後の 2 音節が短く 1 音節として詠まれることで，全体が 11 音節（に近いもの）として処理される．反対に，語強勢が最終音節にある場合は，10 音節目をさらに 1 音分引き延ばすことによって，11 音として処理される (．と｜は，それぞれ音節と語の境界を表す．語境界は音節境界を同時に満たす（逆は真ならず))．

(13) 11 音節定型
 a. 基本形： Pas.sa | la | na.ve | mia | col.ma | d'o.bli.o |
        1 2 3 4 5 6   7 8 9 **10** 11
 b. 字余り 1： O.ra | ce'n | por.ta | l'un | de' | du.ri | mar.gi.ni |
        1 2 3   4 5 6 7 8 9 **10** 11 12
 c. 字足らず： Se | to.sco | sè, | ben | sai | o | mai | chi | fu |
        1 2 3 4 5 6 7 8 9 10 11

行末にある語の強勢により，末尾を調整するのが分かる．このような調整方策は，川柳 5 モーラ句と複数の点で共通性が見られる．

1 つは，末尾まで可能な限り，自言語の基本的リズム単位のみを用いることである．次に，局所的に末尾位置に対し基本以外のリズム単位を用いることによって調整を行うことである．モーラ言語の日本語においては，それは音節に当たり，音節言語のイタリア語においては，それは強勢に当たる．このように，異なるリズム単位を併用しながら，リズム調整が行われている．上記の方策が他言語の定型詩にどの程度見られるのかは興味深い点であり，さらなる検証が必要とされる．

イタリア語 11 音節詩における，もう 1 つの代表的なリズム調整方法として，2.2 節で見た，母音連続回避が挙げられる．

ある語の末尾母音に，頭子音を欠く（母音始まりの）語が後続すると，

(14) に見られる母音連続 (hiatus) が生じることになるが，この場合，一貫して強勢のない語末母音 (△) が韻律外 (extrametrical) になる．(14) は，実際は 16 音節で構成されているが，上記△の韻律外性により，11 音節の定型に収まっている（下線はアクセント母音を表す．＊は韻律として数えられる音節をそれぞれ表す．また，/h/ は発音されない）．

(14)　fi<u>o</u>r, | fr<u>o</u>n.di, | h<u>e</u>r.be, | <u>o</u>m.bre, | <u>a</u>n.ti, | <u>o</u>n.de, | <u>au</u>.re | so.<u>a</u>.vi
　　　＊　　＊△　　＊△　　＊△　　＊△　　＊＊　　＊＊＊
　　　1　　2　　3　　4　　5　　6　　7 8　　9 **10**11

　このような母音連続に対する処理は，イタリア語の詩や歌謡一般においても見受けられるのと同時に，日本語和歌の字余り句との間にも共通性が見い出せる．いずれの定型詩においても，母音連続を 1 音として処理することによって，リズム上の調整を行っている．母音連続は通言語的に回避されることが知られているが（Casali (1996)），日伊定型詩は，それを支持する例といえる．

　本節をまとめると，日本語とイタリア語の定型詩の間に，重要な共通性が確認できる．1 つは，末尾要素に対し局所的に，自言語の基本的なリズム単位とは異なるリズム要素を用いて調整を行っている点であり，もう 1 つは，母音連続を 1 音として処理することによって調整している点である．

3. リズム定型：4 モーラ＋1 音

　ここでは，2.1 節で分析した現代定型詩のリズム調整と他の現象との関わりを，とくに枠（小節）との関係から観察するとともに，次節の歌謡の分析への橋渡しとする．

　田中 (2008a) では，数字の伸長に 4 モーラ枠が関与することが報告されている．たとえば，小数等を列挙する場合に，2（に）や 5（ご）などの 1 モーラ数字が 2 モーラに伸長する場合がある．田中 (2008a) はそこに位置の非対称のあることを指摘している．(15b, d, f) のように，4 モーラの枠内の 3 モーラ目末尾の 1 モーラ数字が位置する場合には，それが義務的に伸長を起こすのに対し，(15a, c, e) のように，枠から外れた，新たな枠の冒頭に位置する場合，1 モーラ数字の伸長は随意的（長も短も可）になる．こ

第12章 リズム定型における韻律要素の調整

(15) 小数の発音と1モーラ数字 (2, 5) の伸長 (田中 (2008a))
    a. 2.5 　　　：｜にーてん｜ご (ー)
    b. 2.55 　　：｜にーてん｜ごーごー｜
                (*｜にーてん｜ごーご φ｜)
    c. 2.555 　　：｜にーてん｜ごーごー｜ご (ー)
    d. 2.5555 　：｜にーてん｜ごーごー｜ごーごー｜
                (*｜にーてん｜ごーごー｜ごーご φ｜)
    e. 2.55555 ：｜にーてん｜ごーごー｜ごーごー｜ご (ー)
    f. 2.555555：｜にーてん｜ごーごー｜ごーごー｜ごーごー｜
                (*｜にーてん｜ごーごー｜ごーごー｜ごーごー｜ごーご φ｜)

この現象は，川柳5モーラ句と共通する．枠をモーラという基準によって厳密に守り，末尾の，かつ，新しい枠の1音を音節以下の任意の韻律単位によってカウントするといった意味においてである．「4モーラ+1音」の構造がここでも反映しているわけである．(15)の4モーラ枠は，複数回繰り返すことが可能であり，「4モーラ(の繰り返し)+1音」というように拡大して解釈できる．「4モーラ(の繰り返し)」の直後の1音は，そこまでの要素全体の完結性を表していると言える．それを保証するのが，直後の3休止を伴う4モーラのまとまりである (2.1節)．

このような「4モーラ(繰り返し)+1音」は，歌謡やその他の定型においても頻繁に観察される．[2] このうち，もっとも生産的な例として，「4モーラ小節×3+1音3休止小節」の4小節で1行とし，それを4行続けること(16小節で)1曲とするものである．(16a-c)はそのような形式を，(16d)は準じて3行からなるものをあげている．

(16) a. 「どんぐりころころ」(詞：青木存義／曲：梁田貞)
       どんぐり　｜ころころ　｜どんぶりこ　　　　団栗ころころどんぶりこ

---

[2] 内田 (2014) は自著の書名の付け方について，発音した際のリズムを意識することを述べている．このうち『私の体は頭がいい』という書名は「わたしの｜からだは｜あたまが｜いい」となり，(16) の任意の1行と一致する（末尾の音節量中和も見られる）．

おいけに　|はまって　|さあたい|へん　　　お池にはまってさあ大変
どじょうが|でてきて　|こんにち|は　　　　泥鰌が出て来て今日は
ぼっちゃん|いっしょに|あそびま|しょう　　坊っちゃん一緒に
　　　　　　　　　　　　　　　　　　　　遊びましょう

b.「ああ人生に涙あり」（水戸黄門）（詞：山上路夫／曲：木下忠司）
じんせい　|らくありゃ|くもある|さ　　　　人生楽ありゃ苦もあるさ
なみだの　|あとには　|にじもで|る　　　　涙の後には虹も出る
あるいて　|ゆくんだ　|しっかり|と　　　　歩いてゆくんだしっかりと
じぶんの　|み〜ちを　|ふみしめ|て　　　　自分の道を踏みしめて

c.「うれしいひなまつり」（詞：サトーハチロー／曲：河村光陽）
あかりを　|つけましょ|ぼんぼり|に　　　　明かりを付けましょ雪洞に
おはなを　|あげましょ|もものは|な　　　　お花をあげましょ桃の花
ご〜にん　|ばやしの　|ふえたい|こ　　　　五人囃の笛太鼓
きょ〜うは|たのしい　|ひなまつ|り　　　　今日は楽しいひな祭り

d.「雨降り」（詞：北原白秋／曲：中山晋平）
あめあめ　|ふれふれ　|かあさん|が　　　　雨, 雨降れ降れ　母さんが
じゃのめで|おむかえ　|うれしい|な　　　　蛇の目でお迎えうれしいな
ぴちぴち　|ちゃぷちゃぷ|らんらん|らん　　ぴちぴちちゃぷちゃぷ
　　　　　　　　　　　　　　　　　　　　らんらんらん

　これらは, どの歌詞をどのメロディーに乗せて歌っても, まったく違和感なく交換可能である.[3] このような交換可能な歌詞を持つ曲は, 次節で見るように, 非常に生産的である. 決して偶然から生じたものではなく, 必然性を持ち, その必然性こそが定型と言える. このリズム型は前節の少数の発音, ひいては, 字余りを含む定型詩の型とも関係している. 4モーラ（の繰り返し）の後に1音（+3休止）を加え, 全体を完結させるという意味においてである.

　さらに, 末尾以外の枠においてはモーラの保持が厳密に守られているのに対し, 末尾の1音については（16a, d）のように, 音節によって満たすことも可能である. このように, 歌謡におけるあるタイプの型には, 偶然とは言

---

　[3] とくに（16a）と（16b）の交換は, 1980年代前後に流行していた.

えないほど，リズム定型と共通性が見られるわけである．この点に関し，歌詞のリズム選択という観点から分析を加える．

(16a) と (16c) に共通する歌詞として勧誘の「〜しょう」がある．とくに口語の場合，長母音形の「しょう」と短縮形の「しょ」がともに生起可能であるが，歌（定型）の中での選択は，生起位置によって調整されている．(16c) の 1, 2 行目に見られる「つけましょ」と「あげましょ」は，それぞれ，4 モーラ枠内にあり，「しょ」の直前がそれぞれ 3 モーラによって満たされている．したがって，1 モーラ形「しょ」しか許容されず，4 モーラの枠が厳密に満たされている．これに対し (16a) 4 行目における「しょう」は，（歌詞では「しょう」が選択されているものの）短縮形「しょ」と長音形「しょう」のいずれも生起可能である．これは，この部分が行の末尾に位置し，4 モーラの小節から外れているためである．

上記も，少数における 1 モーラ数字伸長の有無と共通すると言える．4 モーラの領域の中に入っていれば義務的にそれを満たすための形が取られ，そこから外れ末尾に位置すれば，伸長，非伸長いずれも可能という意味においてである．[4]

このように見ると，一見，まったく無関係なように見えるリズム現象に，一貫した法則，すなわち，定型が存在していることが分かる．

次節では，このような「歌謡の定型」についてさらに定量的分析を行う．

4.「歌謡の定型」と音節

4.1. データ

『歌謡曲のすべて 1100 曲』（全音楽譜出版社，1999）から，作曲年代の特定できる 903 曲の分析を行った．[5] 903 曲それぞれを，20 年ごとの作曲年代と，拍子に基づいて分類し，それぞれにおける定型の度合いを以下のように

---

[4] 仮に (16c) の「あげましょ（う）」の代わりに「見ましょ（う）」が入った場合，「おはなを｜みましょう」のように，義務的に長音形が選択されると思われる．短縮形では 4 モーラ枠が満たせないためである．

[5] 田中 (2008a) では，上記楽譜集所収の 1110 曲から，作曲年代が特定でき，かつ特殊モーラを含む，866 曲中の名詞が分析されている．本分析では，そこに特殊モーラが含まれない 37 曲を加え，903 曲（の歌詞の 1 番）を分析対象とする．

分類した．各具体例を次の (18) に示す．

(17) a. 完全定型： 各小節が4モーラを中心に満たされ，形態素境界と一致し，それが数回繰り返された後に，1音によって末尾の示されるもの．＝「4モーラ＋1音」
b. 準定型： 上記 (a) と2倍の関係を持つ例．各小節が8モーラによって満たされ，小節の真ん中（／）が4モーラの形態素境界と完全に一致するもの．そのような単位が繰り返された後に，1音によって末尾の示されるもの．
c. 不完全定型： 上記 (a), (b) に準じた型．[6]
① 小節ごとに (a) と (b) とが混在したもの．
② 句の末尾が1音ではなく，「3音＋1休止」，あるいは「4音＋0休止」のまとまりを持つもの．つまり，句末に「1音＋3休止」は伴わないものの，4モーラを基準としたリズム単位は守られているもの．
③ 歌詞が基本的に4モーラを中心に形成されているが，それが小節の切れ目とは一致しないもの．
d. 非定型：歌詞と小節との一致が見られず，かつ，歌詞単独でも4モーラを中心としたまとまりが見られないもの．

(18) a. 『めだかのきょうだい』(1982) 荒木とよひさ／三木たかし
すずめの｜きょう（だい）が｜でんせん｜で
おおきく｜なったら　　　｜なんにな｜る
おおきく｜なったら　　　｜タカにな｜る
おおきく｜なったら　　　｜ペンギン｜に
『居酒屋』，『一月一日』『ギザギザハートの子守唄』…
b. 『リバーサイドホテル』(1983) 井上陽水
(休)だれも／しらない｜よあけが　／あけたと｜き
(休)まちの／かどから｜ステキな　／バスがで｜る
(休)わかい／ふたりは｜むちゅうに／なれるか｜ら

---

[6] ここでは，おもに (17a, b) と (17d) との関係を中心に分析するため，便宜上，(17c) の①-③を1つにまとめている．しかしながら，(17a, b) との連続性も考えられるため，①-③を分けて分析する可能性もある．この点については，今後の課題としたい．

第 12 章 リズム定型における韻律要素の調整　　　　　　205

　　　　　（休）せまい / シートに｜かくれて　/ たびにで｜る
　　　　　『舟歌』，『どうにも止まらない』…
　　c.　①　『別れても好きな人』（1970）佐々木勉
　　　　　わかれた /(休) ひとに｜あーった｜
　　　　　わかれた / しぶやで　｜あーった｜
　　　　　わかれた /(休) ときと｜おんなじ /(休) あめの｜
　　　　　よるだっ｜た
　　　　　『青い目の人形』，『中之島ブルース』…
　　　　②　『銀座の恋の物語』
　　　　　こころの｜そこまで｜しびれる｜ような 休
　　　　　といきの｜せつない｜ささやき｜だから 休
　　　　　なみだが｜おもわず｜わいてき｜て
　　　　　なきたく｜なるのさ｜このおれ｜も
　　　　③　『シルエットロマンス』（1981）来生えつこ／来生たかお
　　　　　こいする・お｜んなは・ゆ｜めみた・が｜りの・いつ｜
　　　　　も・ヒロイ　｜ン——・つ｜かのま・の｜—
　　　　　『青春時代』，『神田川』，『北の漁場』，『瀬戸の花嫁』…

4.1.1. 拍子と定型との関係

　4 分の 4 拍子（4/4）とは，1 小節の中に基本的に 4 分音符（♩）が 4 つ存在するものであり，4 分の 2 拍子（2/4）は，それが 2 つ（8 分音符（♪）なら 4 つ）存在するものである．同様に，4 分の 3 拍子（3/4）は，その中に 4 分音符が 3 つ，8 分の 6 拍子（6/8）は，8 分音符が 6 つによって占められる型を基本とする．拍子と (17) の定型との関係を表に示す．

表　楽曲拍子の割合と 4 モーラ定型度

拍子 / 定型度	a. 完全定型	b. 準定型	c. 不完全定型	d. 非定型	合計
4/4 拍子	55	65	314	300	734
2/4 拍子	29	3	54	13	99
3/4 拍子	15	6	26	14	61
6/8 拍子	4	0	3	2	9
合計	103	74	397	329	903

拍子の分布を見ると，興味深いことに，4分の4拍子が全体の82％（734/903）と圧倒的多数を占め，4分の2拍子が11％（99/903）とそれに続く．これら2つ，すなわち，小節が2を基本として成立するものが93％（833/903）となり，それ以外の3を基本とするもの（7%: 70/903）を圧倒している．日本語が音楽の面で4拍子（そして2拍子）に大きく偏っていることが分かる．このような指摘は従来からされており，日本語の言語リズムとの関係が論じられている（小島 (1997)）．

　各拍子の1小節における基本音符数が予想でき，かつ，1音符が1分節単位（モーラ）と概ね対応することを考えると，1小節は概ね4モーラ (4/4)，それに続き2モーラ (2/4) と対応しやすいことが予想できる．このような事実を前提として歌詞との関係を観察すると興味深い事実が浮かび上がる．

　まず，拍子と定型の度合いとの関係を見ると，4, 2拍子と3, 6拍子との間に大きな偏りの見られない（3拍子の曲においても，4モーラ定型が一定数にのぼる）ことが分かる．

　次に，4/4拍子と，2/4拍子との間の定型の偏りを見ると，2/4拍子では完全定型，すなわち，1小節が4モーラのまとまりを基本としているものの割合が高いのに対し，4/4拍子の楽曲では，両者が拮抗し，むしろ1小節が（表b）のように8分音符（8モーラ）によって満たされ，半小節ごとに4モーラが繰り返される型を基本とする．これらを音符の側から見ると，2/4拍子の楽曲では，（8分音符4つを基本とし）1小節が4モーラで満たされる割合が相対的に高いのに対し，4/4拍子では，4分音符4つによって小節が（4モーラで）満たされる場合と，同じ4モーラが8分音符で半小節ごとに満たされる場合とに2分される（なお，4/4拍子における前者は，後者と比較すると，概して曲調が遅い）．このような非対称は，歌詞が4モーラのまとまりを指向することを端的に示している．

4.1.2. 3拍子における4モーラ定型

　次に，3拍子（3/4, 6/8拍子）の楽曲に注目する．先述のように，3/4拍子は1小節の中に4分音符が3つ分で構成されるのが基本形であり，1小節が3モーラで構成されることが予測される．しかしながら，上記の大半において，むしろ，4モーラを基本とするという結果が得られた．

　これらの大半は，小節を均等に3つ割ったスロットのうちの，2つに1

モーラずつ充当させ，残る1つのスロットに2モーラを入れることによって，(19) のように小節内の4モーラ定型を満たしている（2モーラ分のスロットを［　］で示す）．

(19)　［わか］れる｜［こー］とは｜［つら］いけ｜ど
　　　［しか］たが｜［ない］んだ｜［きみ］のた｜め　　『星影のワルツ』

これらのことは，音楽においても日本語が4モーラを基本としてリズムを処理していることを端的に示している．上記のように，2拍子の小節も，2モーラではなく4モーラで満たされる場合の多いこと，また，3拍子自体が少なく，その小節内も（3モーラではなく）4モーラを基準に処理されるという事実を総合すると，そのことは明らかである．

4.1.3.　定型詩との異同：4モーラ定型における歌詞の調整

　定型詩7モーラ句が「4＋3」，「3＋4」，「4＋4（字余り）」のいずれかの構造に分類できることを第2節で確認した．

　歌謡においても，小節内における歌詞のモーラ数増減の可能な場合は，そうすることによって，4モーラ定型が守られることを確認した（3節）．歌詞の側で長さの調節が不可能な場合，いくつかの方策により，とくに3モーラ語（形態素）のリズム調整が行われ，小節内の4モーラ性を保つように設定される．

　その1つは，定型詩と同様，1モーラ分の休止を置くことであり，もう1つは，音符のほうを1モーラ引き延ばすという方法である．

　前者については，休止の位置は概ね現代定型詩における位置と一致し，まとまりの冒頭か末尾に置かれる（(18b)）．後者の場合，3モーラのいずれかのモーラを1つ分伸ばすことで，4モーラ小節を埋める．(16b) の4行目「みーちを」（道を）や (16c) の3, 4行目「ごーにん」（五人），「きょーうは」（今日は）などがこれに当たる．小節内の初頭モーラが伸長する例が多いようである．[7]

---

[7] これは3モーラを基本形とする野球声援における，2モーラ選手名の声援型と共通する（やの（矢野）：や〜の vs. *やの〜）（田中 (2008a)）．どのような位置でどのような伸長あるいは短縮が行われるかは，興味深いテーマであり，今後の検証課題である．

このように,多くの面で,定型詩との間にリズム調整の共通性が確認できる.

4.2. 作曲年代と歌詞の定型

次に歌謡の作曲年代と定型との関係について分析する.

図は,作曲年代を20年毎に分け,上で見た定型との関係を示したものである(数の少なさのため,1939年以前については1つにまとめている).

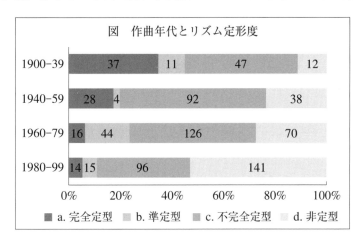

古い時代に作られた曲ほど完全定型の割合が高く非定型が極端に少ないのに対し,作曲年代が新しくなるにつれて,逆に,定型の度合いが極端に下がり,反対に非定型の割合が高くなっている.とくに,1980年代以降に作られた曲においては,定型の割合が極端に少なく,一致の見られないもののほうがはるかに一般的になる.音楽における自由度が増したと言える.

田中 (2008a, b) は,同じコーパスを用いて,作曲年代が下るにしたがって一貫してモーラの相対的役割が減少し,音節の役割が増すこと,さらには,無声化をはじめとする高母音自立モーラに音符が与えられない例が増えていることを提示しているが,それと同様の変化,つまり,基本形からの逸脱が,定型の度合いについても見られることが明らかになった.

このように見ると,歌謡の定型は半ば廃れたものであり,意味を持たないように映るかもしれない.しかしながら,これらの多くは現在でも歌い継がれる基本的なものである.また,(16a, c, d) のような幼児が初期に習う基

本的なものと共通し，ちょうど，言語でいう，幼児語（育児語）の音韻構造と平行的である．そういった意味で，基本形の確認と変化とを同時に扱うことは重要だと言える．

5. 結びと課題

　本章では，現代川柳の字余り現象を出発点にして，定型詩の言語を超えたリズム調整と，個別言語内の別のリズム現象との関わりについて論じた．いずれの方向においても言語学的な共通性が見出せることを新たに提示した．

　最後に，今後の課題について述べ，結びとしたい．まず，定型詩の分析については，他言語のリズム調整を観察し，本分析で確認したことの一般性について確かめることが挙げられる．本章では，各言語の基本的なリズム単位を基本としながら，とくに，末尾要素の調整を，それ以外のリズム単位により行う事例を報告した．このような調整が，どの程度行われるのか，とくに本章では扱わなかった，強勢言語におけるリズム調整を見ることで確認する必要がある．また，とくに，他言語における休止の役割についても検討を要する．

　次に，定型の説明範囲についてである．本章では歌謡にも定型が存在することを，具体例とともに量的に示した．このような定型は，本分析で用いた資料よりもさらに規範的な歌謡，たとえば，童謡や唱歌等に，はるかに多く見られることが予想できる．そのような検証を行うことも重要な課題である．次に，日本語で見られたこのような歌詞の調整が，どの程度，他言語において見られるかさらに詳細に検証する必要がある．

　さらに，音節との関わりも重要な視点である．本章では，（重）音節と音符との関わりは，句末に絞って提示した．しかしながら，田中（2008a, b）では，とくに語末にこのような音節量中和現象が多く見られることが指摘されており，音韻・形態・統語レベルとの関わりを検証する必要がある．

　リズム定型の通言語的，また，現象を超えた調査・分析を通した一般化が望まれるところである．

参考文献

別宮貞徳 (1977)『日本語のリズム』講談社, 東京.
Beltrami, Pietro G. (1991/2002) *La metrica italiana*, Il Mulino, Bologna.
Casali, Roderic F. (1996) *Resolving Hiatus*, Doctoral dissertation, UCLA.
Cohn. Abigail C. (2003) "Phonological Structure and Phonetic Duration: The Role of the Mora," *Working Papers of the Cornell Phonetics Laboratory* 2003(15), 69-100.
Fabb, Nigel and Halle, Morris (2008) *Meter in Poetry: A New Theory*, Cambridge University Press, Cambridge.
Hammond, Michael (1999) *The Phonology of English: A Prosodic Optimality-Theoretic Approach*, Oxford University Press, Oxford.
Katayama, Motoko (1998) *Optimality Theory and Japanese Loanword Phonology*, Doctoral dissertation, UC Santa Cruz.
Krämer, Martin (2009) *Phonology of Italian*, Oxford University Press, Oxford.
小島美子 (1997)『音楽から見た日本人』日本放送出版協会, 東京.
Kubozono, Haruo (1996) "Syllable and Accent in Japanese: Evidence from Loanword Accentuation," *The Bulletin (Phonetic Society of Japan)* 211, 71-82.
窪薗晴夫 (2013)「音韻論」『日英対照 英語学の基礎』, 三原健一・高見健一 (編), くろしお出版, 東京.
前田広幸 (2011)「書評『リズム・アクセントの「ゆれ」と音韻・形態構造』」『日本語の研究』7:3, 93-99, 日本語学会.
Menichetti, Aldo (2013) *Prima lezione di metrica*, Guis. Laterza & Figlio, Roma-Bari.
毛利正守 (2005)「字余り研究の課題：音韻現象と定型との関わり」『日本語学会2005年度春季大会予稿集』.
坂野信彦 (1996)『七五調の謎を解く』大修館書店, 東京.
Shinohara, Shigeko (2002) "Metrical Constraints and Word Identity in Japanese Compound Nouns," *Phonological Answers (and Their Corresponding Questions)*, MIT working papers in linguistics 42.
高山倫明 (2006)「音節構造と字余り論」『語文研究』100/101, 1-15, 九州大学.
田中真一 (1999)「日本語の音節と4モーラのテンプレート：川柳とプロ野球声援における『字余り』の分析」『文法と音声II』, 音声文法研究会(編), 261-290, くろしお出版, 東京.
田中真一 (2008a)『リズム・アクセントの「ゆれ」と音韻・形態構造』くろしお出版, 東京.
田中真一 (2008b)「言語の韻律と歌のメロディー・リズム」『日本語学』27:4, 8-28.

上山あゆみ (1991)『はじめての人の言語学』くろしお出版, 東京.
Trubetskoy, Nikolai. S. (1939/1969) *Principles of Phonology*, University of California Press, Berkeley and Los Angeles.
内田樹 (2014)「ベストセラータイトルの音韻について」『街場のマンガ論』小学館文庫, 東京.
氏平明 (1996)「歌唱に見る日本語の特殊モーラ」『音韻研究―理論と実践』, 音韻論研究会(編), 71-76, 開拓社, 東京.
Vance, Timothy. J. (1987) *An Introduction to Japanese Phonology*, State University of New York Press, New York.
Vance, Timothy. J. (2008) *The Sounds of Japanese*, Cambridge University Press, Cambridge.

第 13 章

連濁は音韻理論の問題か*

川原繁人・竹村亜紀子

慶應義塾大学　フランス国立東洋言語文化研究所

1. 導入

　音韻論の研究では音の交替を分析し，その分析に基づき音韻理論を構築する．[1] A という音が，ある環境で B という音に変化することが観察された場合，それがそのまま音韻理論に使われる，というのが現状である．誤解を恐れずにいえば，「音に関することであれば，なんでも音韻理論の構築のための証拠として使ってしまえ」という風潮がなくもない．[2] しかしながら，最近の研究では，すべての音の交替を音韻理論の議論として扱うべきではないことが指摘されており，それにはいくつかの理由が存在する．

---

* 本章は Kawahara (2015) で取り上げた議論を第 2 筆者が翻訳し，さらに大幅な加筆修正を加えたものである．翻訳は Mouton 社の許可のもと行われている．引用されている英語の文言も筆者が翻訳を行った．引用の原文は Kawahara (2015) を参照のこと．
　本章は学術振興会による支援（科研費番号 26770147, 科研費番号 26284059）を受けていることをここに記す．その他の謝辞に関しては，Kawahara (2015) を参照．
[1] 本章では音素配列（phonotactics）の問題については扱わない．音素配列の知識が文法で統率されているのか，あるいは語彙的な確率条件で統率されているのかというのは重要な問題ではあるが，本章はこの問題については立ち入らない．この議論に関する具体的な文献は Kawahara (2015) の脚注 1 を参照．
[2] 余談だが，第一筆者が 2001 年の音韻論学会で卒業論文を発表した際，故原口庄輔先生に私のこのような態度に対してお叱りを受けた．確かに今振り返って見ると，卒論を書くのに必死であったため「音に関することであれば，なんでも自分の提唱する音韻理論の証拠として使ってしまえ」という態度があったことは間違いない．当時は原口先生のアドバイスの意味を深く理解していなかったが，この論文は原口先生への 15 年越しの返答でもある．原口先生ありがとうございます．

第 13 章 連濁は音韻理論の問題か　　213

　まず 1 つの理由として，音韻交替を示す現象の中には，カテゴリカル (categorical) な交替ではなく，連続的な (gradient な) 変化が観察されるものがあるからである．[3] 例えば，英語では末尾子音の [l] が軟口蓋化するが，この現象が音韻議論に使われることは少なくない．しかし Sproat and Fujimura (1993) は軟口蓋化の度合いというのは連続的（つまり二者択一的に「軟口蓋化した」「軟口蓋化していない」というものではない）ということを実験的に示している．具体的には，軟口蓋化の度合いは [l] が位置する句境界の強さに伴って変化する．同様に，Nolan (1992) は英語における単語境界を超えた同化によって late call のような句の "t" が [k] になる現象を EPG を使って分析している．その結果，late の "t" は完全に [k] になっていないため，同化が不完全であるとしている．Ellis and Hardcatle (2002) のその後の研究では，話者によっては同様の現象でカテゴリカルな変化が起こるとしているが，この一連の研究から，我々は何を学ぶべきなのだろうか．それはまず，「音韻パタン」とされるものの中にはカテゴリカルな変化を伴わないものもあるということである．また，さらに厄介なのは，同じ交替を示すとしてもカテゴリカルなものと段階的なものの両方が 1 つの言語の中に存在する場合である．このような場合，前者を音韻的交替とし，後者を音声的交替として扱う方法がある (Cohn (1993), Zsiga (1997) ほか)．このような場合，後者のパタンは音韻理論の問題ではなく，音声学の問題である．だとするならば，後者を音韻理論の構築に使ってはならない．ただし，Ellis and Hardcatle (2002) の実験が示すように，あっさりと「この現象は音韻的な問題ではない」と諦めてしまうのも問題である（この点に関しては Hayes (1992) にも重要な議論がある）．

　音韻理論構築におけるデータの扱いに関する第二の問題として挙げられるのは，音韻パタンの中には無意味語を使った実験で，その音韻パタンを再現できないことがあるという点である．そういった場合，その音韻パタンの生

---

[3] この二種類の概念の違いはわかりにくいかもしれないが，以下のように考えられる．カテゴリカルな違いには，「生きている vs. 死んでいる」のように中間がない．（シュレディンガーの猫でない限り）「同時に生きていて，かつ，死んでいる」という状態は存在しない．それに対して，連続的な違いは「疲れている vs. 元気だ」のように中間的な段階が存在する．音韻理論において，A の音が B に変化するとき，A は完全に B に変わり，中間的な段階は存在しない，ということである．

産性そのものが疑わしくなってしまう．生産性がない音の交替現象は，語彙化されている（＝関連する単語はすべて記憶されている）可能性が高い．音韻理論が人間言語の「生成的」な一面を考察する学問で有る限り，語彙化されている現象を基に理論を構築するべきではない．この点は生成音韻論の初期の時代から問題視されてきた．例えば，Ohala (1974) は，英語における軟口蓋音の軟化 (velar softening) の生産性に対して疑問を投げかけている．ただし，のちに行われた Pierrehumbert (2006) の実験では同じ現象でも，接辞の種類によっては生産性が確認されている．やはり一回の実験で「ある現象が音韻的ではない」と決めつけるのも危険であるといえよう．

　この問題に関連して日本語の例を挙げると，日本語では動詞の過去時制を作る際には様々な音の変化がおこる（鼻音に後続する音の有声化，軟口蓋音の削除，母音挿入等）．しかし，Vance (1987) によると実験的な環境では，このような「音韻的」過程が完全に再現されないことを示している．その後の研究においても，日本語活用における「音韻的」パタンと呼ばれているものは一貫してことごとく再現できていない (Batchelder (1999), Griner (2005), Vance (1991))．Vance (1991: 156) は「(動詞の過去時制を作る実験結果は) 形態論的に規則的と言われている日本語の動詞の活用パタンでさえもレキシコン（心的辞書）に書き込まれているという主張と一致している」と述べている．しかし，日本語の動詞の活用変化に生産性がないという事実は残念ながら理論言語学では認識されていない (Davis and Tsujimura (1991), Ito and Mester (1995), Lombardi (2002), Rice (1993))．このことは，この実験がよく知られた日本語音韻論の入門書 (Vance (1987)) に書かれているにも関わらず，であり，これは大変残念なことである．音韻理論が「生成」文法の一部を成している限り，音韻理論は生産的な過程に基づくべきであろう．[4]

　3つ目の懸念として挙げられるのは，ある音韻現象に関連する語例が非常に少ないことである．再び日本語を例にとると，オノマトペに現れる口蓋化

---

[4] 日本語の音韻パタンは一般音韻理論の構築に大きく貢献してきており，日本語を知らない学者も日本語の分析を多く行っている．よって日本の学者が無批判に日本語の音交替のパタンを音韻的であるとして，音韻論の世界に提供することは危険が伴うと言える．十分に吟味された日本語のデータを音韻論の世界に提供するのが日本語研究を行う理論言語学者の義務であると思う．

のパタンは，相反する方向性（conflicting directionality）の例として，音韻理論において議論されてきた（McCarthy (2003), Mester and Ito (1989), Kurisu (2009), Zoll (1997)）．舌頂性（coronal）と非舌頂性（non-coronal）の子音は，口蓋化を促す形態素を伴う際，異なる方向性を示すといわれている（Hamano (1986))．しかし，Alderete and Kochetov (2009) はこの主張を支持するような語例は多くなく，さらに反例も少なからず存在することも示している．また彼らの被験者は Hamano (1986) の主張から期待されるようなパタンを再現できなかったとしている．このような例を鑑みると，十分な数の語例に基づいて一般化をすることが重要であるように思われる．

　これらの懸念は音韻論の歴史の中で往々にして認識されてきた（de Lacy (2009, 2014), Hayes (1995), Kawahara (2011a, b), Ohala (1974, 1986), Nolan (1992))．例えば，Hayes は「私が昔研究していた「普通の音韻パタン」はどこに行ってしまったのだろうか？」と述べている（Hayes (1995: 68))．ある音韻プロセスは例外なく自動的に適用するようなものであったが，それは今では「phonetic-y（＝音声パタンっぽい）」なものになっており，音声学の問題となってしまう．一方で音声学とは関係がないような音の変化は，形態的パタンで非生産的であるように見え，さらに多くの例外を伴っている．これらはレキシコンや形態論の問題ではないだろうか？　そう考えると，音声学の問題ではなく形態論の問題でもない，純粋に音韻的なパタンは存在するのだろうか？もっと言ってしまえば，形態論と音声モジュールから独立した純粋な音韻モジュールは本当に理論上必要なのだろうか？

　このような問題を意識すると，音韻データの質をより注意深く見る必要があると痛感する（近年，この問題を扱った議論は de Lacy (2009, 2014), Kawahara (2011a, b) がある．また統語論における同様の問題意識は Schütze (1996) を参照されたい）．「音に関することは，すべて音韻の問題である」という態度を改め，もう一度じっくりと音韻議論（Phonological argumentation）について考え直す必要があるのではないか．

　さて，このような一般的な問題意識を背景に，本章では，どのような証拠があれば問題となっているパタンが音韻的であると見なせるかについて議論する．特に，形態音韻論的に語彙的な不規則性が広範囲にみられるパタンについて議論する．連濁はまさにこのような「データの質の問題」を考えるに

あたって，格好な題材である．

　ただし，本章で議論する内容は確証的なものとして捉えるべきではない．本章の議論や考え方に同意しない人が存在するであろうことも承知している．重要なことは，この問題を取り上げて「データの質の問題」を議論することそのものである．このような議論をすること自体が大事なのだ，ということを伝えたいのである．このような類の事例研究を積み重ねて初めて，どのような証拠があれば，問題となっているパタンが音韻的か否かを決めることができるのかということが明らかとなり，そのガイドラインの構築に取り組むことができるのではないだろうか．

2. 事例研究：連濁

2.1. 連濁の諸相

　第 1 節で取り上げた懸念を念頭においた上で，ここでは連濁について簡単に説明をする．連濁とは日本語の複合語形成の際にみられる有声化の過程である（例　おお＋たぬき /oo+tanuki/ → おお-だぬき /oo-danuki/）．[5] 連濁について音韻論の研究では，よく「複合語を形成する際，後部要素の語頭の阻害音を有声化すること」と簡単に記述されることが多い（Ito and Mester (1986: 50)）．

　しかし，一方で Vance (2014: 137) はより語彙的指向の観点から連濁を次のように特徴付けている．

> 日本語の形態素の多くが連濁という有声化現象を示す．... そのような形態素は語頭に無声阻害音の異形態素と，さらにもう 1 つの有声阻害音の異形態素の両方を有している．例えば「鳥（とり）」という形態素を取り上げてみよう．「鳥（とり）」（/tori/）は無声の /t/ が語頭に現れる．そして，「ハチドリ」（/hati+dori/）となると有声の /d/ が後部要素の語頭にくる．形態素がこの「鳥」のような交替現象を示すとき「異形態素をもつ単語に連濁が起こった」とする．

---

[5] 本章では音素的な記述を用いる．音声的な詳細が必要な場合に限り，その詳細を明記する．

第 13 章 連濁は音韻理論の問題か　　　　　　　　217

このような記述は，連濁を 2 つの異形態素をもつ形態素の問題として扱っている．また，そこに「音韻的な有声化の規則」が存在することも，またそういった意味の含みもない．

　このような連濁に対する慎重な記述の理由の背景は，連濁には多くの語彙的な不規則性を含んでいることが挙げられる．Vance (2015) は連濁の適用性に影響を及ぼす様々な要因を一覧としてまとめているので，参照されたい．連濁が不規則であると言われる理由の 1 つは，連濁が和語のみに適用されるという特徴がありながら，この特徴づけが必ずしも実体を反映していない点である．実際，和語の多くが連濁の適用を受けないが，非和語の語彙が連濁の適用を受けることもある．さらに，ある特定の複合語については連濁が適用されるかどうかは予想できない．よく似た形でありながら，連濁の適用が予想不可であるミニマル・ペアを (1) に示す．

(1)　連濁の語彙的不規則性の例
　　a.　くろ-かみ /kuro-kami/ vs. あか-がみ /aka-gami/
　　b.　かた-かな /kata-kana/ vs. ひら-がな /hira-gana/
　　c.　にわ-とり /niwa-tori/ vs. やま-どり /yama-dori/
　　d.　エロ-ほん /ero-hon/ vs. ビニ-ぼん /bini-bon/
　　e.　あし-くせ /asi-kuse/ vs. くち-ぐせ /kuti-guse/

　また，連濁適用を体系的に阻止する制約に抵触しない（＝連濁の適用を受けるはずである）にも関わらず，全く連濁の適用を受けない語彙もある（例 けむり /kemuri/, つゆ /tuyu/: Vance (2014: 140))．このような語彙は音韻的および形態的な理由で連濁が起こらないのではなく，ただ単に連濁が適用されないのである．

　このような連濁の不規則性の問題は，何も新しいことではない．McCawley (1968) の生成音韻論の枠組みによる日本語の音韻の分析では，「『有声化』の規則（＝連濁）が適用される環境を述べることはできない．… 連濁に関連するデータには全くもって当惑させられるばかりである」(脚注 18) と述べている．Ohno (2000: 163) はもっと直接的に，「連濁は生産的かつ共時的な音韻規則ではない．」と述べている．以下は Vance (2014: 139-140) からの引用である．

奥村（1955）は，連濁はある一定の傾向はあるが，連濁がいつ起こるのかということを特定することは極めて難しいと述べている．おそらく，この中の「極めて難しい」という表現を「不可能」に変えるだけで，連濁に対するこの見方はもっと的確になるのではないだろうか．この半世紀の間の連濁に関する研究は，奥村の見立てが過度に悲観的だったとは示唆していない．

　本章は，このような連濁を語彙的なものとして扱う立場に対する建設的な回答として理解していただきたい．「悲観的」になって，連濁を音韻論の世界から追放することも可能である．しかし，そこまで悲観的にならず，連濁を音韻論の研究対象から完全に取り除いてしまわないためにはどうしたらいいのだろうか．

2.2. 音韻理論における連濁の役割

　我々が，この問題を取り上げる最大の理由は，音韻理論の歴史の中で連濁が，ある特定の音韻理論の証拠として数多く用いられてきたからである．もし連濁が音韻的でないならば，その理論的主張はその経験的根拠を失うことを意味する．音韻理論は音韻データに基づいて構築されるべきで，語彙的パタンに基づくべきではない．連濁に関する理論的貢献は (2) に挙げられているように，5つの重要な特性がある．これら5つの特性は音韻理論に非常に意味のある貢献をしている（詳細は近刊の Kawahara and Zamma を参照のこと）．

(2) 連濁は
　a. 有声化の過程である．
　b. 形態素にすでに有声阻害音があるときには有声化は阻止される．（ライマン (Lyman) の法則）
　c. 共鳴音の音韻素性 [+voice]（有声性の素性）は連濁を阻止しない．
　d. 連濁を受ける可能性のある後部要素自体が複合語の左枝に位置する場合，連濁は阻止される．（右枝分かれ制約）
　e. 軟口蓋の鼻濁音化に対して不透明 (opaque) である．（＝鼻濁音の [ŋ] も連濁を阻止する）

上記の特性は次の理論的枠組みを議論するために用いられてきた．

(3) 有声化の過程として連濁は
　a. 自律音韻論の拡散規則 (spreading rule) である (Ito and Mester (1986))．
　b. 形態化された母音間子音の有声化 (intervocalic voicing) である (Ito and Mester (1996))．
　c. 形態素の実現制約 (Realize Morpheme) の結果である (Ito and Mester (2003a))．

(4) ライマンの法則は以下の規則が存在することを示す証拠である
　a. 浮遊素性 (floating feature) (Ito and Mester (1986))．
　b. OCP(+voice) ([+voice] にかかる必異原理) (Ito and Mester (1986))．
　c. 有声阻害音を禁止する制約の自己局所的結合 (self local-conjunction of *VoicedObs) (Ito and Mester (2003a))．

(5) 共鳴音の有声性の素性はライマンの法則によって無視される．その理由は
　a. 共鳴音の有声性の素性は指定がない (underspecified) ため (Ito and Mester (1986))．
　b. 共鳴音が有声性の素性 [voice] 自体を持っていないため (Mester and Ito (1989))．
　c. 阻害音と共鳴音は異なる有声性の素性を持っているため (Rice (1993))．

(6) 右枝分かれ制約がある理由は
　a. 音韻パタンがc統御 (c-command) に影響を受けるため (Otsu (1980))．
　b. 形態的結合は循環的 (cyclic) に適用されるため (Ito and Mester (1986))．
　c. 形態的に異なる枝分かれ構造は異なる韻律構造を持つため (Ito and Mester (2003a))．

(7) 連濁とライマンの法則との間で起こる不透明性は次の特性が存在する証拠である．

a. 共感理論 (Sympathy Theory) (Ito and Mester (1997))
　　b. 語彙音韻論とポスト語彙音韻論との違い (Ito and Mester (2003b))

　それぞれの議論がどれだけ説得力があるのかは，ここでは問題ではない．[6] より重要なことは，連濁およびその特性が音韻理論の議論に用いられてきたということであり，さらに連濁自体が音韻理論の世界で一般的に有名になっている事実である．連濁が語彙的であるならば，上でまとめた理論的主張はすべて経験的根拠を失う．

　また連濁を吟味するもう1つの理由がある．それは，連濁が音韻論の入門書に数多く取り上げられているということである (Gussenhoven and Jacobs (2011: 58), Kenstowicz (1994: 493, 511-512), Roca (1994: 75-76), Spencer (1996: 60-61))．これらの入門書の中でも，連濁の語彙的不規則性に言及したものはない．もし日本語の知識を持たない人（特に学生）がこれらの入門書を読めば，連濁は規則的で例外のないパタンだと誤解してしまう恐れがある．実際にそういう誤解をしている言語学者が存在するのも事実である．

　繰り返しになるが，本章は音韻議論で連濁を用いることを否定しようとしているわけではない．むしろその逆で，本章は語彙的例外を含む連濁の問題に向き合い，連濁が音韻的議論に使用することができるのかどうかを，より慎重かつ明確に精査するべきではなかろうかと提起しようというものである．

3. 連濁が音韻的であるという実験的証拠

　では，連濁が音韻的である，あるいは連濁が音韻的側面をもっていると考

---

　[6] とはいうものの，Ito and Mester の連濁の理論分析はやはり影響力が強い．他の言語で提唱された理論的な原則を連濁に応用し，切れ味のいい分析が展開されるため，世界でも広く知られている．（余談だが Ito and Mester (1986) は第一筆者が音の研究に足を踏み入れるきっかけとなった論文の1つである．）しかし，その Ito and Mester の文献の多くで，連濁の不規則性が明示されていないため，連濁に対する誤解が広まってしまう可能性があるのも事実である．

えられる理由を考えていこう．1節で挙げた連濁に関する2つの懸念は簡単に払拭できる．連濁が段階的 (gradient) だ，あるいは "phonetic-y"（音声パタンっぽい）な過程だということを主張する者はいないと思われる．その理由は，連濁が複合語を形成する際に起こるからである．[7] また，オノマトペの口蓋化の例とは異なり，連濁の例がわずかしかないという者はほとんどいないと思われる．なぜなら，実際に連濁の適用を受ける語例はかなりあるからである (Ito and Mester (2003a), Irwin and Miyashita (2013))．

最も厄介な問題は結局のところ連濁の生産性の問題であると思われる．また，連濁が音韻的だとする他の独立した証拠があることが望ましいだろう．ここから次の2節はこの問題を扱う．まず3節では連濁が規則に則ったものであるという実験的証拠を議論する．音韻論的研究を扱う実験の役割についての一般的な議論は Cohn et al. (2012), Kawahara (2011a), Ohala (1986), Pierrehumbert et al. (2000) 等を参照．

3.1. 無意味語における連濁の反応

連濁の実験については /semaro/ や /kidake/ のような無意味語を用いた実験が多くある (Kawahara (近刊予定))．[8] これら無意味語を使った連濁の実験の中には，強制的に選択肢を選ばせる実験 (Kawahara and Sano (2014c)) や産出実験（実在しない複合語を口頭で言ってもらい連濁の有無を確認する実験）(Vance (2014))，あるいは自然さ（連濁の有無がどれだけ自然に聞こえるか）を評価する実験 (Kawahara (2012)) などがある．これらの実験結果から明らかになったことは，連濁は無意味語に適用されるということであり，そして少なくとも連濁には生産的な側面があるということである．

最近の研究として，連濁の有無について強制的に選択肢を選ばせる実験

---

[7] この議論の前提は，形態文法部門で起こる音変化は，音声学的なものではない，ということである．この前提に反対することもできるが，ここでは立ち入らない．一般的には形態素情報は音声部門には送られない，とされているが，この前提を疑うことも可能である．この議論に関する最近のまとめは，Kawahara (2011a) を参照．

[8] 音韻パタンの生産性を確認するために無意味語を用いるという実験方法は実際よく用いられており，古い歴史をもつ．Halle (1978) の古典的な例を挙げれば，英語母語話者が例えば "Bach[x]" の [x] の後に [s] をつけて，英語の名詞の複数形を的確に生産できるかどうか無意味語を用いた（思考）実験を報告している．

(Kawahara and Sano (2014c))) では，ライマンの法則に抵触しない場合，無意味語のおよそ 60％ は連濁の適用を受けるとされている．もし連濁に生産性がないならば，この実験で連濁の無意味語への適用は起こるはずはない．この結果の 95％信頼区間は 55％ から 61％ であり，これは無意味語への連濁の適用が偶然の確率（チャンスレベル）で起こっているとは言えないことを意味している．[9]

　Kawahara (2012) では連濁の自然度合いを判断する実験を行っており，「とても不自然 (1)」から「とても自然 (5)」という 5 段階評価で判断してもらっている．連濁の適用を受けた無意味語の自然度合いは，実験 1（刺激語を古い和語として扱うように指示）の場合は平均で 3.42，実験 2（刺激語を無意味語として扱うように指示）の場合は平均で 3.35 であった．つまり，どちらの場合も，連濁の適用を受けた無意味語は不自然ではないと判断された．

　さらに注目すべき点は，こうした実験では常にライマンの法則（= (2b)）の影響が観察される点である．具体的には，ライマンの法則に違反した無意味語のほうが，ライマンの法則に違反しない（= 守っている）無意味語よりも連濁の適用を受けにくいことが明らかになっている（Kawahara and Sano (2014b), Vance (1980)）．さらにライマン法則に違反した場合は連濁がより不自然と判断される結果もでている（Kawahara (2012)）．Vance (2014) はこの点に触れて，「（連濁が規則でないとすると）規則ではないもの自体に制約（ライマンの法則）をかけるということは原理的に可能なのだろうか」(p. 143) と述べている．少なくとも，無意味語の実験における連濁の反応をみると，(i) ライマンの法則に影響を受けやすいという点で，体系的であること，そして (ii) ライマンの法則が OCP(+voice) のような音韻法則として特徴づけられる範囲内にあることから，連濁を音韻論の問題として議論できることが言えよう．

---

[9] 無意味語を用いた実験の連濁のパタンは語彙類推 (lexical analogy) によるものであるといえるだろうか．Ohno (2000) の類推による分析モデルは，無意味語を用いた実験の結果を予測できるまでに至っていない．ただし，Ohno (2000: 162) は「もし参照可能な実在する連濁の形がなければ，その語（後部要素）は新造複合語では連濁の適用を受けない」と述べている．この説明によれば，おそらく無意味語における連濁適用率 60％ を予測することはできない．

3.2. 習得パタンから：Fukuda and Fukuda (1994)

連濁は無意味語にも適用可能で，さらに連濁が実験環境ではライマンの法則の影響を受けやすいことを俯瞰してきたが，連濁が音韻的側面をもっているというさらなる実験的証拠がある．

Fukuda and Fukuda (1994) は特異的言語障害（specific language impairment (SLI)：言語の発達のみに障害があり，非言語的な能力は十分に高いという発達性の言語障害）をもつ子供は生産性のある言語的プロセスの習得はできないが，語彙的情報は何の問題もなく習得できる（Paradis and Gopnik (1997)）という一般的な観察に基づいて実験を行っている．実験はSLIの子供とそうでない子供を対象とした語形成の実験であった．その結果，SLIの子供は，そうでない子供に比べて，低頻度の語彙あるいは新造複合語に連濁を適用する確率が低いことが分かった．SLIの子供は生産性のある言語規則を習得することができないという先行研究の結果に照らし合わせると，そのような子供が見慣れない複合語に連濁を適用することができないという事実は，連濁が生産性のある音韻的過程であるという考え方を支持しているといえよう．

対照的に，SLIの子供は一般的に見慣れた複合語には連濁を適用する．この結果が示しているのは，連濁を伴う見慣れた複合語は記憶されているということである．このような結果が示しているように，連濁には語彙的および生産的な側面の両方が備わっているのかもしれない．連濁をよく知る音韻論の研究者の中で連濁には語彙的影響が全くなく，純粋に音韻的なものであるとする研究者はいないと思われる．重要なことは，連濁は文法の生産的なものによって作り出される場合もある，ということだ．近年のこの実験について解釈は Kubozono (2005) も参照されたい．

3.3. 神経科学的知見：Kobayashi et al. (2014)

Kobayashi et al. (2014) では ERP（事象関連電位）に基づく神経言語学の実験を報告しており，この実験結果では連濁が規則に則ったものであるという見方をさらに支持している．ERP は外部からの刺激に対する電気生理学的な脳の反応である．ERP には LAN, P600, N400 といった異なる反応があることが知られており，それらは様々な言語刺激に反応して観察される．この実験では，日本語母語話者に，普段は連濁しない語彙が連濁適用を

受けたような刺激を提示した．例えば，「飲み友」は普段 /nomi-tomo/ と発音されるが，/tomo/「友」を /nomi-domo/ として提示した．そうした場合，LAN と P600 が検出された．

　LAN は言語規則の過剰適用（overapplication）の際に現れることが知られており（Weyerts et al. (1997))，P600 も（少なくともいくつかの場合においては）同様の刺激に対する反応として観察される（Morris and Holcomb (2005))．結論としては，連濁の過剰適用は他の文法規則の過剰適用の際に観察されるものに似た神経学的な反応を示す．したがって，Kobayashi et al. の結果は神経言語学の見地から，連濁が規則に基づく性質があることを支持していると言える．

4. 連濁の音韻的制約との相互作用

　これまで上記でみてきた実験的証拠に加えて，連濁が音韻的であると考える理由がいくつかある．この議論は連濁が独立した通言語的基盤をもつ音韻規則の影響を受けすいという事実に基づいている．

4.1. 有声阻害音における有標性の階層

　Ihara et al. (2011) は，どの子音が最も連濁の適用を受けやすいのかという問題を扱い，無意味語を使った実験を用いて次のような子音の階層があることを明らかにした：/h/ > /k/ = /t/ > /s/．この階層から，/h/ が最も連濁の適用を受けやすく，/s/ が最も連濁の適用を受けにくいということがわかる．この階層は *$/z/ ≫ */g/, */d/ ≫ */b/（/h/ は連濁適用後 /b/ となる）という有標性の階層を反映したものと解釈することもできる．この階層性はおそらく普遍的とされ（Hayes and Steriade (2004))，この実験結果はその階層性とも矛盾しない．さらにこの階層性は有声阻害音の空気力学的な問題を反映している．

　有声摩擦音は通言語的に有声閉鎖音よりも有標性が高い．なぜなら，有声摩擦音は摩擦を起こすために高い口腔内気圧を必要とするが，それは同時に声帯振動の為の空気を口腔内に送ることを困難にする（Ladefoged and Maddieson (1996)，Ohala (1983))．有声閉鎖音における連濁適用の階層性も，空気力学的な難しさの階層性とも合致する．つまり，口腔閉鎖が後部

で起ると，口腔内の空気圧はより早く上がり，結果的に呼気流が止まってしまうことになる (Hayes and Steriade (2004), Ohala (1983), Ohala and Riordan (1979)).

これらの有標性が他の言語の音韻論の中でも動機づけられている限りにおいて (Hayes and Steriade (2004))，連濁は通言語的動機づけのある音韻的有標性の階層と相互作用があるため，音韻的であると考えるのが妥当であるように思われる．

4.2. 隣接する同一調音点の子音の禁止

連濁が音韻的であると考えるさらなる理由は，隣接する音節に調音点が同じ子音が2つあることを禁じる制約に影響をうけることである．この制約は多くの言語で観察されているが，特にセム語で有名である (McCarthy (1979))．日本語もまた，レキシコン (語彙層) では和語 (Kawahara et al. (2006)) およびオノマトペ (Hamano (1986)) の両方において，同一調音点の子音が2つ連なることを避ける傾向がある．

この同一調音点の子音が共起することを禁じる制約は連濁とも相互作用がある．/h/ は連濁が適用されると両唇音の /b/ になる．この交替によって，/hVmV/ という形の語 は連濁しないが，/hVnV/ という形の語は連濁する (Kawahara et al. (2006)). この2つの語形の対比を (8) と (9) に示す．

(8) /hVmV/ の語形：連濁しない
    a. /hama/-/suna-hama/「はま」-「すなはま」
    b. /hamo/-/oo-hamo/「はも」-「おおはも」
    c. /hima/-/kake-hima/「ひま」-「かけひま」
    d. /hime/-/mai-hime/「ひめ」-「まいひめ」
    e. /himo/-/kutu-himo/「ひも」-「くつひも」
    f. /hema/-/oo-hema/「へま」-「おおへま」

(9) /hVnV/ の語形：連濁する
    a. /hana/-/ai-bana/「はな」-「あいばな」
    b. /hane/-/te-bane/「はね」-「てばね」
    c. /hina/-/nagasi-bina/「ひな」-「ながしびな」
    d. /huna/-/oo-buna/「ふな」-「おおぶな」

e. /hune/-/oo-bune/「ふね」-「おおぶね」

　(8) に見られる連濁の阻止は，表層形の [bVmV] の配列では隣接する両唇子音が2つあることになり，それを避けるために連濁が適用されないと考えられる．この制約に音韻的動機づけがある限りにおいて，(8) に見られる連濁の阻止は，連濁が音韻論と何らかの関係があることを示しているといえよう．

4.3. 同一性の回避

　最後に Kawahara and Sano (2014c) は，連濁が「2つの隣接する同一 CV モーラの回避」に影響を受けるとしている．つまり，連濁に対して，同一性の回避（Identity Avoidance）の原理が働いている．彼らは無意味語を使った実験で，形態素境界にまたがる2つのモーラが同一である場合には（例 /ika+kaniro/)，そうでない場合（例 /ika+taniro/）よりも連濁がより適用されやすいということを明らかにした．つまり，同一性の回避が連濁の適用を促進するということである．

　またこの実験では，連濁が適用されたあとに形態素境界をまたいで同一モーラになってしまう場合（例 /iga+ganiro/）には，そうでない場合（例 /iga+daniro/）よりも連濁が起こりにくいことを示している．

　同一性の回避が音韻的制約である限り（Yip (1998)），連濁は少なくとも音韻的な側面を持つ．また，同一性の回避が示した二重の性質も興味深い．つまり，音韻的プロセスを引き起こすきっかけにもなりうるし，その阻止にもつながるという性質である．このような性質は音韻的な制約に関して，昔から観察されており，「共謀（conspiracy）」とも呼ばれている（Kisseberth (1970)）．同一性の回避と連濁の相互作用はこのような形で見られるので，典型的な音韻的制約の性質を示しているといえよう．

4.4. 付言

　最後に3節，4節で取り上げた議論の形について少し考えてみたい．振り返ってみると，多くの議論が「他の言語の音韻論現象でみられる特徴が連濁にもみられる」という体裁をとっているのがわかる．Fukuda and Fukuda の実験や Kobayashi et al. の実験にしても，他言語で規則的な現象で確認さ

れる特徴が連濁にもみられるとしているし，同一性の回避にしても，それが他言語で音韻的であるとされているということに依拠している．もちろんこの議論の方法が間違っているわけではないが，他言語で「これらの特徴＝音韻的である」という保証はない．つまり，結局のところさまざまな言語でこのような議論を重ねていく必要があるのである．

5. 連濁の正書法に基づく説明とライマンの法則

前節までは，連濁は音韻論的側面があることについての議論を概観してきた．連濁は確かに音韻論の問題であるという結論に移る前に，この節では連濁に関するもう1つの分析を紹介する．それは連濁の正書法に基づく説明で，連濁を扱う音韻理論が真剣に取り組まなければならない問題である．

Vance（近刊予定）が論じているように，連濁は単純に「語頭の子音の有声化」の問題ではなく，音声レベルで見た場合，より複雑な音の対応関係がある．(10)は連濁に関連する表層形の音の対応関係を示している．それぞれのペアは，左側に連濁の適用前の音を，そして右側に連濁適用後の音を示している．

(10) 連濁に関連する音のペア
    a. [ɸ]-[b]（例 [ɸue]-[bue]）　　　ふーぶ
    b. [ç]-[b]（例 [çi]-[bi]）　　　　ひーび
    c. [h]-[b]（例 [ha]-[ba]）　　　　はーば
    d. [t]-[d]（例 [ta]-[da]）　　　　たーだ
    e. [ts]-[z]（例 [tsuma]-[zuma]）　つーづ
    f. [tʃ]-[ʒ]（例 [tʃikara]-[ʒikara]）ちーぢ
    g. [k]-[g]（例 [ki]-[gi]）　　　　きーぎ
    h. [s]-[z]（例 [sora]-[zora]）　　そーぞ
    i. [ʃ]-[ʒ]（例 [ʃima]-[ʒima]）　　しーじ

(10)に示した中で，(d), (g), (h), (i)は有声性によって異なる音のミニマルペア（最少対）であるが，それ以外はそうとはいえない．もちろん，この対応関係は複雑ではあるが，説明できないものでもない．例えば，(a)-(c)について言えば，深層形で/p/を仮定することが可能である（McCawley

(1968)）．この仮定に基づき，/p/ は非有声化の環境では /h/ で，そして有声化の環境では /b/ で実現される．さらに /h/ は母音 /i/ と /u/ の前では異音の [çi], [ɸu] に変化する．(e), (f) に見られる非破擦音化は，連濁が普通は母音間という環境において起こることから，母音間の非破擦音化という独立した動機付けの結果として予想されるものである．

　Vance（近刊予定）が挙げるこの問題への回答としては，このような方法で音韻論的分析を構築することは不可能でもない（また特に問題のある音韻分析であるとも思えない）．しかしながら，正書法の観点からこの問題を捉えることも重要である．(10) に揚げたすべてのペアは同じ文字上の補助記号（濁点）を追加したものとして扱うことができる（Vance（近刊予定））．(10) の右側に書かれた音の文字は，濁点という補助記号を追加しただけで，左側に記された文字とまったく同じものである．つまり連濁を単純に「濁点の追加」として理解することが可能である．

　連濁を正書法の問題として扱うことで付随的に肯定的側面が表れてくる．ライマンの法則が共鳴音における有声化を無視していることは述べたが，この観察を説明するためにいくつかの理論的な方法が提唱されている（= (5))．しかしながら，正書法を用いれば単純な説明ができる．それは，日本語の正書法は阻害音の有声化には補助記号（濁点）をつけて示すが，共鳴音にはそれがつかないというだけのことである．つまり，ライマンの法則は「2つの濁点記号をつけることへの禁止」として理解される．そうすると，なぜ [ŋ] になった後の /g/ が連濁を阻止するのか（= (2e)）という点についても説明がつく．[ŋ] には濁点記号がついているので，ライマンの法則を引き起こすのである．

　さらに，借用語音韻論においても，ライマンの法則と正書法の形式についてもう1つおもしろい相関が見られる．有声促音と有声阻害音が共起すると，有声促音が無声化することがある（例「ベッド」が「ベット」になる）(Nishimura (2006))．この無声化もライマンの法則の影響として理解可能である．さらに，/p/ も有声促音を無声化する（例「ピラミッド」が「ピラミット」に，「キューピッド」が「キューピット」になる）．この観察から /p/ も日本語の正書法では補助記号（半濁点）を伴って書かれるので無声化が起こるという可能性が考えられる．したがって，ライマンの法則は同一形態素内に2つの補助記号が出現することを禁じていると言える．（しかし，正書

法の説明に頼らない音韻分析をしている Fukazawa et al. (2015) も参照されたい）

　上記のことを考慮に入れて，連濁とライマンの法則は純粋に正書法の問題であると言えるのだろうか．おそらくそうとも言えない．第一の理由として，子供は文字を習い始めるよりもずっと前に連濁を獲得し始めるという事実が挙げられる（杉本 (2013)）．もし連濁が純粋に文字だけの問題であるならば，この子供による連濁の獲得については説明できない．第二に，Kawahara and Sano (2014a) の同一性の回避の問題がある．この実験では日本語母語話者が，連濁を適用した場合に，隣接したモーラが同一子音になることを避けることが観察された．例えば「が」と「ご」の連鎖を作るような連濁は避けられるのである．これらの音は日本語では同じ文字でないので，正書法の説明だけでは子音の同一性の回避の問題を説明できない．第三に濁点といった補助記号がない漢字で書かれる形態素でも連濁の適用を受けるので，これらの連濁は正書法の問題とは言えない．第四に，連濁が純粋に正書法の問題であるとする見方では，3節，4節で議論してきた実験結果を説明することは難しい．正書法による説明では，なぜ正書法のプロセスが音韻的条件に敏感で，実験的環境において規則性をもつ特徴を示すことを説明できない．

　最後に，深澤はるか氏（私信）によると，彼女の子供が連濁を獲得している時，文字を学ぶよりもまえは，どんな語にも連濁を適用してしまっていたという．この事実を考えると，連濁はまず生産的で例外のない音韻的規則として獲得されている可能性を示唆している．したがって，語彙的な不規則性は，後の段階で，もしかすると正書法の知識とともに獲得されていく可能性もある．この正書法による影響の問題だけでなく，連濁が文法的かどうかといった一般的な問題を取り上げて，より体系的で長期的な獲得研究の結果が待たれるところである（杉本 (2013)）．

　本節の目的は正書法による説明によって音韻的説明を退けようとしたのではない．本節の中で本当に意識していただきたい点は音韻論者が正書法の影響を単純に無視してしまってはならないということである．結局のところ，音韻および正書法の両方の知識が連濁に関わる日本語母語話者の反応に影響を与えているのかもしれない．

6. 結論

本章で取り上げた疑問は「連濁は音韻理論の問題か」ということであった．語彙的な不規則性と正書法による影響を心に留めておいた上で，この疑問に対する本章の答えは「連濁は音韻理論の問題である」と言える．この回答は現在の音韻論研究では何も驚くべきものでもないかもしれない．しかし，本章が取り上げた問題を超えて伝えたいことは 音韻データの質を吟味することの重要性である．そして，本章はそのようなデータの質を確認するための具体的な試みであるといえる．ここで取り上げた議論の全てが認められなかったとしても，音韻データの質に関する議論の重要性さえ伝わればと思う．逆に将来「Kawahara (2015) や川原・竹村 (2015)（＝本章）が連濁は音韻的な現象だと言っているので，私もそれに従う」というような言葉だけは聞きたくない．研究者それぞれがデータの質を吟味する必要があるからである．

本章が他言語の，他の言語現象でも，音韻データの質について議論を始めるきっかけになればと願っている．このような研究の取り組みをしていくことで，どのような証拠があれば問題となっている現象が音韻的かどうかを決める決め手となるのかという問題について，一定の原則に則ったガイドラインを構築することができるだろう．

参考文献

Alderete, John and Alexei Kochetov (2009) "Japanese Mimetic Palatalization Revisited: Implications for Conflicting Directionality," *Phonology* 26:3, 369–388.

Batchelder, Eleanor Olds (1999) "Rule or Rote? Native-speaker Knowledge of Japanese Verb Inflection," *Proceedings of the Second International Conference on Cognitive Science*.

Cohn, Abigail (1993) "Nasalisation in English: Phonology or Phonetics," *Phonology* 10, 43–81.

Cohn, Abigail, Cécile Fougeron and Marie K. Huffman, eds. (2012) *The Oxford Handbook of Laboratory Phonology*, Oxford University Press, Oxford.

Davis, Stuart and Natsuko Tsujimura (1991) "An Autosegmental Account of Japanese Verbal Conjugation," *Journal of Japanese Linguistics* 13, 117–144.

de Lacy, Paul (2009) "Phonological Evidence," *Phonological Argumentation: Essays on Evidence and Motivation*, ed. by Steve Parker, 43-77, Equinox, London.

de Lacy, Paul (2014) "Evaluating Evidence for Stress System," *Word Stress: Theoretical and Typological Issues*, ed. by Harry van der Hulst, 149-193, Cambridge University Press, Cambridge.

Ellis, Lucy and William Hardcastle (2002) "Categorical and Gradient Properties of Assimilation in Alveolar to Velar Sequences: Evidence from EPG and EMA Data," *Journal of Phonetics* 30, 373-396.

Fukazawa, Haruka, Shigeto Kawahara, Mafuyu Kitahara and Shin-ichiro Sano (2015) "Two Is Too Much: Geminate Devoicing in Japanese,"『音韻研究』18, 3-10.

Fukuda, Suzy and Shinji Fukuda (1994) "To Voice or Not to Voice: The Operation of Rendaku in the Japanese Developmentally Language-impaired," *McGill Working Papers in Linguistics* 10, 178-193.

Griner, Barry (2005) "Productivity of Japanese Verb Tense Inflection: A Case Study," Master Thesis, University of California, Los Angeles.

Gussenhoven, Carlos and Haike Jacobs (2011) *Understanding Phonology*, 3rd ed., Oxford University Press, Oxford.

Halle, Morris (1978) "Knowledge Unlearned and Untaught: What Speakers Know about the Sounds of Their Language," *Linguistic Theory and Psychological Reality*, ed. by Morris Halle, Joan Bresnan and George A. Miller, 294-303, MIT Press, Cambridge, MA.

Hamano, Shoko (1986) *The Sound-Symbolic System of Japanese*, Doctoral dissertation, University of Florida

Hayes, Bruce (1992) "Comments on the Paper by Nolan," *Papers in Laboratory Phonology II: Gesture, Segment, Prosody*, ed. by Gerard R. Docherty and Robert Ladd, 280-286, Cambridge University Press, Cambridge.

Hayes, Bruce (1995) On What to Teach the Undergraduates: Some Changing Orthodoxies in Phonological Theory," *Linguistics in the Morning Calm* 3, 59-77.

Hayes, Bruce and Donca Steriade (2004) "Introduction: The Phonetic Bases of Phonological Markedness," *Phonetically Based Phonology*, ed. by Bruce Hayes, Robert Kirchner and Donca Steriade, 1-33, Cambridge University Press, Cambridge.

Ihara, Mutsuko, Katsuo Tamaoka and Hyunjung Lim (2011) "Rendaku and Markedness: Phonetic and Phonological Effects," talk presented at Tokyo Circle of Phonologists (TCP), July 24th.

Irwin, Mark and Mizuki Miyashita (2013) "The Rendaku Database v.2.0." http://

www-h.yamagata-u.ac.jp/~irwin/site/Rendaku_Database.html.

Ito, Junko and Armin Mester (1986) "The Phonology of Voicing in Japanese: Theoretical Consequences for Morphological Accessibility," *Linguistic Inquiry* 17, 49–73.

Ito, Junko and Armin Mester (1995) "Japanese Phonology," *The Handbook of Phonological Theory*, ed. by John Goldsmith, 817–838, Blackwell, Oxford.

Ito, Junko and Armin Mester (1996) "Rendaku I: Constraint Conjunction and the OCP," ms., University of California, Santa Cruz.

Ito, Junko and Armin Mester (1997) "Featural Sympathy: Feeding and Counterfeeding Interactions in Japanese," *Phonology at Santa Cruz* 5, 29–36.

Ito, Junko and Armin Mester (2003a) *Japanese Morphophonemics*, MIT Press, Cambridge, MA.

Ito, Junko and Armin Mester (2003b) "Lexical and Postlexical Phonology in Optimality Theory: Evidence from Japanese," *Linguistische Berichte* 11, 183–207.

Kawahara, Shigeto (2011a) "Experimental Approaches in Theoretical Phonology," *The Blackwell Companion to Phonology*, ed. by Marc van Oostendorp, Colin J. Ewen, Elizabeth Hume and Keren Rice, 2283–2303, Blackwell-Wiley, Oxford.

Kawahara, Shigeto (2011b) "Japanese Loanword Devoicing Revisited: A Rating Study," *Natural Language and Linguistic Theory* 29:3, 705–723.

Kawahara, Shigeto (2012) "Lyman's Law Is Active in Loanwords and Nonce Words: Evidence from Naturalness Judgment Experiments," *Lingua* 122:11, 1193–1206.

Kawahara, Shigeto (2015) "Can We Use Rendaku for Phonological Argumentation?" *Linguistic Vanguard* 1-12.

Kawahara, Shigeto (近刊予定) "Psycholinguistic Studies of Rendaku," *Perspectives on Rendaku: Sequential Voicing in Japanese Compounds*, ed. by Timothy Vance and Mark Irwin, Mouton, Berlin.

Kawahara, Shigeto, Hajime Ono and Kiyoshi Sudo (2006) "Consonant Co-occurrence Restrictions in Yamato Japanese," *Japanese/Korean Linguistics* 14, vol. 14, ed. by Timothy Vance and Kimberly Jones, 27–38, CSLI Publications, Stanford.

Kawahara, Shigeto and Shin-ichiro Sano (2014a) "Granularity of Identity Avoidance: Consonantal Identity, Moraic Identity, and Rendaku," ms., Keio University.

Kawahara, Shigeto and Shin-ichiro Sano (2014b) "Identity Avoidance and Lyman's Law," *Lingua* 150, 71–77.

Kawahara, Shigeto and Shin-ichiro Sano (2014c) "Identity Avoidance and Rendaku," *Proceedings of Phonology 2013*.

Kawahara, Shigeto and Hideki Zamma (近刊予定) "Generative Treatments of Rendaku," *Perspectives on Rendaku: Sequential Voicing in Japanese Compounds*, ed. by Timothy Vance and Mark Irwin, Mouton de Gruyter, Berlin.

Kenstowicz, Michael (1994) *Phonology in Generative Grammar*, Blackwell, Oxford.

Kisseberth, Charles (1970) "On the Functional Unity of Phonological Rules," *Linguistic Inquiry* 1, 291-306.

Kobayashi, Yuki, Yoko Sugioka and Takane Ito (2014) Rendaku (Japanese Sequential Voicing) as Rule Application: An ERP Study," *NeuroReport* 25:16, 1296-1301.

Kubozono, Haruo (2005) "Rendaku: Its Domain and Linguistic Conditions," *Voicing in Japanese*, ed. by Jeroen van de Weijer, Kensuke Nanjo and Tetsuo Nishihara, 5-24, Mouton de Gruyter, Berlin and New York.

Kurisu, Kazutaka (2009) "Palatalisability via Feature Comptibility," *Phonology* 26, 437-475.

Ladefoged, Peter and Ian Maddieson (1996) *The Sounds of the World's Languages*, 2nd ed., Blackwell, Oxford.

Lombardi, Linda (2002) "Coronal Epenthesis and Markedness," *Phonology* 19, 219-251.

McCarthy, John J. (1979) *Formal Problems in Semitic Phonology and Morphology*, Doctoral dissertation, MIT. [Published by Garland, New York, 1985.]

McCarthy, John J. (2003) "OT Constraints Are Categorical," *Phonology* 20, 75-138.

McCawley, James D. (1968) *The Phonological Component of a Grammar of Japanese*, Mouton, The Hague.

Mester, Armin and Junko Ito (1989) "Feature Predictability and Underspecification: Palatal Prosody in Japanese Mimetics," *Language* 65, 258-293.

Morris, J. and P. Holcomb (2005) "Event Related Potentials to Violations of Inflectional Verbal Morphonology in English," *Cognitive Brain Research* 25, 963-981.

Nishimura, Kohei (2006) "Lyman's Law in Loanwords,"『音韻研究』9, 83-90.

Nolan, Francis (1992) "The Descriptive Role of Segments: Evidence from Assimilation," *Papers in Laboratory Phonology II: Gesture, Segment, Prosody*, ed. by Gerard R. Docherty and Robert Ladd, 261-280, Cambridge University Press, Cambridge.

Ohala, John J. (1974) "Experimental Historical Phonology," *Historical Linguistics II: Theory and Description in Phonology. Proceedings of the First International Linguistic Conference on Historical Linguistics*, ed. by J. M. Naderson and

Charles Jones, 353-389, Elsevier, New York.

Ohala, John J. (1983) "The Origin of Sound Patterns in Vocal Tract Constraints," *The Production of Speech*, ed. by Peter MacNeilage, 189-216, Springer-Verlag, New York.

Ohala, John J. (1986) "Consumer's Guide to Evidence in Phonology," *Phonology* 3, 3-26.

Ohala, John J. and Carol J. Riordan (1979) "Passive Vocal Tract Enlargement during Voiced Stops," *Speech Communication Papers*, ed. by Jared J. Wolf and Dennis H. Klatt, 89-92, Acoustical Society of America, New York.

Ohno, Kazutoshi (2000) "The Lexical Nature of Rendaku in Japanese," *Japanese/Korean Linguistics* 9, ed. by Mineharu Nakayama and Carles Quinn, 151-164, CSLI Publications, Stanford.

奥村三雄(1955)「連濁」『国語学辞典』,国語学会(編), 961-962, 東京堂, 東京.

Otsu, Yukio (1980) "Some Aspects of Rendaku in Japanese and Related Problems," *MIT Working Papers in Linguistics*, vol. 2, ed. by Ann Farmer and Yukio Otsu, 207-228, Department of Linguistics and Philosophy, MIT.

Paradis, M. and M. Gopnik (1997) "Compensatory Strategies in Genetic Dysphasia: Declarative Memory," *Journal of Neurolinguistics* 10, 173-185.

Pierrehumbert, Janet, Mary Beckman and Robert Ladd (2000) "Conceptual Foundations of Phonology as a Laboratory Science," *Phonological Knowledge: Conceptual and Empirical Issues*, ed. by Noel Burton-Roberts, Phillip Carr and Gerard Docherty, 273-303, Oxford University Press, Oxford.

Pierrehumbert, Janet B. (2006) "The Statistical Basis of an Unnatural Alternation," *Laboratory Phonology VIII*, ed. by Louis Goldstein, Douglas H. Whalen and Catherine Best, 81-107, Mouton de Gruyter, Berlin.

Rice, Keren (1993) "A Reexamination of the Feature [Sonorant]: The Status of Sonorant Obstruents," *Language* 69, 308-344.

Roca, Iggy (1994) *Generative Phonology*, Taylor and Francis.

Schütze, Carlson (1996) *The Empirical Base of Linguistics: Grammaticality Judgments and Linguistic Methodology*, University of Chicago Press, Chicago.

Spencer, Andrew (1996) *Phonology: Theory and Description*, Blackwell, Oxford.

Sproat, Robert and Osamu Fujimura (1993) "Allophonic Variation in English /l/ and Its Implications for phonetic implementation," *Journal of Phonetics* 21, 291-311.

杉本貴代(2013)「幼児の連濁の獲得に関する横断的研究―語種とライマンの法則を中心に―」日本言語学会第146回大会研究発表.

Vance, Timothy (1980) "The Psychological Status of a Constraint on Japanese Consonant Alternation," *Linguistics* 18, 245-267.

Vance, Timothy (1987) *An Introduction to Japanese Phonology*, SUNY Press, New York.

Vance, Timothy (1991) "A New Experimental Study of Japanese Verb Morphology," *Journal of Japanese Linguistics* 13, 145-156.

Vance, Timothy (2014) "If Rendaku Isn't a Rule, What in the World Is It?" *Usage-Based Approaches to Japanese Grammar: Towards the Understanding of Human Language*, ed. by Kaori Kabata and Tsuyoshi Ono, 137-152, John Benjamins, Amsterdam.

Vance, Timothy (2015) "Rendaku," *The Handbook of Japanese Language and Linguistics: Phonetics and Phonology*, ed. by Haruo Kubozono, 397-441, Mouton de Gruyter, Berlin.

Vance, Timothy (近刊予定) "Introduction," *Perspectives on Rendaku: Sequential Voicing in Japanese Compounds*, ed. by Timothy Vance and Mark Irwin, Mouton, Berlin.

Weyerts, H., M. Penke, U. Dohrn, H. Clahsen and T. F. Münte (1997) "Brain Potentials Indicate Differences Between Regular And Irregular German Plurals," *NeuroReport* 8, 957-962.

Yip, Moira (1998) "Identity Avoidance in Phonology and Morphology," *Morphology and Its Relation to Phonology and Syntax*, ed. by Steven G. Lapointe, Diane K. Brentari and Patrick M. Farrell, 216-246, CSLI Publications, Stanford.

Zoll, Cheryl (1997) "Conflicting Directionality," *Phonology* 14, 263-286.

Zsiga, Elizabeth (1997) "Features, Gestures, and Igbo Vowels: An Approach to the Phonology-Phonetics Interface," *Language* 73, 227-274.

第 14 章

鳥取県倉吉方言における芸能人の名前等のアクセント
――メディア経由の標準語アクセントの方言化――*

桑本　裕二

秋田工業高等専門学校

1. はじめに

　日本語の諸方言において，方言特有のアクセントの変化を考えたとき，多くの場合，近隣方言との地理的接触よりは，テレビ，ラジオ等の音声メディアを介しての標準語との接触のほうが影響が激しく（Kubozono（2007: 324, 333）），標準語アクセントを模倣し，類似のまたは同一のアクセントに変化する傾向にある．特に芸能人やアニメのキャラクターなどの名前はテレビやラジオなどのメディアを介して音声をともなって伝達され，それらの流行や人気と共に，地域方言地域内で発話される機会が多い．このような語彙は，新聞や雑誌など文字情報として伝わることもあるが，音声情報として流入するものが主要であるから，当然他の語彙，たとえば芸能人ではない一般人としての名前や地名，他の一般語彙に比べると，その音形が標準語の影響を激しく受けるということは容易に推測されることである．
　本章は，鳥取県倉吉方言の調査結果に基づき，当該方言の芸能人等の名前（姓名の「名」）のアクセントの標準語の影響について考察したものである．

＊ 本章は PAIK（関西音韻論研究会）2013 年 9 月例会（2013 年 9 月 21 日，神戸大学）における口頭発表に基づいている．当研究会に参加された全ての方々に感謝申し上げる．方言調査は 2013 年 8 月と 9 月に，鳥取県倉吉市および東伯郡三朝町内で行ったものである．以下はインフォーマント協力者の方々である．記して感謝申し上げる：相見修平，伊藤芽衣，岩世毅，鵜沼民子，河原潤，桑谷真莉奈，桑本由樹子，背戸由貴子，塚根通保，津和野敬，津和野美智子，中尾明生，舩木富美子，向井純悟，村山京子，山田将也，吉田弘二，吉田禎子，他 1 名（敬称略）．

第14章　鳥取県倉吉方言における芸能人の名前等のアクセント　　　237

調査の結果，若年層（10〜20代）では大部分がたしかに標準語を模倣しているが，中年層（40代），高年層（60代後半以上）となるにしたがい，方言特有の中高型アクセントで発話され，いわば標準語アクセントを方言アクセントに「矯正する」という傾向が強くなることが観察された．この標準語アクセントの方言化は割合は少ないながら若年層にも現れるが，ある意味で，多くの地域方言に特徴的な「地域方言の標準語化」に対する逆の傾向として特徴づけることができる．

儀利古・桑本（2013）では，倉吉方言の（一般人の）名前のアクセントが高年層で優勢である中高型アクセントが中年層，若年層へ向かうにつれて崩壊し，東京方言[1]（標準語）のアクセント型を模倣する傾向が漸次的に強くなることが報告されている．本章における芸能人の名前等の結果を儀利古・桑本（2013）の一般人の名前の結果と対照させると，芸能人等の名前のアクセントのほうが一般人の名前より標準語アクセントの模倣が激しいが，両者の変化の程度の差異により高・中年層の一部の語彙群において，芸能人と，それと同名の一般人でアクセントを区別して両者を識別しているということを示す．

2.　倉吉方言について

2.1.　倉吉方言の方言区画

平山・室山（1998），森下（1999: 18f.）などによると，鳥取県の方言は，東部方言，中部方言，西部方言の3つに区分される．調査を行ったのは倉吉市，東伯郡三朝町であり，これらの地域は中部方言の地域

図1　鳥取県の方言区分と方言調査地の位置

---

[1] 儀利古・桑本（2013）は，東京地域の方言を，東京地域方言話者に対するアクセント調査と倉吉方言の同一語彙のアクセントの異同に言及しているため「東京方言」としており，本章では音声メディアによって規範的に全国一律に伝達されるという意味で「標準語」としているが，両者をほぼ同等のものとみなす．

に含まれる．この方言区域内では，語彙などに多少の多様性がみられるもののアクセントに関してはほぼ均一であり，本章で扱ったデータの調査地は2市町に及んでいるものの，当該地域方言を単一の「倉吉方言」として扱う．

2.2. 倉吉方言のアクセント体系

　倉吉方言のアクセント体系は，語アクセントに関しては標準語アクセントと同じである（金田一（1977），平山・室山（1998），森下（1999）など）．すなわち，モーラに付与される下げ核を有する起伏型アクセントと，下げ核のない平板型アクセントであり，nモーラの語に対し，n+1種類のアクセント型が存在するというものである．句アクセントに関しては，標準語では頭高型アクセントでなければ，第1モーラが低音調で第2モーラ以降はアクセント核まで高音調となるのに対し，倉吉方言ではアクセント核のあるモーラのみ高音調となる．そのため，頭高型と+2中高型（語の先頭から2モーラ目がアクセント核になる中高型）以外では（1a, b）のように，標準語とは音調の配列が異なっている．

(1) a.　+3中高型　　みずうみ（湖）　　倉吉：〇〇●〇
　　　　　　　　　　　　　　　　　　　標準語：〇●●〇
　　b.　尾高型　　　おとこガ（男が）　倉吉：〇〇●△
　　　　　　　　　　　　　　　　　　　標準語：〇●●△
　　　　　　　　　　　　　（〇：低音調　●：高音調　△：助詞）

　平板型アクセントでは当該句の再末尾の1モーラのみ高音調となるか，次の語のアクセントが生じるまで低音調が続く．たとえば平板型語である「さかな（魚）」に対しては，（2）が示すように，句の長さによって高音調の位置が移り変わる．

(2)　さかな　　　　　　　　〇〇●　　　　　　「魚」
　　　さかなガ　　　　　　　〇〇〇▲　　　　　「魚が」
　　　さかなガおる．　　　　〇〇〇△〇●　　　「魚がおる（いる）．」
　　　さかなガおったかわ．　〇〇〇△〇〇〇●　「魚がおった川．」

3. 標準語の名前のアクセントについて

標準語では，名前（姓名の「名」）のアクセントは末尾の要素（文字または形態素）によっておおまかに決定される（田中・窪薗 (1999: 65ff.)，Sugawara (2012))．たとえば，3モーラの名前では，末尾が「お（雄，夫，男など）」や「え（恵，江，絵など）」の場合平板型 ((3a))，「こ（子など）」や「し（志，史，士など）」の場合は頭高型で発音される ((3b))．

(3) 3モーラの名前のアクセント型
    a. 平板型
       -お：たかお^0，やすお^0，てつお^0，よしお^0...
       -え：かずえ^0，やすえ^0，きよえ^0，ゆきえ^0...
    b. 頭高型
       -こ：ひ⌐ろこ，ふ⌐みこ，み⌐ほこ，な⌐おこ...
       -し：た⌐かし，ひ⌐ろし，き⌐よし，た⌐けし...

                               (^{0}: 平板型，⌐: アクセント核)

2モーラの名前は頭高型になっている．

(4) 2モーラの名前のアクセント型
    頭高型：し⌐ん，と⌐し，りょ⌐ー，み⌐か，え⌐み，ち⌐え...

4モーラ以上では平板型 (5a)，頭高型 (5b) が主流だが，中高型 (5c) もある．

(5) 4モーラ以上の名前のアクセント型
    a. 平板型：こーいち^0，いちろー^0，けんたろー^0...
    b. 頭高型：こ⌐ーじろう，りょ⌐ーすけ，だ⌐いすけ...
    c. 中高型：たか⌐のり，よし⌐たろー，けんい⌐ちろー...

以上をまとめると，標準語における名前のアクセントは，(5c) のものを除いて平板型か頭高型になっている．(5c) に分類されたものは，4モーラ語の全て軽音節のもの，5モーラ以上の「たろー（太郎）」「いちろー（一郎）」で終わる複合的な構成になっているものを含むが，同じ音節構造や形態構造の「よしとも^0」「こーたろー^0」などは平板型であり，中高型は名前のアクセ

ントとの中でも少数にとどまる．なお，尾高型は名前の場合にはほとんど現れない．[2]

4. 倉吉方言の名前のアクセントの特徴

　倉吉方言では標準語の名前のアクセントに比べると中高型で出現するものが極めて多い．特に，3モーラの名前の場合，標準語では（3）に示したとおり，平板型か頭高型に分類されるが，倉吉方言では本来的には全て中高型で出現する．

　(6)　倉吉方言の3モーラの名前のアクセント
　　　a.　標準語での平板型の名前
　　　　　-お：たか⌐お，やす⌐お，てつ⌐お，よし⌐お…
　　　　　-え：かず⌐え，やす⌐え，きよ⌐え，ゆき⌐え…
　　　b.　標準語での頭高型の名前
　　　　　-こ：ひろ⌐こ，ふみ⌐こ，みほ⌐こ，なお⌐こ…
　　　　　-し：たか⌐し，ひろ⌐し，きよ⌐し，たけ⌐し…

　儀利古・桑本（2013: 194）の調査結果では，倉吉方言の3モーラの名前（「じゅんこ」「きょーこ」「ゆーじ」など，2モーラ目に特殊拍を含むものを除く[3]）のアクセントは，高年層（65～72歳）で81.0%が中高型である．
　3モーラ以外の語にも（7）のように中高型で出現するものがある．なお，これらは標準語アクセントではすべて平板型で出現するものである．

　(7)　倉吉方言の中高型アクセントで出現する名前（(6) 以外）
　　　　　4モーラ語：こーい⌐ち，いちろ⌐ー，たくろ⌐ー，しゅーぞ⌐ー…
　　　　　4モーラ以上：けんたろ⌐ー，ゆーの⌐すけ…

---

　[2] 名前に限らず，一般的にみても，尾高型アクセントは標準語のアクセント型の中ではもっとも出現する割合が少ない（田中・窪薗 (1999: 61)）．
　[3] 倉吉方言では標準語アクセントと同じく特殊拍にアクセントが来ることはないので，「じゅ⌐んこ」「きょ⌐ーこ」「ゆ⌐ーじ」のように後ろから2モーラ目が特殊拍の場合はこの位置にアクセント核が来ることはなく，1モーラ前に置かれて頭高型となる．儀利古・桑本 (2013) ではこのような語は調査語彙から排除されている．

そのほか多くの語は標準語アクセントと同じ型となる．

(8) 倉吉方言で標準語と同じ頭高型になる名前
 a. 2モーラ：し ̚ん，と ̚し，りょ ̚ー，み ̚か，え ̚み，ち ̚え…
 b. 4モーラ以上：こ ̚ーじろう，りょ ̚ーすけ，だ ̚いすけ…
(9) 倉吉方言で標準語と同じ中高型になる名前
 4モーラ以上：たか ̚のり，よし ̚たろー，けんい ̚ちろー…

このように，倉吉方言の名前のアクセントの型が標準語アクセントの型と同じように出現するのは標準語アクセントが起伏型の場合が多く（(8)，(9)），これに対して標準語アクセントとは異なる中高型アクセントで出現するのは標準語で平板型となる語の場合が多い（(6a)，(7)）．なお，(6b) のように，標準語頭高型アクセントが倉吉方言で中高型アクセントになっているものは，儀利古・桑本 (2013) の調査では，中年層ですでに標準語と同じ頭高型アクセントにほぼ変化していることが報告されている．以上をまとめると，倉吉方言の名前のアクセントでは，起伏型アクセント，特に中高型アクセントが好まれ，平板型アクセントが回避される傾向が指摘できる．[4]

5. 倉吉方言における芸能人等の名前のアクセント

5.1. データ

本章は，倉吉方言において，テレビ，ラジオ等の音声メディアを介する，明らかに音声的に標準語の影響を受けていると思われる芸能人やアニメのキャラクターなどの名前のアクセントを調査し，その影響の程度を分析したものである．倉吉方言は，標準語と同じアクセント体系をもちながら，中高型アクセントを好み，平板型アクセントを回避するという傾向があり，この傾向のもとで，標準語から借入された語である芸能人の名前等のアクセントがどのように表出しているかを，主に世代ごとのアクセント型の分布に注目

---

[4] 倉吉方言については，苗字のアクセントでは本来的に平板型であるものの存在（桑本・儀利古 (2015)），地名のアクセントでは尾高型アクセントが本来的であること（桑本・儀利古 (2014)）などが指摘された．語種により特徴的なアクセント型の分布がみられることになる．

し，推移を観察した．なお，調査語については，姓名の「名」の部分だけを対象にした．

　第4節で述べたが，倉吉方言の名前のアクセントは，全て軽音節の4モーラ語（「たかひろ」「よしとも」など）や2モーラ語（「じゅん」「りか」「じょー」など）など，標準語と同じアクセントで出現する場合もあるなかで，標準語の平板型や頭高型の語が中高型で出現する場合が多くある．本章での調査語としては，このような標準語と異なるアクセント型を有するものに限ることにした．

　調査語は，幅広い年齢層や，趣味などに配慮し，以下のような条件を参考にして選択した．

(10)　・よく知られたアニメのキャラクター
　　　・昭和中期〜平成の映画スター
　　　・長くテレビに出演している芸能人
　　　・一世を風靡したヒット曲歌手
　　　・政治家
　　　・国民栄誉賞受賞者
　　　・ノーベル賞受賞者
　　　・オリンピックのメダリスト

　選択された調査語は37語だったが，そのうち名前の部分が標準語での平板型アクセントとなるもの22語（(11)），頭高型アクセントになるもの14語（(12)）の計36語[5]を分析対象にした．

(11)　標準語で平板型となる調査語（22語，[　]が分析箇所）
　　　［ドラえもん］　手塚［治虫］　赤塚［不二夫］　仲間［由紀恵］
　　　長澤［まさみ］　石原［さとみ］　原［沙知絵］　山口［百恵］
　　　美空［ひばり］　堀内［孝雄］　佐藤［浩市］　川谷［拓三］
　　　金子［信雄］　成田［三樹夫］　伊丹［十三］　［イチロー］
　　　長嶋［茂雄］　澤［穂希］　安倍［晋三］　石破［茂］
　　　野口［英世］　福沢［諭吉］

---

[5] 分析対象から排除した1語は姓名または名前単独ではない「ルパン三世」である．

(12) 標準語で頭高型となる調査語（14 語）
　　［サザエ］さん[6]　長谷川［町子］　木村［拓哉］　篠田［麻里子］
　　和田［アキ子］　森［昌子］　細川［たかし］　薬師丸［ひろ子］
　　倍賞［千恵子］　高峰［秀子］　原［節子］　松井［秀喜］
　　高橋［尚子］　湯川［秀樹］

5.2. 調査について

　調査は，2013 年 8 月および 9 月の 2 回にわたり，鳥取県倉吉市および東伯郡三朝町内の数カ所で行った．インフォーマントは調査地内に居住する倉吉方言話者 19 名でその内訳は以下のとおりである．

(13) インフォーマントの情報
　　高年層 9 名　　68〜79 歳　　男：5 名　女：4 名
　　中年層 5 名　　43〜46 歳　　男：2 名　女：3 名
　　若年層 5 名　　13〜24 歳　　男：2 名　女：3 名

調査語は，iPad で当該人物の顔写真または画像と名前（必要な場合はふりがな付き）を表示したスライドを見せ（図 2），インフォーマントに読んでもらい，IC レコーダに録音した．

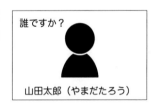

図 2　調査語の表示例

5.3. 分析

　分析結果は以下の表 1，表 2 のとおりである．表 1 は（11）の語群で，「［どらえもん⁰］」「てづか［おさむ⁰］」「あかつか［ふじお⁰］」など，名前の部分が標準語で平板型となるもののアクセント分布，表 2 は（12）の語群で，「［さ⌐ざえ］さん」「はせがわ［ま⌐ちこ］」「きむら［た⌐くや］」など，名前の部分が標準語で頭高型となるもののアクセント分布を示す．

---

[6]「〜さん」の有無は先行部分のアクセントに関係しないのであえて調査対象にした．

表1 標準語で平板型アクセントとなる調査語のアクセント分布［語数（%）］

	平板型	頭高型	中高型	合計
全体	192(45.9%)	3(0.7%)	223(53.3%)	418(100.0%)
高年層	40(20.2%)	1(0.5%)	157(79.3%)	198(100.0%)
中年層	60(54.5%)	1(0.9%)	49(44.5%)	110(100.0%)
若年層	92(83.6%)	1(0.9%)	17(15.5%)	110(100.0%)

表2 標準語で頭高型アクセントとなる調査語のアクセント分布［語数（%）］

	平板型	頭高型	中高型	合計
全体	0(0.0%)	232(87.2%)	34(12.8%)	266(100.0%)
高年層	0(0.0%)	96(76.2%)	30(23.8%)	126(100.0%)
中年層	0(0.0%)	67(95.7%)	3(4.3%)	70(100.0%)
若年層	0(0.0%)	69(98.6%)	1(1.4%)	70(100.0%)

表1をみると，「［どらえ⌐もん］」「てづか［おさ⌐む］」「あかつか［ふじ⌐お］」のように標準語と異なる中高型アクセントで発音される場合は，全体で 53.3% となっていて，標準語と同じ平板型アクセントで発音される 45.9% を上回る．標準語と異なる中高型アクセントの割合は，特に高年層で 79.3% と高く，中年層，若年層になるにしたがって下がるが，それでも若年層で 15.5% の割合を維持する．「［どらえもん^0］」「てづか［おさむ^0］」「あかつか［ふじお^0］」のように，標準語と同じく平板型で発音されるのは全体で半数を下回る 45.9% であるが，高年層で 20.2% であったものが，中年層：54.5%，若年層：83.6% と徐々に高くなる．調査語はほとんどがテレビやラジオを通じて音声を介して標準語から伝わったものであるが，[7] これらの結果を考慮すると，倉吉方言では，テレビやラジオの影響によって語彙を借入する際，音声の情報，この場合はアクセント型を模倣することについては，若年層を含めても完全ではないということになる．第4節で述べたように，倉吉方言の名前のアクセントでは中高型が好まれる傾向が強い

---

[7] 調査語には「福沢諭吉」「野口英世」「湯川秀樹」など，テレビやラジオなどの普及以前に，主に新聞や書籍を通じて伝わった名前も含まれる．これらは厳密にいえば，音声を介して借入されたわけではなく，標準語のアクセントの影響が関与するものとはいえない．

が，テレビ，ラジオ等から多くのものが借入される芸能人の名前等に関しては，分節音的要素はほぼ完全に模倣してしている一方で，アクセントなど韻律的要素は当該方言特有のものに変更するという興味深い特徴を示している．

表 2 からは，標準語で頭高型アクセントの名前は，倉吉方言話者でも全体で 87.2% の高い割合で同じ頭高型アクセントで発音されることが示される．年齢層ごとにみても，高年層で 76.2%，以降，中年層：95.7%，若年層：98.6% で，若い年代になるにつれて漸次的に割合が高くなっているものの，どの年齢層でも高い割合で標準語と同じアクセントとなっている．倉吉方言の名前に典型的な中高型アクセントで発音される「[さざ﹈え] さん」「なかま [ゆき﹈え]」などの例は高年層でわずか 23.8% である．中年層，若年層にいたっては，それぞれ 4.3%，1.4% となり，この型のアクセントではほとんど発音されないことが示される．したがってこの語群ではテレビ，ラジオなどの音声メディアは，アクセントの模倣に対して大いに影響しているといえる．

以上をまとめると，倉吉方言で芸能人等の名前が発音される場合，アクセントに関わる影響は確かにあるが，標準語の平板型アクセントの名前は影響を受けにくく，むしろ倉吉方言特有の中高型アクセントに同化し，起伏型アクセントである頭高型アクセントの名前は音声メディアの影響を受けて模倣される．これは，第 4 節で述べた，倉吉方言の一般の名前のアクセントにおける，平板型アクセントが回避されることと中高型アクセントが好まれるという特徴をそのまま踏襲しているといえる．そして，標準語アクセントの影響は年齢層が下がるにつれて大きくなっていくことも示され，これも儀利古・桑本 (2013) の分析結果と同じ傾向である．次節では，本章の調査におけるアクセント分布と，儀利古・桑本 (2013) の一般人の名前のアクセントの分布を対照させて，音声メディアの方言への影響について考察する．

6. 一般の名前のアクセントとの対照

本節では，倉吉方言において，音声メディアを介しての標準語の影響はどのようであるかについて，第 5 節で述べた分析結果を音声メディアの影響が少ないと思われる一般の名前の場合と対照させて分析を試みる．

倉吉方言における一般の名前のアクセントに関しては儀利古・桑本 (2013) で調査結果に基づいて報告されている．儀利古・桑本 (2013) は姓名の「名」のアクセントについて年代ごとのアクセント分布の割合を示し，通時的なアクセント変化について考察している．調査対象語は 3 モーラの語の，2 モーラ目に特殊拍を含まない語に限定されている．また，調査方法はアンケート方式であって，本章とは調査語の長さや語数，調査方法は必ずしも一致しない．

儀利古・桑本 (2013) の調査データから標準語 (儀利古・桑本 (2013) では東京方言) でのアクセント型と一致するもののみの分布の割合を抜粋したものを表 3 に示す．

表 3　倉吉方言の一般の名前のアクセントの分布（東京方言と一致するもののみ）

	高年層	中年層	若年層
平板語	0.5%	19.4%	72.1%
頭高語	33.3%	87.8%	91.9%

（儀利古・桑本 (2013: 195f.) より抜粋）

この表における割合 (%) は，それぞれの語が東京方言の影響を受けた割合とみなしてよい．東京方言で平板語であるものが倉吉方言においても平板語で発音される割合は高年層，中年層で低く，若年層で急に高くなる．一方，東京方言で頭高型であるものが同じく頭高型で発音されるのは中年層以降，9 割近くになり，儀利古・桑本 (2013) は，東京方言と同じアクセント型の優勢は，倉吉方言特有の中高型アクセントの消失に対するひきかえであると主張している．それぞれのアクセント型への同化の推移の遅速は，頭高型アクセントの方が平板型アクセントよりも影響が強いことを示している．

本章における調査結果である表 1，表 2 のなかから標準語とアクセントが一致しているものを抽出し，表 3 の儀利古・桑本 (2013) のデータと対照させて図示すると，次の図 3〜5 のグラフのようになる．

第 14 章　鳥取県倉吉方言における芸能人の名前等のアクセント　　　247

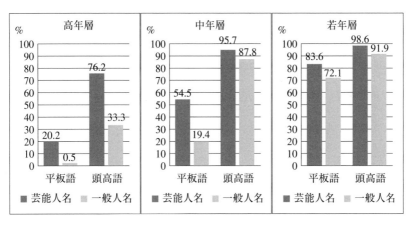

図3　高年層における標準語とアクセント型が一致する語の分布

図4　中年層における標準語とアクセント型が一致する語の分布

図5　若年層における標準語とアクセント型が一致する語の分布

　図3〜5においては，棒グラフの値が100%に近いものは標準語とほぼ同じアクセント型で発音されることを示し，0%に近づけば標準語の影響はほとんど受けずに倉吉方言特有のアクセント型が保たれていることを示す．また，芸能人名，一般人名の棒グラフの値の差が大きいものは，両者をアクセント型の差異によって区別しているということになる．図3〜5を総体的にみると，図4の頭高語，図5の平板語，頭高語は，芸能人名，一般人名の割合に大きな差がなく，総じて70%を超える高い割合である．したがってこれらの語は標準語の影響を受けてアクセント型が標準語に同化し，なおかつ芸能人，一般人の区別をすることがない．

　また，図3をみると平板語の割合が芸能人，一般人ともに20%程度を下回っている．両者の割合の差も少ないことから，高年層は，標準語の平板型アクセントにはほとんど影響されず，なおかつ芸能人ですら音声メディアの影響を受けない傾向が強いということになる．

　図3（高年層）の頭高語，図4（中年層）の平板語は，芸能人の名前の割合が高く，一般人はそれに比べて極端に低く，両者の差が目立っている（図3：高年層頭高語，76.2% − 33.3% = 42.9%　図4：中年層平板語，54.5% − 19.4% = 35.1%）．つまり，これらの年齢層，語種では，芸能人と一般人を

アクセントによって区別しているという興味深い特徴を指摘することができる．

以上をまとめると表4のように示すことができる．

表4 年齢層ごとの芸能人・一般人の名前の標準語アクセントの影響の有無

	高年層		中年層		若年層	
	芸能人	一般人	芸能人	一般人	芸能人	一般人
平板語	×	×	○	×	○	○
頭高語	○	×	○	○	○	○

図3～5と，表4から確認できることは，芸能人名は高年層の平板語を除いて標準語アクセントと一致する傾向があり，ほぼ全体にわたって影響力は強いといえる．一方，一般人の名前が標準語と一致するのは平板語で若年層のみ，頭高語で中年層以降である．

高年層では平板語に限ると，芸能人も一般人も区別なく方言特有のアクセント型（中高型）になる傾向が強い（(14a)）．一方，頭高語は芸能人のみ標準語の影響を強く受けるのでアクセントの型の違いで芸能人名と一般人名をわけている（(14b)）．

(14) 高年層の芸能人／一般人の名前のアクセントの分布
  a. 平板語　→　区別なし（どちらも方言固有のアクセント型）
    芸能人：（やまぐち）　　もも￣え（山口百恵）
    一般人：　　　　　　　　もも￣え（百恵，百枝 …）
  b. 頭高語　→　区別あり
    芸能人：（ばいしょー）　ち￣えこ（倍賞千恵子）
    一般人：　　　　　　　　ちえ￣こ（智恵子，知恵子 …）

中年層は，平板語の芸能人は標準語と一致するが，一般人は方言特有の中高語になっていて両者はアクセント型で区別されている（(15a)）．頭高語はどちらの語種も標準語と一致する割合が高いので，両者に区別はない（(15b)）．

(15) 中年層の芸能人／一般人の名前のアクセントの分布
  a. 平板語 → 区別あり
    芸能人：   いちろー^0（イチロー）
    一般人：   いちろ⌐ー（一郎，市郎 …）
  b. 頭高語 → 区別なし（どちらも標準語アクセントに一致）
    芸能人：（やくしまる） ひ⌐ろこ（薬師丸ひろ子）
    一般人：   ひ⌐ろこ（裕子，弘子 …）

若年層は平板語／頭高語ともに芸能人／一般人とも標準語アクセントにほぼ一致し，両者に区別はない（(16a, b)）．

(16) 若年層の芸能人／一般人の名前のアクセントの分布
  a. 平板語 → 区別なし（どちらも標準語アクセントに一致）
    芸能人：（ながさわ） まさみ^0（長澤まさみ）
    一般人：   まさみ^0（雅美，昌美 …）
  b. 頭高語 → 区別なし（どちらも標準語アクセントに一致）
    芸能人：（ほそかわ） た⌐かし（細川たかし）
    一般人：   た⌐かし（崇，喬 …）

7. 個人差に関する問題点

　以上，倉吉方言における芸能人の名前のアクセントについて年齢層ごと，アクセント型ごとの割合を示し，特に前節では儀利古・桑本（2013）による一般人の名前のアクセントの年齢層ごと，アクセント型ごとの割合と対照させることで，通時的，共時的な様々な異同について考察した．本節では，この考察に対する問題点，特に個人差に関するものについて検討する．
　図6に特定のいく人かのインフォーマントに対する分布を示す．同じ年齢層であっても，個人差が甚だしいことがわかる．

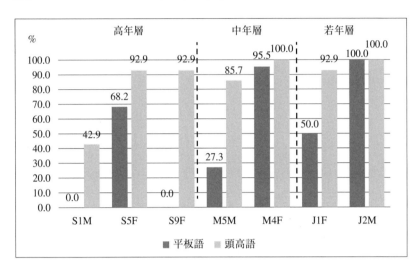

図6 芸能人名のアクセント分布（インフォーマントごと）

高年層の3名（S1M, S5F, S9F[8]）のなかでは，S1Mが標準語の影響がもっとも低く，平板語は 0.0%, 頭高語ですら高年層の平均値76.2%をはるかに下回る42.9%である．一方，S5Fは平板語，頭高語ともに標準語アクセントと一致する割合が高く，平板語の標準語アクセント一致率（68.2%）は若年層の平均値（83.6%）ほどではないにしろ，中年層の平均値（54.5%）をはるかにしのぐ．また，S9Fは平板語の一致率は0.0%なのに，頭高語は92.9%であり，どういうわけか，平板語は標準語アクセントに全く影響されないのに頭高語はほぼ完全に影響を受けていることが示される．

中年層でも同様に，M5Mのように平板語にかぎりまるで高年層のような分布を示す個人がいる一方で，M4Fのように平板語，頭高語ともにほぼ標準語アクセントと一致する場合もある．

若年層にも個人差が存在する．J1Fは最も標準語との一致の割合が低いもの，一方，J2Mは完全に標準語アクセントと一致している．この場合は，芸能人名に対しては方言アクセントの影響は皆無であるといってよい．

このような個人差がみられることには，芸能人やアニメのキャラクターと

---

[8] インフォーマントの記号番号の凡例：[S: 高年層／ M: 中年層／ J: 若年層]［通し番号］[M: 男性／ F: 女性]

の親疎が関連しているようである．言語調査の際に，それぞれのインフォーマントに対し，テレビやラジオとの関わりについて聞いたところ，程度の差はあれ，全員がテレビ，ラジオに日常的に接していることがわかった．少なくとも，テレビも全く視ず，ラジオも全く聴かないというインフォーマントはいなかった．ただし，例えば歌番組，スポーツ中継，バラエティー番組など，芸能人名に言及する機会が多いと思われる種類の放送は視ない，あるいは，ニュース番組以外はほとんど視ないという場合はあった．その結果として映画・ドラマの俳優，女優を知らなかったり，スポーツの選手を知らないなどということもあり，そういった場合には「そういう人がいるとして，どう発音するか」という問いかけをするしかなかったが，こうして発話された芸能人名は，標準語の影響を受けているとは必ずしもいえない．しかしながら，同一の芸能人名，キャラクター名として，13歳から79歳までの幅広い年齢のインフォーマントに共通して認知されているものを選び出すのは極めて困難であり，選択した芸能人名，キャラクター名にはどうしても認知度に差が生じてしまった．今後同種の調査をする際には，調査語彙の選択はさらに慎重に行う必要があると思われる．

8. 結論と今後の課題

　以上，倉吉方言における芸能人等の名前のアクセントについて，主に標準語アクセントと一致するかどうかという観点で，年齢層ごと，平板語／頭高語の語種ごとの分布の割合を分析し，考察した．倉吉方言アクセントで発音される語が標準語アクセントと一致する割合は，どの年齢層においても，また平板語でも頭高語でも，一般人の名前のアクセント（儀利古・桑本(2013)）に比べると平均値は軒並み高い．すなわち，芸能人等の名前のアクセントは，倉吉方言においては，十分に音声メディアの影響を受けているといえる．ただし，標準語アクセントと一致する語の割合は，年齢層ごとでは高年層に近づくほど，また語種別では頭高語より平板語の方が低く，標準語の影響がそれほど強く現れない場合も多い．その場合は，倉吉方言特有の中高型アクセントが現れ，テレビ，ラジオ等の音声メディアを通じて伝わった標準語アクセントを方言化している．

　テレビ，ラジオ等の音声メディアの影響について，標準語とのアクセント

の一致という点でみた場合，芸能人等／一般人（17a），年齢層（17b），アクセント型による語種（17c）の3種類の語群の大小関係はおよそ次のように表すことができる．

(17) a. 芸能人等 > 一般人
 b. 若年層 > 中年層 > 高年層
 c. 頭高語 > 平板語

(17a-c) の指標は，相互に関連し合って，それぞれに複雑な分布を示すことになる．本章における芸能人等の名前のアクセントの分析結果を，儀利古・桑本 (2013) の一般人の3モーラの名前のアクセントの分析結果と対照させると，年齢層ごと，語種ごとの，芸能人等と一般人の名前の，標準語アクセントと一致する割合の分布に差が現れるが，特にそれが甚だしい高年層頭高語と中年層平板語は，アクセントの違いで芸能人等と一般人の名前を区別しているといえる（図3，4参照）．一方，高年層平板語においては芸能人等と一般人の名前はどちらも方言特有の中高型で発音され，区別がない（図3参照）．また，若年層では芸能人等，一般人のどちらの名前も，また，平板語も頭高語も同じくほぼ標準語アクセントと一致するように発音され，やはりどちらも区別されない（図5参照）．

さらに，これらのような調査結果の平均値が示す全体的な傾向から大きくはずれる分布を示すインフォーマントも散見された．このような分布の多様性は，芸能人等の認知や親疎に関する個人差が反映されているものと考えられる．調査の正確を期すためには，幅広い年齢層，また多様な興味のもとに共通して認知されているような，人口に膾炙した芸能人等の名前を調査語として選択する必要があるが，極めて困難であり，今後，同種の調査を行う際には大きな改善点の1つとなる．

本章における分析，考察は，姓名の「名」のアクセントに注目したものであり，姓名の「姓」つまり苗字のアクセントは分析対象にしていない．倉吉方言の苗字のアクセントに関しては，桑本・儀利古 (2015) が東京方言と異なる分布を示すものを4種類に分類して年齢層ごとの分布の変化を考察している．倉吉方言における苗字のアクセントの変化は儀利古・桑本 (2013)が報告した名前のアクセントの変化とは，一部対立的な分布を示すが，芸能人等の音声メディアを経由した苗字との対照によって，名前の場合とどのよ

うに異なる結果が導けるのかなどということは，非常に興味深い論点であろう．これについては今後の課題としておく．

参考文献

儀利古幹雄・桑本裕二（2013）「鳥取県倉吉方言における名前のアクセント変化――中高型アクセントの消失――」『日本言語学会第146回大会予稿集』2013年6月15日，於茨城大学，192-197．

平山輝男・室山敏明（1998）『日本のことばシリーズ31　鳥取県のことば』明治書院，東京．

金田一春彦（1977）「アクセントの分布と変遷」『岩波講座日本語11　方言』129-180，岩波書店，東京．

Kubozono, Haruo (2007) "Tonal Change in Language Contact: Evidence from Kagoshima Japanese," Tones and Tunes, Vol. 1: Typological Studies in Word and Sentence Prosody, ed. by Tomas Riad and Carlos Gussenhoven, 323-351, Mouton de Gruyter, Berlin.

桑本裕二・儀利古幹雄（2014）「鳥取県倉吉方言における地名のアクセント――尾高型アクセントに注目して――」『日本言語学会第149回大会予稿集』2014年11月15日，於愛媛大学，248-253．

桑本裕二・儀利古幹雄（2015）「鳥取県倉吉方言における苗字のアクセント――東京方言と異なるものの分布と変化――」『音韻研究』第18号，43-50．

森下喜一（1999）『鳥取県方言辞典』富士書店，鳥取．

Sugawara, Ayaka (2012) "Japanese Accent Is Largely Predictable: Evidence from Given Names," 『日本言語学会第144回大会予稿集』2012年6月16日，於東京外国語大学，150-155．

田中真一・窪薗晴夫（1999）『日本語の発音教室　理論と練習』くろしお出版，東京．

第Ⅲ部
音韻論・形態論などのインターフェイス

第 15 章

複合語の生産性と語強勢の位置*

時崎　久夫

札幌大学

1. 複合語の生産性

　世界の言語には，複合語を生産的に作れる言語とそうでない言語があると言われる．例えば，日本語や英語は，次のように，複合語を生産的に作ることができる．

(1) a.　ガラパゴス携帯
　　b.　[[[携帯電話] 会社] ランキング]
(2) a.　smartphone
　　b.　[[[mobile phone] company] ranking]

ここで，生産的（productive）というのは，(1a) や (2a) のように新しい複合語を作ることができるということ，また (1b) や (2b) のように複合を繰り返して長い複合語を作ることができるという意味である（Snyder (2001)）．これに対し，ロマンス系のフランス語やイタリア語などは，複合語を生産的に作ることができないと考えられる．一見すると，フランス語にも (3a) のような複合語があり，イタリア語には (3b) のような繰り返しの複合語がある（Bisetto (2010: 28), cf. Dressler (1988), Scalise (1992),

---

*　本章は，Tokizaki (2011), Tokizaki (2013a), Tokizaki and Kuwana (2013) を基に，関連する論考や，その後の研究成果を加えて再考し，全体的な眺望を示したものである．準備段階で，向井真樹子，並木崇康，William Snyder の各氏にご教示いただいた．ここに感謝申し上げたい．

並木 (2002: 87)).

(3) a. homme grenouille
      man   frog
      'underwater diver'
   b. [ufficio [responsabile [reparto [giocattoli e   attrezzature
      office   manager   section toys   and sports
      sportive]]]]
      facilities
      'toys and sports facilities section manager office'

しかし，フランス語の (3a) は「潜水夫」という語彙化した意味であり，文字通りの「蛙男」という 2 語の意味を合成してできる新しい複合語の意味を持たない (Snyder (2001: 328))．またイタリア語で (3b) のような繰り返し複合語は，普通の発話では用いられず，ドアに張ってあるラベルのようなものに限られる (Bisetto (2010: 28))．これらの理由で，ロマンス系の言語では，複合語は生産的でないと言える．

Snyder (2001: 328) は，この違いを生み出すのは，複合語パラメター (the Compounding Parameter (TCP)) であると論じている．これは次のように定式化されている．

(4) The grammar {disallows*, allows} formation of endocentric compounds during the syntactic derivation. [*unmarked value]

すなわち，ある言語の文法が統語派生において内心複合語形成を {許さない／許す}，という選択で，許さないのが無標であるとしている．よって，ロマンス系の言語は無標，日本語や英語は有標ということになる．Snyder (2001) はこのパラメターによって，言語間の複合語の生産性の違いを特徴付け，さらには結果構文のような複合的述語構文を許すかどうかという違いを同時に説明しようとしている．

しかし，この複合語パラメターの値は，単に言語や語族ごとに決まっているのであろうか．そうだとすると，子どもは言語習得の際に，その値を環境から決定することになる．しかし，習得すべきパラメターが多いとすると，短期間での言語習得という事実に合わない．パラメターをまとめてパラメ

ターの数を制限することが，文法の正しい記述になると思われる．ここでは，語の強勢の位置の違いが，語順と複合語の生産性を決定しているという考えを示したい．

2. 複合語の生産性の類型論

2.1. 複合語が生産的な言語

まず，世界の言語では，どのような言語が生産的な複合語を持つか持たないかを見てみたい．複合語が生産的な言語の典型としてよく例示されるのは，ドイツ語やオランダ語などのゲルマン諸語であり，英語もこれに含まれる．これらの言語は複合を繰り返して長い複合語を作ることができる (Neef (2009: 386), Don (2009: 370), LE = Linking Element).

(5) a. Donau-dampf-schiff-fahrt-s-gesellschaft-s-kapitän-s-mütze
Danube-steamboat-ship-journey-LE-company-LE-Captain-LE-hat
'cap of the captain of the Danube steam ship company'
b. weer-s-voorspelling-s-deskundingen-congress
weather-LE-forecast-LE-experts-conference
'conference of the weather forecasts experts'

また，(1), (2) で見たように，英語や日本語も複合語が生産的な言語に含まれる．その他には，フィン・ウグル語族のフィンランド語やハンガリー語，スカンジナビア諸語が生産的な複合語を持つとされている (Snyder (2001), Mukai (2008)).

2.2. 複合語が生産的でない言語

これに対し，複合語が生産的でない言語が存在する．(3), (4) で見たロマンス系のフランス語やイタリア語などが典型的な例であるが，他にもジャワ語，タイ語，ヘブライ語，アラビア語エジプト方言，クメール語（カンボジア語），ロシア語やセルボ・クロアチア語などのスラヴ諸語，リンガラ語などのバンツー諸語などがある (Tokizaki (2013a)). 次はジャワ語の例である．

(6) a. kəmbaŋglɔ < kəmbaŋ + gula
    candy   flower   sugar
 b. ṭukaŋ + rasa + səga > ṭukaŋ-rɔsɔ-səgɔ-ne, ṭukaŋ-rɔsɔ-səga-ne
    worker taste   rice   'taster (by profession)'

ジャワ語にも，(6a) のような 2 語からなる複合語はあるが，固定した表現であり，(6b) のような 3 語からなる表現は，複合語に見られる音韻の凍結 (phological freezing) を示さない (səgɔ と səga の両方が可能 (Tang (2010: 77))) という点で，語というより句の性質を持つと考えられる．

3. 語順の類型論

　複合語が生産的かどうかは，何によって決まるのであろうか．Snyder (2001) のように，複合語パラメターの値が言語ごとに決まっているから，という考えもできる．しかし，子供が短期間に言語を習得するという事実を考えると，設定するパラメターの数は多くないはずである．言い換えれば，複合語パラメターと考えられている言語の差異は，別の根本的なパラメターから導きだされると考える方が理にかなっている．この節では，まず，広く言われている，語順に関するパラメターである主要部パラメターを考えてみよう．

　動詞と目的語のどちらが先にくるか，前置詞か後置詞か，という語順は，主要部前置 (head-initial) あるいは主要部後置 (head-final) のどちらであるかという主要部パラメターによると一般に考えられてきた (Chomsky (1981))．また近年では，これを，目的語が主要部より先に移動するかどうかという差異に還元する提案もなされている (Kayne (1994))．例えば，英語は主要部前置，日本語は主要部後置と一般的に言われている．次の例では，'drink'「飲む」が主要部である．

(7) a. <u>drink</u> coffee
 b. コーヒーを<u>飲む</u>

ただし，主要部パラメターの値は，ある言語で全ての範疇に同じとは限らない．複合語では，英語も日本語も主要部後置になる．次では，'bridge'「橋」

が主要部で，修飾語の後に来ている．

(8) a. stone bridge
    b. 石橋

すると，英語は主要部の位置に関して語順が一貫していない (disharmonic word order) 言語ということになる．そして，複合語や派生語に関しては，右側主要部の規則 (Righthand Head Rule) というものが提案されている (Williams (1981))．これは，複合語では，主要部が右側に来るという規則で，実際，英語や日本語など多くの言語に当てはまるものである．[1]

しかし，2.2 節で見たロマンス諸語やジャワ語などの，複合語が生産的でない言語では，複合語の主要部は左側にある．

(9) a. campo santo
       field holy   'cemetery'
    b. ɔndɔwiḍoḍari < anda + wiḍoḍari
       rainbow   ladder goddess

これらの例は右側主要部の規則が普遍的でないことを示す．これらの言語では，新しい複合語が自由に作られず，また繰り返し複合語が存在しないか，まれである．よって，複合語の生産性と語順が相関していることがわかる．複合語において主要部が後行する言語は複合が生産的であり，主要部が先行する言語は複合が生産的でない．右側主要部の規則は，この前半のみをとらえた一般化であると言える．とすれば，複合語パラメターを独立に設定することなく，語順のパラメターに還元することができそうである．しかし，ここで，上で見た一貫しない語順 (disharmonic word order) という問題が出てくる．例えば英語は，動詞や前置詞という主要部は目的語に先行するが，複合語では主要部の名詞が修飾語に後行する．そもそも，日本語のように，すべての範疇で主要部後行という一貫した語順を持つ言語は，世界の言語の中でも少ない (Tokizaki and Kuwana (2013))．とすると，複合語パラメ

---

[1] 右側主要部の規則とその例外については，並木 (2002) を参照．右側主要部の規則とその例外となる言語も，ここでの語強勢位置と語順および要素の結びつきの強さから説明できると思われるが，詳しくは別な機会に論じたい．

第15章 複合語の生産性と語強勢の位置

ターを主要部パラメターに還元させようとしても,その主要部パラメター自体がはっきりしないことになる.そこで,複合語の語順を含む,いろいろな範疇の語順を全体的にとらえ,それを支配している性質を探る必要がある.

結論から言うと,世界の言語の語順は,より小さい範疇で主要部後置型が多く,より大きい範疇で主要部前置型が多い.例えば,語では,接辞が語幹に後続する言語の方が,接辞が語幹に先行する言語より,はるかに多いことが知られている.これは接尾辞優先 suffixing preference と言われる (Givón (1979), Hawkins and Cutler (1988)).範疇を決定する接辞を主要部,語幹を補部と考えると,世界の言語は多くが派生語に関して主要部後置型である.複合語は,それほどでないにせよ,右側主要部の規則が提案されていることを考えると,主要部後置型の言語が多いことが推測される(残念ながら,複合語の主要部位置に関するデータベースは,まだ公開されていない).しかし,よく知られているように,動詞と目的語の語順は主要部前置型と主要部後置型の言語数がほぼ等しい.また,従属接続詞と節の語順(日本語なら「起きた時」英語なら when I got up)では,接続詞が先行する言語が後行する言語より,はるかに多い.この段階的な状況を示すために,オンライン世界言語構造地図 (The World Atlas of Language Structures (WALS) Online) に含まれる Dryer (2013a, b, c, d, e) のデータを見てみよう.数字は主要部先行と主要部後行の言語数で,中立の言語やその他は省いて,2つの語順に限った比率をかっこ内に示している(主要部を下線で示す).[2]

(10)　　　主要部先行　　　　　　　　　　主要部後行
    a. <u>接辞</u>(接頭辞)-語幹　152(22.3%)　　語幹-<u>接辞</u>(接尾辞)　529(77.7%)
    b. <u>名詞</u>-属格　　　　468(40.6%)　　属格-<u>名詞</u>　　　　685(59.4%)
    c. <u>前置詞</u>-目的語　　511(47.4%)　　目的語-<u>後置詞</u>　　576(53.4%)
    d. <u>動詞</u>-目的語　　　705(49.7%)　　目的語-<u>動詞</u>　　　713(50.3%)
    e. <u>従属接続詞</u>-節　　398(71.3%)　　節-<u>従属接続詞</u>　　160(28.7%)

---

[2] (10a) の接辞(接頭辞)-語幹 152, 語幹-接辞(接尾辞) 529 という言語数は,接頭辞(強) 58 と接頭辞(弱) 94,および接尾辞(弱)123 と接尾辞(強) 406 を,まとめたものである.また (10e) の節-従属接続詞 160 は,独立の語である従属接続詞 96 と接辞となる従属接続詞 64 の合計である.また,(10e) の従属接続詞は adverbial subordinator という Dryer (2013e) の用語に相当する.

これを見ると，全体の範疇が語から節に向けて大きくなるにつれて，主要部先行の語順を持つ言語が増えてくることがわかる．具体的な例としては，英語と日本語を中心に，Dryer (2013a, d) の例を加えた (11) をあげておく．

(11) 　　主要部先行　　　　　　　　　主要部後行
 a. *wirr-iyikwayiwa* (Anindilyakwa語) children 　若者たち
    PL-child
    'children'
 b. *níimò　má-Kùkkú* (Krongo語)　Hanako's mother 　花子の母
    mother GEN-Kukku
    'Kukku's mother'
 c. at school　　　　　　　　　　　学校で
 d. eat bread　　　　　　　　　　　パンを食べる
 e. before you leave　　　　　　　　あなたが行く前に

すると，それぞれの言語は，どの大きさの範疇まで主要部後行をとるかに関して差異を示すと言える．バンツー諸語などでは，語という最小の範疇からすべて主要部先行であり，日本語は語から節までのすべての範疇で主要部後行である．英語は属格-名詞という名詞句の範疇までは主要部後行，前置詞句より大きい範疇では主要部先行になる．言語によって，主要部後行から主要部先行に移る範疇の大きさが異なるのである．

4.　語強勢の類型論

では，この語順の段階的な差異は，どうして決定されるのであろうか．1つの可能性として，語の主強勢の位置を考えてみたい．語強勢の位置のデータベースとしては，WALS に含まれる Goedemans and van der Hulst (2013a, b) がある．[3] これをもとに，世界の言語の語強勢位置を見ていこう．

---

[3] これは，StressTyp というプロジェクトによるデータベースを WALS に適応させたものであるが，2015 年 6 月現在，これに続く StressTyp2 (http://st2.ullet.net) という語強勢のデータベースプロジェクトが進行中である．

Goedemans and van der Hulst (2013a, b) は，音節の重さによって強勢の位置が変わる重さ依存強勢 (weight-sensitive stress) と変わらない固定強勢 (fixed stress) の2つのシステムを区別している．それぞれを言語数とともに示す．

(12) 固定強勢 (fixed-stress)
  a. 語頭音節 (initial)   92
  b. 語頭第2音節 (second)   16
  c. 語頭第3音節 (third)   1
  d. 語末第3音節 (antepenultimate)   12
  e. 語末第2音節 (penultimate)   110
  f. 語末音節 (ultimate)   51
(13) 重さ依存強勢 (weight-sensitive stress)
  a. 左端 (left-edge) (語頭か語頭第2音節)   37
  b. 左指向 (left-oriented) (語頭か語頭第2か第3音節)   2
  c. 右端 (right-edge) (語末か語末第2音節)   65
  d. 右指向 (right-oriented) (語末か語末第2か第3音節)   27
  e. 無制限 (unbounded)   54
  f. 複合 (combined) (右端と無制限)   8
  g. 予測不可 (unpredictable)   26

このように，強勢の位置は多種多様であるので，ここでは大きく，語頭指向 (1a, b, c) (2a, b) と語末指向 (1d, e, f) (2c, d) にまとめてみよう．(2e, f, g) は，考察から除いておく．語順は，名詞 (N) と属格 (G)，動詞 (V) と目的語 (O) の語順を見ておく．

(14)

	語頭指向強勢言語	語末指向強勢言語
GN	60 (69.8%)	60 (40.5%)
GN/NG	11 (12.8%)	13 (8.8%)
NG	15 (17.4%)	75 (50.7%)
計	86 (100%)	148 (100%)

(15)		語頭指向強勢言語	語末指向強勢言語
	OV	55 (58.5%)	49 (30.6%)
	OV/VO	6 (6.4%)	16 (10.0%)
	VO	33 (35.1%)	95 (59.4%)
	計	94 (100%)	160 (100%)

これらの言語数から，強勢が語頭指向であれば，属格-名詞や目的語-動詞の主要部後行になり，強勢が語末指向であれば名詞-属格や動詞-目的語の主要部先行になる傾向が読み取れる．実際，どちらも χ^2 検定（p<.01）で有意差があり，統計的に実証される．

5. 複合語の生産性と語強勢の位置

複合語の生産性と語順が相関し，語順と語強勢位置が相関するので，複合語の生産性と語強勢の位置が相関することが予測される．では，実際にはどうであろうか．現段階では，複合語に関するデータベースが作成・公開されておらず，文献やそれぞれの言語の資料に当たっていくしかない．ここでは，Snyder (2001) と Mukai (2008) を参考にしながら，検討してみたい．まず，Snyder (2001) の結果構文と名詞+名詞複合語のデータに，繰り返し複合語の可能性と語強勢位置のデータ（斜字体で示す）を加えた Tokizaki (2013a: 298) の表を示す．[4]

---

[4] Snyder (2001) は，名詞+名詞複合語の生産性と結果構文などの複合述語構文の可能性が一致することを論じているが，ここでは複合語だけに注目する．また語強勢の位置については，基本的に Goedemans and van der Hulst (2013a, 2013b) に依拠するが，独自の考え（かぎ括弧で示す）も加えた．日本語・韓国語を加えたアルタイ諸言語の語頭強勢については，Tokizaki (to appear) を参照．Mandarin, Taiwanese, Shanghai を含む中国語については，Tokizaki and Nasukawa (2014) を参照．

第15章　複合語の生産性と語強勢の位置　　　　265

(16)

	結果構文	N-N 複合語	繰り返し複合	語強勢
American Sign Language	+	+	?	—
Austroasiatic (Khmer)	+	+	−	*ultimate*
Fin-Ugric (Hungarian)	+	+	+	*initial*
Germanic (English, German)	+	+	+	*right-oriented*
Japanese-Korean	+	+	+	*no stress [initial]*
Sino-Tibetan (Mandarin)	+	+	+?	*[left (2音節語)]*
Tai (Thai)	+	+	−	*righthand*
Basque	−	+	+	*lefthand/ righthand*
Afroasiatic	−	− (?)	−	*right-oriented/ ultimate*
Austronesian (Javanese)	−	−	−	*right-edge*
Bantu (Lingala)	−	−	−	*penultimate (or initial)*
Romance (French, Spanish)	−	−	−	*right-edge*
Slavic (Russian, Serbo-Croatian)	−	−	−	*unbounded*

　この表から，次の傾向が読み取れる．名詞＋名詞複合語や繰り返し複合語が可能な言語は，語頭や左指向など，語頭指向の強勢位置を持つのに対し，名詞＋名詞複合語や繰り返し複合語を許さない言語は，語末や右端など，語末指向の強勢位置を持つということである．右指向の強勢は，多くの語の音節数が最大でも3程度であることを考えると，語末第3音節は，実質的に語の左に相当するため，ゲルマン語族のように複合語の生産性を持つと考えることができる．もちろん，この傾向には例外があることも見て取れるが，複合語のデータをさらに詳しく分析するとともに，語強勢位置についても再検討することで，語強勢と複合語の相関がより明らかになることと考える．
　もう1つのデータとして，Mukai (2008: 194) による，複合語の生産性

と繰り返し複合語の可能性を示したリストを検討してみよう．これに語強勢のデータ（斜字体で示す）を加えたものが次である（n.d. はデータがないことを示す）．

(17)

Language	Productivity	Recursivity	語強勢
Japanese	+	+	*no stress [initial]*
English	+	+	*right-oriented*
Scandinavian	+	+	*initial, right-oriented, combined*
Dutch	+	+	*right-oriented*
German	+	+	*right-oriented*
Greek	+	+	*antepenultimate*
Romance languages	+	−	*right-edge*
Latin	−	−	*n.d.*
Finnish	+	+	*initial*
Hungarian	+	+	*initia*l
Slavic	− (not very)	−	*mainly unbounded*
Latvian	+	+?	*initial*
Lithuanian	+	+?	*unbounded*
Chinese	+	+	*[left（2音節語）]*
Korean	+	+?	*no stress [initial]*
Akan	+	+	*n.d.*
Hebrew	+	−	*ultimat*e
Arabic	n.d.	−	*mostly right-oriented*
Maltese	−	n.d.	*right-edge*

この表でも，Snyder (2001) に基づく (16) の表と同様に，複合語の生産性および繰り返し複合語の可能性と語強勢の位置が相関していることが読み取れる．複合語が生産的で繰り返しの複合がある言語は語頭指向の強勢を持ち，複合語が生産的でなく繰り返しの複合がない言語は語末指向の強勢を持つ．ただ，Mukai (2008) には，各言語における複合語の具体例が示されていないので，生産性と繰り返しの複合語の可能性があるかどうかについては，さらに実際のデータを収集して判断することが必要である．また，

第 15 章　複合語の生産性と語強勢の位置　　　　　　　　　267

Slavic などの語族で示されているのが，どの言語であるのか不明であるため，語強勢位置との対応を示すことができない．これらの点を詳しく調べていき，さらに多くの言語の複合語のデータを増やしていくことが必要である．[5]

6. 複合語の生産性と語強勢の位置が相関する理由

　さて，なぜ複合語の生産性と語強勢の位置が相関するのであろうか．これには，語と語のつながりの強さが語順により異なることが関係していると思われる．Tokizaki (2011) および Tokizaki and Kuwana (2013) では，主要部とその修飾部（補部）が，この順序（主要部-補部）で並ぶ構成素より，逆の順序（補部-主要部）で並ぶ構成素の方が，要素間のつながりが強いことを論じた．これが正しいとすると，要素間のつながりが強い複合語には，補部-主要部の語順がふさわしいことになる．また，強勢は，句であれ，複合語であれ，その主要部でなく補部に置かれ（Duanmu (1990)），繰り返し構造では構造の中で一番深い補部に置かれる（Cinque (1993)）という一般化が提案されている．すると，補部-主要部の語順を持つ複合語は，前部要素に強勢を持つことになる．さらに，複合語は語の一種であり，複合語の強勢位置と語強勢の位置が対応すると考えられる．[6]

　これらのことから，複合語は，つながりの強い補部 - 主要部の語順をとり，強勢は前の補部に置かれるので，語強勢が語頭指向である言語では自然であるが，語強勢が語末指向である言語では不自然となる．さらに，繰り返し複合語では，強勢は一番深い補部である最初の要素に置かれることになるので，語末指向の言語では複合の繰り返しが一層困難になる．

---

　[5] 複合語のデータベース構築のプロジェクトとして，ボローニャ大学の CompoNet project (http://componet.sslmit.unibo.it/) があるが，非公開であり，進行状況は 2015 年 6 月現在では不明である．
　[6] これは，最適性理論の制約でいえば，派生語はその基体と同じ強勢を持つという Output-Output Correspondence を拡張したものと考えることができるであろう．Output-Output Correspondence に関しては，Kager (1999: 257-295) を参照．

7. まとめ

以上，各言語の複合語の生産性および繰り返し複合語の可能性が，その言語の語強勢の位置と相関していることを指摘し，その理由を考察した．語頭指向の語強勢を持つ言語は，要素間のつながりの強い補部-主要部の語順の複合語を持ち，その強勢も最初の補部に置かれるので語頭指向の強勢と一致する．語末指向の語強勢を持つ言語は，補部-主要部の語順の複合語を作ると，最初の補部に置かれる強勢が語末指向の語強勢と合わなくなるため，複合語は生産的でなく，繰り返し複合語もできない．

ここでは，語強勢の位置が複合語の生産性と相関することについて考察したが，形態論の分野では，形容詞の比較級・最上級の表現として，接尾辞（英語なら -er, -est）を用いるか，独立の語 (more, most) を用いるかという言語間の違いも語強勢の位置と相関する．複合語と同じ理由で，接尾辞を用いるのは，語頭指向の語強勢を持つ言語であり，独立の語を用いるのは語末指向の語強勢を持つ言語である（詳しくは Tokizaki (2013b) を参照）．

このように，形態論と音韻論は密接に結びついており，その関係の研究は言語類型論においても大きな役割を果たすと考えられる．形態統語論における複合語や語順のパラメターを強勢位置などの音韻的なパラメターから導き出すことができれば，子どもの言語習得が短期間になされると言う事実も説明できる．さらなるデータの集積と綿密な分析を試みたい．

参考文献

Bisetto, Antonietta (2010) "Recursiveness and Italian Compounds," *SKASE Journal of Theoretical Linguistics* [online] 7:1, 14-35. http://www.skase. sk/Volumes/JTL15/pdf_doc/02.pdf.

Chomsky, Noam (1981) *Lectures on Government and Binding*, Foris, Dordrecht.

Cinque, Guglielmo (1993) "A Null Theory of Phrase and Compound Stress," *Linguistic Inquiry* 24, 239-297.

Don, Jan (2009) "IE, Germanic: Dutch," *The Oxford Handbook of Compounding*, ed. by Rochelle Lieber and Pavol Štekauer, 370-385, Oxford University Press, Oxford.

Duanmu, San (1990) *A Formal Study of Syllable, Tone, Stress and Domain in Chi-*

nese Languages, Doctoral dissertation, MIT.

Dressler, Wolfgang U. (1988) "Preferences vs. Strict Universals in Morphology: Word-Based Rules," *Theoretical Morphology: Approaches in Modern Linguistics*, ed. by Michael Hammond and Michael Noonan, 143-154, Academic Press, San Diego.

Dryer, Matthew S. (2013a) "Prefixing vs. Suffixing in Inflectional Morphology," *The World Atlas of Language Structures Online*, ed. by Matthew S. Dryer and Martin Haspelmath, Max Planck Institute for Evolutionary Anthropology, Leipzig (http://wals.info/chapter/26, Accessed on 2015-06-07.)

Dryer, Matthew S. (2013b) "Order of Object and Verb," The World Atlas of Language Structures Online, ed. by Matthew S. Dryer and Martin Haspelmath, Max Planck Institute for Evolutionary Anthropology, Leipzig (http://wals.info/chapter/83, Accessed on 2015-06-07.)

Dryer, Matthew S. (2013c) "Order of Adposition and Noun Phrase," *The World Atlas of Language Structures Online*, ed. by Matthew S. Dryer and Martin Haspelmath, Max Planck Institute for Evolutionary Anthropology, Leipzig (http://wals.info/chapter/85, Accessed on 2015-06-07.)

Dryer, Matthew S. (2013d) "Order of Genitive and Noun," *The World Atlas of Language Structures Online*, ed. by Matthew S. Dryer and Martin Haspelmath, Max Planck Institute for Evolutionary Anthropology, Leipzig (http://wals.info/chapter/86, Accessed on 2015-06-07.)

Dryer, Matthew S. (2013e) "Order of Adverbial Subordinator and Clause," *The World Atlas of Language Structures Online*, ed. by Matthew S. Dryer and Martin Haspelmath, Max Planck Institute for Evolutionary Anthropology, Leipzig (http://wals.info/chapter/94, Accessed on 2015-06-07.)

Givón, Talmy (1979) *On Understanding Grammar*, Academic Press, New York.

Goedemans, Rob and Harry van der Hulst (2013a) "Fixed Stress Locations," *The World Atlas of Language Structures Online*, ed. by Matthew S. Dryer and Martin Haspelmath, Max Planck Institute for Evolutionary Anthropology, Leipzig (http://wals.info/chapter/14, Accessed on 2015-06-07.)

Goedemans, Rob and Harry van der Hulst (2013b) "Weight-Sensitive Stress," *The World Atlas of Language Structures Online*, ed. by Matthew S. Dryer and Martin Haspelmath, Max Planck Institute for Evolutionary Anthropology, Leipzig (http://wals.info/chapter/15, Accessed on 2015-06-07.)

Hawkins, John A. and Anne Cutler (1988) "Psycholinguistic Factors in Morphological Asymmetry," *Explaining Language Universals*, ed. by John A. Hawkins, 280-317, Basil Blackwell, Oxford.

Kager, René (1999) *Optimality Theory*, Cambridge University Press, Cambridge.

Kayne, Richard S. (1994) *The Antisymmetry of Syntax*, MIT Press, Cambridge, MA.

Mukai, Makiko (2008) "Recursive Compounds," *Word Structure* 1, 178-198.

並木崇康 (2002)「語を作る仕組み：形態論 1」『言語研究入門：生成文法を学ぶ人のために』, 大津由紀雄・今西典子・池内正幸・水光雅則(編), 76-88, 研究社, 東京.

Neef, Martin (2009) "IE, Germanic: German," *The Oxford Handbook of Compounding*, ed. by Rochelle Lieber and Pavol Štekauer, 386-399, Oxford University Press, Oxford.

Scalise, Sergio (1992) "Compounding in Italian," *Rivista di Linguistica* 4, 175-199.

Snyder, William (2001) "On the Nature of Syntactic Variation: Evidence from Complex Predicates and Complex Word-Formation," *Language* 77, 324-342.

Tang, Katrina Schack (2010) "Phonological Evidence for the Structure of Javanese Compounds," *Austronesian and Theoretical Linguistics*, ed. by Raphael Mercado, Eric Potsdam and Lisa deMena Travis, 65-80, John Benjamins, Amsterdam.

Tokizaki, Hisao (2011) "The Nature of Linear Information in the Morphosyntax-PF Interface," *English Linguistics* 28, 227-257.

Tokizaki, Hisao (2013a) "Deriving the Compounding Parameter from Phonology," *Linguistic Analysis* 38, 275-303.

Tokizaki, Hisao (2013b) "Stress Location and Comparative Forms in English,"『音声研究』17, 59-66.

Tokizaki, Hisao (to appear) "Word Stress, Pitch Accent and Word Order Typology, with Special Reference to Altaic," *The Study of Word Stress and Accent: Theories, Methods and Data*, ed. by Rob Goedemans, Harry van der Hulst and Jeff Heinz, Cambridge University Press, Cambridge.

Tokizaki, Hisao and Yasutomo Kuwana (2013) "A Stress-Based Theory of Disharmonic Word Orders," *Theoretical Approaches to Disharmonic Word Orders*, ed. by Theresa Biberauer and Michelle Sheehan, 190-215, Oxford University Press, Oxford.

Tokizaki, Hisao and Kuniya Nasukawa (2014) "Tone in Chinese: Preserving Tonal Melody in Strong Positions," *Studies in Chinese Linguistics* 35, 33-48.

Williams, Edwin S. (1981) "On the Notions 'Lexically Related' and 'Head of a Word'," *Linguistic Inquiry* 12, 245-274.

第 16 章

語彙音韻論の限界と最適性理論によるアプローチ

三間　英樹

神戸市外国語大学

1. はじめに

　語彙音韻論 (Lexical Phonology; Kiparsky (1982) など) の枠組みは，1つの言語の中に見られる異なった振る舞いを説明するエレガントな理論であった．例えば (1) では，-ity は短母音化 (1a) や強勢移動 (1b) を引き起こすのに対し，-ly や -ness はそれらを引き起こさない．

(1) a.　div[aɪ]ne　　　div[ɪ]nity　　　div[aɪ]nely
　　b.　relíable　　　　reliabílity　　　relíableness

詳細は次節で概観するように，この理論は 80 年代に隆盛を極めることとなった．しかしその後問題点が多く指摘されるようになり，現在では理論としての役割を終えたとみなして良い状況となっている．
　その衰退とほぼ時を同じくして最適性理論 (Optimality Theory; Prince and Smolensky (1993/2004)) が登場する．90 年代中期以降，研究者の興味は同理論内で (1) のような問題をどう扱うかに移り，様々な仮説が登場した．この章ではその中の中心的な理論を 2 つ紹介し，中でも部分配列理論 (Partial Ordering Theory; Anttila (2002) など) がより適切にレキシコン内のバリエーションを扱うことができることを見ていこう．[1]

---

[1] この章の内容は Zamma (2012/2013) の一部を簡潔にまとめたものである．より詳しい議論を知りたい読者は Zamma (2012/2013) を参照されたい．

2. クラス性と語彙音韻論

英語の接尾辞の間に 2 種類のものがある，という観察自体はすでに構造主義言語学の時代からなされている．生成音韻論の枠組みでも，SPE 以降この差は境界記号の違い（+ と #）として分析され，Siegel (1974) は振る舞いの差から接尾辞を 2 つの「クラス (Class)」に分類した．(2) がそれぞれのクラスの代表的な接辞である．

(2) Class 1: -ate, -ion, -ic, -al (adj.), -ity, -ify
    Class 2: -ness, -less, -ly, -ment, -ful, -hood

Kiparsky (1982) らによる語彙音韻論 (Lexical Phonology) では (1) の差が，語彙部門 (lexicon) の複数の段階（= レベル (level), もしくは層 (stratum)) が階層をなして順序付けられているために生ずると分析される．

(3)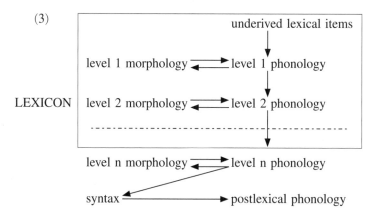

接尾辞や音韻規則はそれぞれ，どちらかのレベルに属していると仮定される．(1a) の例では -ity と短母音化がレベル 1 に属し，-ly はレベル 2 に属していると考える．そうすると，レベル 2 の接尾辞が付加されるときにはすでに短母音化規則がレベル 1 で適用してしまっているため，レベル 2 接辞を持つ語は当該規則の適用を受けないことになる．

(4) dev[aɪ]ne, -ity, dev[aɪ]ne, -ly
　　level 1　接辞付加　dev[aɪ]ne + ity　------------
　　　　　　短母音化　dev[ɪ]nity　　　------------
　　level 2　接辞付加　------------　　dev[aɪ]ne + ly
　　　　　　出力　　　dev[ɪ]nity　　　dev[aɪ]nely

　このように語彙音韻論のモデルは，ある音韻現象をはさんで語形成に時間差を設け，接辞による規則の適用・不適用の差を説明する．さらには規則の循環性，構造保持，語彙規則と後語彙規則の差，形態素の出現順序なども同時に説明することができ，非常にエレガントな理論であった（概略について詳しくは三間（2005）や Szpyra（1989），Giegerich（1999）などを参照してほしい）．そのため 80 年代には Kiparsky（1985），Strauss（1982），Booij and Rubach（1987），Mohanan（1986），Pulleyblank（1986）など，たくさんの研究が盛んに行われた．

3. 語彙音韻論の問題点

3.1. 付加順序の矛盾

　このような隆盛を極めた語彙音韻論であったが，実は登場直後から問題点が指摘され始めている．その中でも最も大きな問題が形態素の付加順序に関するもので，特に *ungrammaticality* などの語に見られる「括弧付けのパラドックス（Bracketing Paradox）」が Pesetzky（1985）らによって指摘され，盛んに議論された．この語は形態的には *ungrammatical* に -*ity* が付加されていると分析されるが（un- は形容詞に付加されるので語基は *grammaticality* ではない），語彙音韻論的にはクラス 1 である -*ity* はクラス 2 である *un-* の付加の後に付加されることはできないのである．

　このような典型例以外にも矛盾は頻繁に生じている．例えば（5a）に挙げた接尾辞は典型的なクラス 1 のもので，（5b）は語基の強勢を変えないという事実からしばしばクラス 2 とみなされる接尾辞である．

(5) a.　-ity, -ic, -al, -ation
　　b.　-able, -ize, -ist, -ment

語彙音韻論はクラス1の接尾辞がクラス2接尾辞よりも先に付加されることを予測するので，(5b) の接尾辞が (5a) の内側に位置することはないはずである．しかし英語では -abil-ity, -iz-ation, -ist-ic, -ment-al という連鎖は非常にありふれたものである．つまり，クラス2接尾辞がクラス1接尾辞が先に付加されていることになり，(3) のモデルの明らかな矛盾となっている．[2]

これは語彙音韻論にとって非常に致命的な問題であるため，同理論の主要な研究者によって解決策がいくつか提示されてきた．その1つが Halle and Mohanan (1985) による loop の仕組みで，要するにレベルの逆戻りを許すモデル化をしたものである．しかしこのような仕組みを許せば，結局どの形態素がどの形態素の後に来てもよいことになってしまうので，形態素の連続に関して何の予測もできないことになってしまうだろう．

3.2. 二重所属

前節の内容と関係するが，形態素の所属が唯一的に決定できないという問題が早くから指摘されてきた (Aronoff (1976), Selkirk (1982), Aronoff and Sridhar (1983), Fudge (1984), Szpyra (1989), Giegerich (1999), Zamma (2006))．例えば前節の (5b) に挙げられたものは，語基の強勢の位置を変えないという点でクラス2的な接尾辞である．しかしこれらの接尾辞は，拘束語根に付加することができるという特徴も同時に示している．(6) に示した語の語基は独立した語として存在しない拘束形態素である．

(6) a. hospitable, amicable, compatible, eligible
　　b. minimize, mesmerize, recognize, hypothesize
　　c. feminist, hypnotist, optimist, pessimist
(7) a. calamity, gigantic, liberal, illusion
　　b. *calamness, *gigantly, *liberless, *illusful

これは典型的にはクラス1的な性質である．(7a) に示すようにクラス1接

---

[2] この矛盾自体は実は語彙音韻論のモデル化以前（前述の通り SPE では形態素の境界線の違いとして扱われていた）から問題となっていた．Aronoff (1976) や Selkirk (1982) を参照されたい．

尾辞は拘束語根を語基として持つことは可能だが，クラス2接尾辞はそれを許さない（(7b)）。[3] つまり (5b) の接尾辞はクラス1的な性質とクラス2的な性質をともに示すことになるのである．そのためこれらの接尾辞は，両方のクラスに属している「二重所属の接尾辞（Double Membership Suffixes）」と呼ばれている（Selkirk (1982)）．

　これは語彙音韻論のモデルでは大きな問題となる．(3) に示したように語彙音韻論は，形態素ごとに付加されるレベルが決まっていると仮定することで成り立っているからである．もし (5b) の形態素がレベル1で付加されるのであれば拘束語根に付加することは説明できるが，なぜ強勢付与がその語に適用しないのか説明できない．逆にレベル2で付加されるのであれば強勢付与が再び適用しないことは説明できるが，なぜ拘束語根に付加されているのかが説明できなくなってしまう．Zamma (2006, 2012) が示すようにこのタイプの接尾辞はかなり多いので，形態素が両方のレベルに所属できるのであれば，(1) で見たような簡潔な説明が成り立つ事実はほとんどなくなってしまうだろう．[4]

3.3. クラス内での変異

　語彙音韻論では1つのクラスに属する接尾辞は基本的に同じ振る舞いをすると仮定された．しかしこの仮定にも問題が生じることがわかってきている．ひとまとまりにクラス1とされている接尾辞の中にも，異なる音韻的振る舞いをするものがあるのである．ここでは英語の強勢付与に見られる事実からその問題を考えることとする．

　まず，韻律外性の適用の有無について見てみよう．(8a, b) はどちらも形容詞を形成する接尾辞を持つ語の例だが，(8a) の接尾辞は後ろから3番目の音節に強勢を与えるのに対して (8b) の接尾辞は後ろから2番目の音節に強勢を与えている．

(8) a. (nátu)\<ral\>　　(húmo)\<rous\>　　(dómi)\<nant\>
　　b. alco(hóli)\<c\>　a(tómi)\<c\>　　　in(sípi)\<d\>

---

[3] gormless など例外は存在する．
[4] Zamma (2012) の調査によれば少なくとも38個の接尾辞がこの種類に属している．

これらは皆クラス1の接尾辞であるので，語全体に対して新たに強勢付与が行われる．その際，(8a) では最終音節を韻律外にして韻脚を構成しているが，(8b) では最後の子音だけが韻律外となっている．つまり (8) の事実は，同じクラス1の接尾辞の間にも音節の韻律外性が適用するかしないかという差がある，ということを示している．

次に強勢転移の適用について見てみよう．英語は最終音節に主強勢が来ることを好まず，もう1つ前の韻脚の主要部に主強勢を転移させる (-ary, -ory の最後の y は子音とみなされている)．この事実は多くのクラス1接尾辞の間にもみられる．

(9) oríginàte, syllábifỳ, álkanòid, mágnetìte, sécretàry, inhíbitòry

しかしこの強勢転移は常に適用するわけではない．(10) の語は最終音節に主強勢を持つことを許容している．

(10) a. Japanése, Chinése, Portuguése, journalése
b. engineér, voluntéer, pioneér, mountaineér
c. arabésque, Romanésque, picturésque, grotésque
d. kitchenétte, marionétte, maisonétte, cigarétte

つまり強勢転移に関しても，クラス1接尾辞の間で適用・不適用の振る舞いの差がある，ということである．

強勢転移についてさらに詳しく見てみよう．転移には2つの種類がある．1つは強転移と呼ばれるもので，後ろから二番目に重音節があっても，必ずもう1つ前の音節（後ろから3番目）に主強勢が転移される ((11b))．もう1つは弱転移という転移で，後ろから二番目が重音節のとき，その音節に強勢が転移する ((12b))．

(11) a. certíficàte, commúnicàte, invéstigàte, manípulàte
b. désignàte, démonstràte, cónfiscàte, législàte
(12) a. álkalòid, ásteròid, céllulòid, hóminòid, sáccharòid
b. aráchnòid, ellípsòid, emúlsòid, merísmòid, mollúscòid

つまり強勢転移を受ける接尾辞の間にも，転移のタイプに関してバリエーションがあるということである．

第 16 章 語彙音韻論の限界と最適性理論によるアプローチ　　　277

　このようによく見ると，新たに強勢を与えるレベル 1 の接尾辞の中にも様々なタイプがあることがわかってくる．このような接尾辞間の差は語彙音韻論の枠組みで捉えることはできるだろうか？ 上記の差異は線的な規則の適用順序というよりも，質的な適用の仕方の差であるように見える．例えば韻律外性は「規則」ではないし，転移の種類をわける重音節も規則によって作られたり作られなかったりするものではない．しかも，これらの接尾辞の間には強勢の違い以外の大きな差は見受けられないので，いくつもの異なるレベルを設ける積極的な理由はなさそうである．語彙レベルの差でこれらの振る舞いの差を説明するのはあまり適切ではないだろう．

3.4. 非派生的語彙層

　上記の問題と関係するが，形態論的な原因に基づく差異が必ずしも常に線的な派生の差として観察されるわけではない．例えば日本語では，語種によって異なる音韻的な振る舞いを示すことが指摘されている (Itô and Mester (1995), Fukazawa (1998))．和語や漢語は /p/ で始まることができないが，外来語は始まることができる．また，漢語や外来語では鼻音の後にどのような子音も生じることができるが，和語ではそれは有声音でなくてはならない．

　このような振る舞いの差は規則の適用と語形成の順序によって説明するのは難しい．規則というよりはむしろ，「○○でなくてはならない」といったような制限に従って語形成が行われていると見なしたほうが自然であろう．語彙音韻論の仮定するような，レキシコンを「線的に層をなしたもの」として構築する分析が必ずしも正しいとは言えなさそうである．

4. 最適性理論におけるアプローチ

　Prince and Smolensky (1993) 以降，音韻研究の主流となっている理論的枠組みは最適性理論 (Optimality Theory) である．最適性理論は線的な派生を認めず，論理的に可能な複数の出力の中から最適な候補を選ぶ，というアプローチを取っているので，前節で最大の問題となっていた「括弧付けの矛盾」は生じないことになる．では語彙音韻論で扱われていた形態音韻的な問題は，同理論ではどのように扱われるだろうか．以下ではこの問題について

の最適性理論における主な2つのアプローチを紹介する．最適性理論そのものについての概説は省略するので，この理論について初めて触れる読者は何らかの方法で同理論の基本的な考え方を学んでおいてほしい．

4.1. 部分配列理論

最適性理論では音韻制約は言語普遍的であり，言語個別性は制約の順序付けが異なることから生じていると考えられている．この制約の並び替え (re-ranking) が個別言語内でも生じていると考えるのが部分配列理論（Partial Ordering Theory; POT）である（Anttila (2002), Anttila and Cho (1998) ほか）．つまり，ある言語内で制約の順序付けは大枠となる部分だけしか決まっておらず，残りの未確定の部分はその言語内の下位区分ごとに決まると考えるのである．その際，下位区分ごとに同じ制約の異なる順序付けが生じることもありうる．

仮の言語 L を用いて (13) に例示してみよう．普遍文法に制約が A, B, C の3つだけあると仮定する．普遍文法ではこれらに順序付けがなされていないが，個別言語 L では A » B という順序付けだけが決定される（(13) の2段目）．これはこの言語の中で共通する核となる順序付けとなるが（3段目以降もこの順序付けは共通している），残りの未確定の部分はその言語の下位区分（活用形，品詞，語彙層）によって様々に決定されていく（Subgrammar 1 から 5）.[5] Subgrammar 3 から 5 の間で制約 B と C の順序付けにバリエーションがあることに注意されたい．

---

[5] このような並び替えに基づく分析は Itô and Mester (1995), Inkelas (1998), Orgun (1996, 1998), Inkelas, Orgun and Zoll (1996) らによっても提案されている．

第 16 章　語彙音韻論の限界と最適性理論によるアプローチ　　279

(13)　A grammar lattice (Anttila (2002: 21))

```
                        ∅
              {ABC, ACB, BAC, BCA, CAB, CBA}
                    (Universal Grammar)
                            |
                          A » B
                     {ABC, ACB, CAB}
                       (Language L)

              A » B                A » B
              A » C                C » B
           {ABC, ACB}           {ACB, CAB}
          (Subgrammar 1)      (Subgrammar 2)

      A » B          A » B          A » B
      A » C          C » B          C » B
      B » C          A » C          C » A
      {ABC}          {ACB}          {CAB}
  (Subgrammar 3)  (Subgrammar 4)  (Subgrammar 5)
```

　ではこの理論で 2 節と 3 節で見た語彙音韻論的な事実はどのように分析されるかを見てみよう．ここでは語基の強勢の保持 (1b) と拘束語根への付加可能性 (6), (7) について考えていくことにする．まず，普遍文法内に以下の制約があると仮定する．

(14)　a.　B=Wᴅ: 語基は自由形態素でなくてはならない．
　　　b.　Mᴘᴀʀsᴇ: 出力は実現しなくてはならない．
　　　c.　OO-Cᴏʀʀᴇsᴘᴏɴᴅᴇɴᴄᴇ(stress) (OO-Cᴏʀ):
　　　　　派生語の強勢は語基の強勢と一致しなくてはならない．
　　　d.　Sᴛʀᴇss Pʟᴀᴄᴇᴍᴇɴᴛ Cᴏɴsᴛʀᴀɪɴᴛs (SPC): Aʟɪɢɴ-R, WSP ほか

強勢付与には複数の制約が関係するが (cf. Pater (2000), Zamma (2005) ほか)，ここでは便宜的に (14d) のようにまとめて扱うこととする．これらの制約を用いれば，一般的なクラス 1 とクラス 2 の振る舞いの差は次のような制約の順序の違いとして分析できる．

(15) a. Class 1: MPARSE » B = WD; SPC » OO-COR
　　 b. Class 2: B = WD » MPARSE; OO-COR » SPC

ここでは左の 2 つの制約が拘束語根付加可能性について，右の 2 つが強勢保持について振る舞いを決めている．

具体例を見てみよう．まず，語基の強勢の位置を保つかどうかという差は (16) のタブローが示すように分析できる．(16b) のクラス 2 の接尾辞は OO-COR が SPC より上位に位置づけられているため語基の強勢を保持するが，順序付けが逆であるクラス 1 の接尾辞は強勢の位置を変えうる ((16a))．[6]

(16) a.

origin + -al	MPARSE	B=WD	SPC	OO-COR
☞ o(rígi)<nal>				*
(óri)gi<nal>			*!	
∅	*!			

(correspondent: órigin)

　　b.

natural + -ness	B=WD	MPARSE	OO-COR	SPC
natu(rál)<ness>			*!	
☞ (nátu)ral<ness>				*
∅		*!		

(correspondent: nátural)

一方，語基への付加可能性の差は (17) に示すように分析される．クラス 1 接尾辞は語基が拘束形態素であろうと出力を生み出すことを要求するが ((17a))，クラス 2 接尾辞は語基への制限をより重視する ((17b))．

---

　　[6] 2 つの制約群の間の順序付けはここでは論じないが，厳密には音形を持つ出力の多くは SPC のうちの ALIGN-R に違反するので，MPARSE はこれより上位に位置づけられている．詳しい議論は Zamma (2012/2013) を参照されたい．

第16章 語彙音韻論の限界と最適性理論によるアプローチ

(17) a.

liber- + -al	MPARSE	B=WD	SPC	OO-COR
☞ (líbe)\<ral\>		*		
ø	*!			

b.

liber- + -ness	B=WD	MPARSE	OO-COR	SPC
li(bér)\<ness\>	*!			
☞ ø		*		

このように考えると，2つのクラスの性質を併せ持つ二重所属の接尾辞（ここではクラス3と呼ぶことにする）は (15a, b) を混ぜ合わせた順序付けで評価されていると分析できる．(18) の左半分はクラス1 ((15a))，右半分はクラス2 ((15b)) の順序付けと一致していることに注目してほしい．

(18) Class 3: MPARSE » B=WD; OO-COR » SPC

(19) a.

American-ize	MPARSE	B=WD	OO-COR	SPC
☞ A(méri)ca(nì)ze				*
Ame(ríca)(nì)ze			*!	
ø	*!			

(correspondent: Américan)

b.

hypothes-ize	MPARSE	B=WD	OO-COR	SPC
(hýpo)the(sì)ze		*		*!
☞ hy(póthe)(sì)ze		*		
ø	*!			

(correspondent: -----)

これらの接尾辞は語基への制限より出力を持つことが優先され ((19b))，かつ語基が自由形態素の場合はその強勢との一致が求められることになる

((19a)).

このようにこの理論では，線的な構造を持つレキシコンを仮定せず，語彙層ごとに異なる順序付けを仮定することで語彙音韻論の問題を解決する．また，音韻的・形態的性質を厳密に二分化することで層を特徴付けるのではなく，与えられている制約の順序付けの集積によって層を定義付けるので，(18) のように 2 つの層の特徴を持つ層が存在することは，問題を引き起こさないどころか当然の帰結であると言えるのである．なおこの理論は，(18) とは逆の順序付けの混ざり方（すなわち，拘束語根へ付加せず，語基の強勢を保持しない）をしている層の存在を予測するが，実際にそのような接尾辞は英語に観察される（三間 (2005), Zamma (2012/2013))．[7]

さらに，上述のように語彙層を厳密に二分化しないので，同じ層の中に異なる強勢パターンが複数存在することも問題なく許容される（むしろ予測される）．(14d) では 1 つにまとめた制約は実際は少なくとも 5 つの制約から成り立っているので，この制約群の中での異なる順序付けが異なる強勢パターンを生み出していると分析できるのである．詳しくは Zamma (2005, 2012/2013) を参照されたい．(13) のスキーマでクラス 1 が Subgrammar 1 に相当すると仮定すると，その中にさらに下位範疇があることになるわけである．

この理論にはさらに別の種類の利点もある．それについては 4.3.4 節で議論することにする．

4.2. 指標制約理論

最適性理論の分野では語彙音韻論的な問題に対してもう 1 つのアプローチが提唱されている．ここではそれを指標制約理論（Constraint Indexation Theory (CIT)）と呼ぶことにする．これは形態素を層ごとに分類すると同時に，制約も関係する層ごとに分解されて存在し，出力はその関係する層の制約で評価されると考える理論である．

例えば語基の強勢の保持に関する振る舞いの差については，OO-COR がクラスごとに分割され，SPC に関して異なる位置に順序付けされていると

---

[7] -ee, -ese, -esque がそれにあたる．

第 16 章 語彙音韻論の限界と最適性理論によるアプローチ

分析される．

(20) OO_2-COR » SPC » OO_1-COR

そうすると語の出力形は，接尾辞の属する層の指標がついた制約でのみ評価されることになるので，実質的には前節で見た分析（15）とほぼ同じような分析となる．(21a) では OO_1-COR に関して，(21b) では OO_2-COR に関して評価が行われていることに注意されたい．後者では語基の強勢保持が重要になるが，前者ではそうならない．

(21) a.

origin + -al$_1$	OO_2-COR	SPC	OO_1-COR
☞ o(rígi)<nal>			*
(óri)gi<nal>		*!	

(correspondent: órigin)

b.

natural + -ness$_2$	OO_2-COR	SPC	OO_1-COR
natu(rál)<ness>	*!		
☞ (nátu)ral<ness>		*	

(correspondent: nátural)

このアプローチの利点は，制約を分割することによって全体として 1 つの順序付けを作ることができる点である．「制約の順序付けの違いが言語の違いを生じさせる」と仮定する最適性理論にとっては，一言語が統一的な順序付けを持つことになるこちらの分析のほうが整合性があるように思えるため，これまで多くの研究者がこのアプローチに基づく分析をいくつかの言語に対して行ってきた．[8] しかし筆者はここで，前節の部分配列理論に基づく分析のほうが優れていることを主張する．

---

[8] 日本語の語彙層については Itô and Mester (1995)，Fukazawa (1998) が，英語のクラス性に関しては Benua (1998)，Pater (2000) が研究を行っている．

4.3. 比較
4.3.1. 理論的整合性

　前節の最後で指標制約理論の理論的整合性について述べた．しかし実は指標制約理論は，別の面では理論的整合性を欠いている．それは，有標性制約への指標付加を最適性理論の基本的枠組みは保証していない，ということである．[9]

　指標のアイディアを導入したのは Benua (1998) であるが，これはもともと一致理論 (Correspondence Theory) に基づいてのことであった．一致理論とは McCarthy and Prince (1995) 以降一般的になっている，おもに忠実性に関する考え方である．入力と出力の対比を「一致 (correspondence)」の度合いによって行う，とするわけである．この考えに基づき，同様の一致が他の様々な範疇の間で行われると考え，語基とクラス 1 派生語の間の一致度と，語基とクラス 2 派生語の間の一致度に差がある，としてクラス性を捉えようとしたのが Benua (1998) の分析である．

　すなわち，もともと指標は出力形の範疇を示すために導入されたものであった．一致度を計るためには比較する範疇を決定する必要があるので，出力形の中の下位範疇を示さなくてはならない．一致理論に基づく限り，これは理論がもともと内包している仕組みであると言える．つまり指標は制約そのものを分割するためのものではなく，出力形をいくつかの範疇に分割するためのものなのである．

　であるから (20) で示したような，忠実性制約に指標が用いられることは理論的に問題なく許容される．しかし有標性制約についてはそうではない．有標性制約は一致を計るものではないからである．もし有標性制約を分割しなければならないのだとすると，そのための別の手だてを理論内に独立して導入する必要が出てくるだろう．

　有標性制約を異なる位置に配置する順序付けは，言語事実から何らかの方法で必要である．例えば (15) などで見た拘束語根付加可能性に関しては，忠実性制約は全く関与しない．また 3.3 節で見た強勢付与に関しても同様

---

　[9] 以下の議論は Zamma (2001, 2003) によって指摘された．Itô and Mester (2004) も同様の指摘を行っている．

である.[10]

　一方で部分配列理論にはそのような問題は生じない.制約順序の並び替えは理論的に保証されているからである.言語の差は制約の順序の差であると仮定されていることを思い起こしてほしい.ある言語を習得する際,子供はその言語に合わせて制約を並び替えていると考えられる.

　また,一言語内で制約の順序に未確定の部分がある,という考えも言語事実に一致していると思われる.1つの言語の中にもいろんな種類の変異があるからである.各種方言やスピーチスタイルなどによって言語表現が異なる事例は豊富に見られるが,それでも「ある言語らしさ」は保たれていることに注意しよう.核となる順序付けがある一方で,周辺的な部分では順序付けに変異が存在していることが示唆されるのである.部分配列理論に基づく分析は,同様の変異がレキシコン内にあると見なしているわけである.[11]

4.3.2. 分析の不確定性

　仮に有標性制約が分割可能だとすると,その場合どの制約が分割されるべきかという問題が生じてくる.例えば (15) の拘束語根付加可能性を決める制約のうち,分割されるのは MPARSE であろうか,あるいは B=WD であろうか.原理的にこのどちらかを決定できる論理は,最適性理論の基本的な枠組からは生じない.

　(15) は2つの制約のみから振る舞いが決まる現象であったが,場合によっては3つ以上の制約からパターンが決まることもありうる.その場合,分割される制約の可能性はさらに増え,唯一的に順序付けを決定することは一層困難になる.

　実質上はどの制約が分割されても問題は生じないかもしれないし,他の現象から分割される制約が決定されてくる場合もあるかもしれない.だが分析が決定できない可能性があることは理論にとって利点にはならないだろう.

---

[10] Pater (2000) は英語の二次強勢に関して *CLASH を分割することが必要であると主張している.

[11] ここでの制約の並び替えの利点については確率最適性理論 (Boersma (1998), Boersma and Hayes (2001)) にも当てはまる.

4.3.3. 限定性

指標理論にはさらに，指標の数が無限であるという問題がある．指標はカテゴリーに対して与えられるが，カテゴリーは語と同様に恣意的に作られるものであるので，無限に作り出すことができる．指標の数の分だけ制約が分割されうるとすると，各制約が無限に分割されて異なる位置に順序付けられる可能性があるので，結果的に1つの言語に無限のパターンが生じる可能性があるのである．

人間の想像力に限界はあるし，その言語における語彙数以上にはカテゴリーは存在しないはずなので，実質上はあまり問題にはならないかもしれない．しかし，論理的な可能性に上限がないということは，理論としては潜在的な問題になりうる．

一方で部分配列理論では，可能なパターンの数に上限が存在する．制約の階乗通りまでしか可能性が存在しないのである．もちろん制約の数が増えれば階乗の値も増大するが，制約の数は有限だと考えられるので，数が多いとはいえ上限が存在することになる．論理的な可能性が無限であるよりは有限のほうが，理論としては優れていると言えるだろう．

4.3.4. 量的な予測

部分配列理論の長所の1つに，量的な予測が可能であることがあげられる．3.3節で見た英語の強勢付与におけるバリエーションを例に挙げながら考えてみよう．3.3節では (a) 韻律外パターン (e.g. -ity (8a))，(b) 非韻律外パターン (e.g. -ic (8b))，(c) 非転移パターン (e.g. -ese (10))，(d) 強転移パターン (e.g. -ate (11))，(e) 弱転移パターン (e.g. -oid (12)) の5つの強勢パターンがあることを見た．詳しい分析はここでは省略するが，この5つのパターンは以下の5つの一般的な制約から生じている．

(22) a. ALIGN-R: 主強勢は語の右端にある．
　　 b. EXTRAMETRICALITY (EM): 最終音節は韻律外である．
　　 c. NONFINALITY (NONFIN): 主強勢は最終音節にはない．
　　 d. *CLASH: 強勢は隣り合ってはならない．
　　 e. WEIGHT-TO-STRESS PRINCIPLE (WSP): 重音節は強勢を持つ．

このうち1つの順序付け (EM » *CLASH) は英語全体で共通しているよう

であるので，(22) の制約から可能な順序付けの数は 5!/2 = 60 通りである．しかし実際は 3.3 節で見た 5 つのパターンしか存在しない．これは，5 つの制約の組み合わせの中に，何ら重要な差を生じさせないものがあるからである．例えば最終音節を韻律外にすることは ((22b))，主強勢を与えないこと ((22c)) と全く同じであるので，これら 2 つの順序付けが異なるパターンを生じさせることはない．このように全体の順序付けの中には音韻的に無意味な制約の組み合わせがあるため，60 通りの中の複数の順序付けが 1 つのパターンに結びつくわけである．これを (13) を使って例示してみよう．仮に制約 B, C の間に音韻的な意味を生じさせる順序付けがないとすると，Subgrammar 1 にあたるカテゴリーには 2 つの可能な順序付け（すなわち Subgrammar 3 と Subgrammar 4 にあたる順序付け）が存在していることになる．

このように考えると，あるパターンに結びつく可能な制約の順序付けの数を数えて，論理的に可能な順序付けの中におけるその割合を計算すれば，そのパターンを生み出す接尾辞の割合が予測できる可能性がある．論理的に可能な順序付けの中から，ある接尾辞にランダムに特定の順序付けが決められるのだとすると，その接尾辞がどのパターンを取るかという確率は，そのパターンが有している割合と一致することが予測される，というわけである．例えば (22) の制約群の階乗通りの順序付けのうち，軽音節の接尾辞に韻律外パターンを生み出すものが 40 通り，非韻律外パターンを生み出すパターンが 20 通りある．[12] ということは，前者に属する接尾辞が英語の中で 66.7%，後者に属するものが 33.3% 存在することが予測できる．この予測の妥当性はともかくとして，このように部分配列理論では量的な予測が可能なのである．[13]

一方で指標制約理論ではこのような予測は困難である．Pater and Coetzee (2005) がムナ語の事実について量的な予測を試みているが，それが可能であるのは均質的な分布をしている場合（つまり，3 分の 1 対 3 分の 2 な

---

[12] 詳しい議論は Zamma (2005, 2012/2013) を参照されたい．
[13] Zamma (2012/2013) はこの予測がある程度正しいことを論じている．また Anttila (1997, 2002, 2007), Anttila et al. (2010), Bane (2010a, 2010b) なども，同様の予測のもとに各種言語についての分析を行っている．

ど)に限られる.実際の言語事実の分布は均質的であるとは限らないので,この点でもやはり部分配列理論に部があると言えよう.

4.4. その他の理論

近年の理論分析では他にも語彙間のバリエーションに関する分析がいくつか提示されている.最後に3つの理論について簡単に概観する.

まず階層最適性理論 (Stratal OT; Kiparsky (2000), Bermúdez-Otero (1999) など) は語彙音韻論と同じように線状に並んだ複数の層を認め,その層の間で制約の異なる順序付けを許す理論である.形態素レベル,語レベル,音声レベルという3つのレベルのみを認める点でより限定的であると言えるが,線状の派生を仮定する点で語彙音韻論と同様の問題が生じることは避けられないだろう.

次に確率論的最適性理論 (Stochastic OT; Boersma (1998), Hayes (2000), Boersma and Hayes (2001)) について述べる.これは,制約にそれぞれランキング値が与えられ,その値がある幅を持つとすることで,場合によっては制約の順序が逆転することを認める理論である.(23) の例を見てみよう.ここでは制約 A はほとんどいつも制約 B の上位に位置していて,交差するエリア (a) を除いて逆転することはほとんどない.一方制約 B と制約 C は場合によって逆転することがありうる.制約 C が交差するエリア (b) の左側のどこかのランキング値を持ち,制約 B が (b) の右側のランキング値を持っている場合,制約 C が制約 B の上位に位置していることになるのである.

(23)
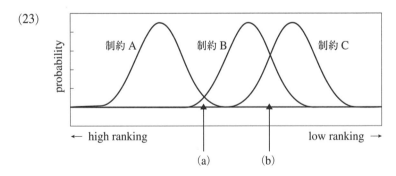

つまりこの理論では,制約のランキング値が指定された値を中心に正規分布

に従っていると仮定すると，上記のような逆転がどの程度可能であるかを確率論的に予測することが可能なのである．

これは部分配列理論と同じく，制約の順序付けそのものが変わりうるという仮定に基づく理論である．部分配列理論は（確率最適性理論的に言えば）制約のランキング値が完全に一致する場合に生じる順序付けのバリエーションのみを考察していたわけだが，確率最適性理論ではその値の分布曲線にズレを認めるということになるので，より細かい分布の差を反映できる柔軟な理論となっていると言える．しかしこれは，長所であると同時に短所でもある．確かにランキング値に自由度を認めることで，現実の分布により適合した理論化を行うことが可能になっている．しかしこの理論はその逆，つまり制約の順序付けから何らかの分布を予測することはできない．あくまでも現実の分布があってそれを反映するランキング値を決めることができるのであって，理論から分布を予測することはできないのである．[14]

同じ批判が調和文法（Harmonic Grammar; Coetzee and Pater (2008) など）にも当てはまる．これは OT とは異なり，制約が厳密に順序付けられてはいない．かわりに各制約に係数が決められており，ある出力候補には制約の違反の数にその係数を乗じた値が与えられ，最終的にその値が小さい候補が最適候補として選ばれるとする理論である．例えば制約 A に 0.8，制約 B に 0.5，制約 C に 0.4 という係数が与えられており，出力 1 が制約 A を 1 つ，出力 2 が制約 B と C を 1 つずつ違反しているとする．そうすると，出力 1 の違反は 0.8 なのに対し出力 2 の違反は 0.5 + 0.4 = 0.9 となるので，違反の値の合計が小さい出力 1 のほうが最適な候補として選ばれる．このようにこの理論では，重要度の高い制約（制約 A）の違反がある候補（候補 1）でも，それより重要度の低い制約（制約 B と C）の違反を持つ候補（候補 2）より調和度が高くなる可能性があり，その点でこれは OT より柔軟性が高い理論であると言える．つまりこの理論も，確率最適性理論と同様に，現実を反映するために各制約の係数を導いていくことに主眼があるのであ

---

[14] 確率論的最適性理論にはもう 1 つ，ランキング値が重なる制約の間の制約の並び替えを全て予測してしまう，という問題もある．一方で部分配列理論ではカテゴリーごとに指定する部分配列の内容に自由度があるので，並び替えの生じる範囲を限定することができる．詳しい議論は Zamma (2012/2013) を参照のこと．

る．したがってこの理論でも，「理想化された状態で一般に言語がどのような量的な振る舞いをするか」という予測はできないのである．

5. おわりに

語彙音韻論はエレガントなモデルであったが，(i) 線状の派生を前提とし，(ii) 厳密な二分法によってクラス分けを行ったモデル化が多くの問題を引き起こしていた．線上の派生を仮定しない最適性理論では，前者の問題は生じてこない．また，厳密な二分法に基づくクラス分けを仮定せず，より多様なバリエーションを認めるような理論化を行えば，後者の問題も解決できる．

この章では，最適性理論（およびその関連理論）で現在議論されているそのような理論化のいくつかを概観した．特に部分配列理論が，分析の限定性などの概念的な利点を持つだけでなく量的な予測も可能にしている点で，（レキシコン内の）バリエーションを説明するために最も適した理論であると言える．しかし今回は語彙音韻論的問題の中でも，拘束語根への付加可能性と強勢付与に関してのみ考察を行ったので，他の現象も含めたより包括的な考察を行う余地が残されている．また，形態素の出現順序については制限を特に設けずに考察を進めてきたが，何らかの制限が必要な場合にどうしたら良いか，新たに考える必要が出てくるだろう．[15] これらの問題については今後の研究の進展を期待したい．

参考文献

Anttila, Arto (1997) "Deriving Variation from Grammar: a Study of Finnish Genitives," *Variation, Change and Phonological Theory*, ed. by Frans Hinkens, Roeland van Hout and Leo Wetzels, 35-68, John Benjamins, Amsterdam.

Anttila, Arto (2002) "Morphologically Conditioned Phonological Alternations," *Natural Language and Linguistic Theory* 20, 1-42.

Anttila, Arto (2007) "Variation and Optionality," *The Cambridge Handbook of Phonology*, ed. by Paul de Lacy, 519-536, Cambridge University Press, Cam-

---

[15] 形態素の出現順序について Zamma (2012/2013) は ALIGNMENT 制約による分析の可能性を示している．

bridge.

Anttila, Arto and Young-mee Yu Cho (1998) "Variation and Change in Optimality Theory," *Lingua* 104, 31-56.

Anttila, Arto, Matthew Adams, and Michael Speriosu (2010) "The Role of Prosody in the English Dative Alternation," *Language and Cognitive Processes* 25, 946-981.

Aronoff, Mark (1976) *Word Formation in Generative Grammar*, MIT Press, Cambridge, MA.

Aronoff, Mark and S. N. Sridhar (1983) "Morphological Levels in English and Kannada; or, Atarizing Reagan," *CLS 19: Papers from the Parasession on the Interplay of Phonology, Morphology, and Syntax*, 3-16.

Bane, Max (2010a) "Deriving the Structure of Variation from the Structure of Non-variation in the English Dative," *WCCFL* 28, 42-50.

Bane, Max (2010b) "A Combinatoric Model of Variation in the English Dative Alternation," to appear in *BLS* 36.

Benua, Laura (1998) *Transderivational Identity: Phonological Relations between Words*, Doctoral dissertation, University of Massachusetts, Amherst.

Bermúdez-Otero, Ricardo (1999) *Constraint Interaction in Language Change*, Doctoral dissertation, University of Manchester.

Boersma, Paul (1998) *Functional Phonology*, Doctoral dissertation, University of Amsterdam.

Boersma, Paul and Bruce Hayes (2001) "Empirical Tests of the Gradual Learning Algorithm," *Linguistic Inquiry* 32, 45-86.

Booij, Geert and Jerzy Rubach (1987) "Postcyclic versus Postlexical Rules in Lexical Phonology," *Linguistic Inquiry* 18, 1-44.

Chomsky, Noam and Morris Halle (1968) *Sound Pattern of English*, Harper and Row, New York.

Coetzee, Andries and Joe Pater (2008) "Weighted Constraints and Gradient Restrictions on Place Co-occurrence in Muna and Arabic," *Natural Language and Linguistic Theory* 26, 289-337.

Fudge, Erik (1984) *English Word-Stress*, George Allen and Unwin, London.

Fukazawa, Haruka (1998) "Multiple Input-Output Faithfulness Relations in Japanese," ms., University of Maryland. [ROA-260]

Giegerich, Heinz J. (1999) *Lexical Strata in English: Morphological Causes, Phonological Effects*, Cambridge University Press, Cambridge.

Halle, Morris and K. P. Mohanan (1985) "Segmental Phonology of Modern English," *Linguistic Inquiry* 16, 57-116.

Hayes, Bruce (2000) "Gradient Well-formedness in Optimality Theory," *Optimality*

Theory: Phonology, Syntax, and Aquisition, ed. by Joost Dekkers, Frank van der Leeuw and Jeroen van de Weijer, 88-120, Oxford University Press, New York.

Inkelas, Sharon (1998) "The Theoretical Status of Morphologically Conditioned Phonology: A Case Study of Dominance Effects," *Yearbook of morphology 1997*, ed. by Geert Booij and Jaap van Marle, 121-155, Kluwer, Dordrecht.

Inkelas, Sharon, Orphan Orgun and Cheryl Zoll (1996) "Exceptions and Static Phonological Patterns: Cophonologies vs. Prespecification," ms., University of California, Berkeley and University of Iowa. [ROA-124]

Itô, Junko and Armin Mester (1995) "The Core-periphery Structure of the Lexicon and Constraints on Reranking," *University of Massachusetts Occasional Papers 18: Papers in Optimality Theory*, ed. by Jill N. Beckman, Laura Walsh Dickey and Suzanne Urbanczyk, 181-209, GLSA, University of Massachusetts, Amherst.

Itô, Junko and Armin Mester (2004) *Japanese Morphophonemics*, MIT Press, Cambridge, MA.

Kiparsky, Paul (1982) "Lexical Phonology and Morphology," *Linguistics in the Morning Calm*, ed. by the Linguistic Society of Korea, 3-91, Hanshin, Seoul.

Kiparsky, Paul (1985) "Some Consequences of Lexical Phonology," *Phonology Yearbook* 2, 83-138.

Kiparsky, Paul (2000) "Opacity and Cyclicity," *The Linguistic Review* 17, 351-366.

Mohanan, K. P. (1986) *The Theory of Lexical Phonology*, Reidel, Dordrecht.

Orgun, Cemil Orhan (1996) *Sign-based Phonology and Morphology, with Special Attention to Optimality*, Doctoral dissertation, University of California, Berkeley.

Orgun, Cemil Orhan (1998) "Cyclic and Noncyclic Phonological Effects in a Declarative Grammar," *Yearbook of Morphology 1997*, ed. by Geert Booij and Jaap van Marle, 179-218, Kluwer, Dordrecht.

Pater, Joe (2000) "Non-uniformity in English Secondary Stress: the Role of Ranked and Lexically Specific Constraints," *Phonology* 17, 237-274.

Pater, Joe and Andries Coetzee (2005) "Lexically Specific Constraints: Gradience, Learnability, and Perception," *Proceedings of the 3rd Seoul International Conference on Phonology*, 85-119, The Phonology-Morphology Circle of Korea, Seoul.

Pesetsky, David (1985) "Morphology and Logical Form," *Linguistic Inquiry* 16, 193-246.

Prince, Alan and Paul Smolensky (1993) "Optimality Theory: Constraints Interaction in Generative Grammar," ms., Rutgers University and University of Colorado. [Published 2004, Blackwell, Malden, MA.]

Pulleyblank, Douglas (1986) *Tone in Lexical Phonology*, Reidel, Dordrecht.

Selkirk, Elisabeth (1982) *The Syntax of Words*, MIT Press, Cambridge, MA.

Siegel, Dorothy (1974) *Topics in English Phonology*, Doctoral dissertation, MIT.

Strauss, Steven L. (1982) *Lexicalist Phonology of English and German*, Foris, Dordrecht.

Szpyra, Joranta (1989)*The Phonology-morphology Interface: Cycles, Levels and Words,* Routledge, London.

三間英樹 (2005)「音韻論と形態論の関係：語彙音韻論」『音韻理論ハンドブック』，西原哲雄・那須川訓也(編)，157-171，英宝社，東京．

Zamma, Hideki (2001) "Accentuation of Person Names in Japanese and Its Theoretical Implications," *Tsukuba English Studies* 20, 1-18, University of Tsukuba.

Zamma, Hideki (2003) "Suffixes and Stress/Accent Assignment in English and Japanese: More Than a Simple Dichotomy," to appear in *Studies in Language, Speech and Communication: Proceedings of LP2002*, ed. by Shoosuke Haraguchi, Osamu Fujimura, Bohumil Palek and Univerzita Karlova, Karolinum, Prague. [web version available at http://www.adn.nu/~ad31175/lp2002/lp-2002main.htm]

Zamma, Hideki (2005) "Predicting Varieties: Partial Orderings in English Stress Assignment," ms., Kobe City University of Foreign Studies and University College London. [ROA-712]

Zamma, Hideki (2006) "Dual Membership Suffixes in English," *Bonds of Language: A Festschrift for Dr. Yasuaki Fujiwara on the Occasion of His Sixtieth Birthday*, ed. by Y. Ushiro et al., 98-111, Kaitakusha, Tokyo.

Zamma, Hideki (2012) *Patterns and Categories in English Suffixation and Stress Placement: A Theoretical and Quantitative Study*, Doctoral dissertation. University of Tsukuba. [Published 2013, Kaitakusha, Tokyo.]

第 17 章

単純語短縮語形成に関する第 3 の解釈*

橋本　大樹

東京大学大学院・日本学術振興会特別研究員

1. はじめに

　短縮語形成（truncation）とは，基体(きたい)（base word）の一部を削除して新たな語を作る語形成のことである．例えば英語（Lappe (2007)）では celebrity「有名人」が celeb に短縮されたり，refrigerator「冷蔵庫」が fridge に短縮されたりする．この語形成は様々な言語（アイスランド語：Benua (1995)，韓国語：Choi (2005)，スペイン語：Piñeros (2000)，マオリ語：Hashimoto (2015a) など）で見られ，日本語でも見られる．日本語の短縮語形成は，(a) 基体が単純語の場合，(b) 基体が複合語の場合，(c) 基体が人名の場合の 3 つに分類できる：

(1)　日本語における 3 種類の短縮語形成
　　a.　単純短縮：Labrune (2002)，窪薗・小川 (2005)，窪薗 (2010)
　　　　アドレス → アド　　　チョコレート → チョコ
　　　　ダイヤモンド → ダイヤ　　アスパラガス → アスパラ
　　b.　複合短縮：桑本 (1998)，Nishihara et al. (2001)
　　　　エアー・コンディショナー → エアコン
　　　　コスチューム・プレス → コスプレ

---

* 本章は日本言語学会第 145 回全国大会（九州大学，2012 年 11 月 24 日）で行った口頭発表を基にしたものである．本章の執筆に当たり様々な方から御助言を賜った．ここに感謝申し上げる．本章は日本学術振興会科学研究費補助金 26・2350「短縮語形成過程の類型モデルに関する理論的・実証的研究」の助成を受けている．

c. 愛称(あいしょう)語形成 Poser (1990)，Mester (1990)
ともみ → ともちゃん　　ひとみ → ひーちゃん
はるみ → はるちゃん　　りさ → りっちゃん

　本章では (1a) の単純短縮語形成を扱う．具体的には外来単純語が短縮される際に出力形の長さを決定するメカニズムを明らかにする．(1a) の例からもわかる様に，日本語の単純短縮語形成ではある語は 2 モーラ語に短縮され（アド／チョコ），ある語は 3 モーラ語に短縮され（ダイヤ），ある語は 4 モーラ語に短縮される（アスパラ）．こうした単純短縮語の長さの決定に関して，先行研究である Labrune (2002) は "アクセント核の位置に基づいた短縮メカニズム" を提案し，小川・窪薗 (2005) および窪薗 (2011) は "疑似複合語構造に基づいた短縮メカニズム" を提案している．本章では第 3 の解釈として "フットとコロンに基づいた短縮メカニズム" を提案する．
　本論の流れは以下である．まず 2 節で先行研究である Labrune (2002) と窪薗 (2011) で提案された 2 つのメカニズムを概観した上で，問題点を指摘する．次に 3 節では，新たな解釈である "フットとコロンに基づいたメカニズム" を提案する．続く 4 節では，3 節で新たに主張したメカニズムが持つアドバンテージ (4.1 節：先行研究よりも広い範囲のデータを説明出来る 4.2 節：先行研究の抱える問題を解消できる）を明らかにする．最後の 5 節では本章のまとめを行う．

2. 単純語短縮メカニズムに関する先行研究

2.1. 第 1 の解釈 "アクセント核に基づいた短縮メカニズム"

　単純語短縮語形成の出力形式の長さを決定するメカニズムを最初に提案したのは Labrune (2002) である．この分析では基体のアクセント核の位置が，短縮語の長さを決定する上で重要な鍵を握っている．彼女の提案したメカニズムは最適性理論 (Optimality Theory) で分析されているが，一般化自体は以下の様にまとめることができる．具体的には，短縮語の長さは基体のアクセント核の位置に基づいた基本メカニズムによって決定されるが，その長さが 2 つの出力制約（*1μ と *H#）のいずれかに抵触してしまう場合には出来るだけ少ない操作（最小の削除・挿入）を適用することで違反を回避す

る：

(2) アクセント核に基づいた短縮メカニズム[1]
  i. 基本メカニズム
    a. 基体のアクセント核のある音節の直前までを残す．
      デノミ**ネ**ーション → デノミ
      インテリ**ジェ**ンティア → インテリ
  ii. 出力制約[2]
    a. *1μ: 1モーラ以下の語は禁止．
      ギャラン**ティ**ー → *ギャ ー（最小の挿入）→ ギャラ
    b. *H#: 語末位置の重音節は禁止．
      エンター**テ**イメント → *エンター ー（最小の削除）→ エンタ

つまりこの分析では，短縮語形成とは基体のアクセント核の直前までを残す語形成であると考えられていた．

しかしこの分析には2つの問題がある．まず1つ目の問題は"アクセントのゆれと短縮語の長さが相関しないこと"である．外来語のアクセントはゆれやすいため，単一の語が複数のアクセント型を持つことはよくある．例えば天野・近藤 (1999) によると「ヒステリー」という語と「オートマチック」という語には2つのアクセント型がある (**ヒ**ステリー〜ヒス**テ**リー／**オ**ートマチック〜オート**マ**チック)．もし Labrune (2002) の分析が主張する通りアクセント核の位置によって短縮形が決まるのであれば，これらの語はアクセント核のゆれに付随して短縮形の長さもゆれるはずである（ヒス〜ヒステ／オート〜オートマ）．しかし実際にはそうしたゆれは観察されず，どちらの語も1つの短縮形しか持たない（ヒス／オートマ）．

2つ目の問題は"他言語で見られるメカニズムの正反対であること"である．Labrune (2002) の主張するメカニズムは基体のアクセント核の直前までが残されるというものであるが，裏を返せば"アクセント核を削除する"

---

[1] 本章では，アクセント核のあるモーラは太字で示し，アクセント核のない語には右端に ̄ をつけ，出力制約または出力条件に抵触する形式には左側に * をつける．
[2] この出力制約によって，無アクセント語や頭高の語は2モーラ語に短縮されることが要求される（例：アマチュア ̄ → アマ／ビル**ディ**ング → ビル）．

というものである．他言語を見渡してみると英語やスペイン語の様に "アクセント核を残す短縮語形成" はあっても，"あえてアクセント核を消す短縮語形成" は見つかっていないことがわかる（英語：Patricia → Trish / Hezekiah → Kye・スペイン語：Arisutobulo → Tobo, Gilebaldo → Balo）．つまりこのメカニズムには類型論的な証拠が一切ないのである．

以上のことをまとめると，"基体のアクセント核の位置に基づいたメカニズム" には以下の2つの問題がある：

(3) "アクセント核に基づいたメカニズム" の抱える2つの問題
 a. 基体のアクセントのゆれと短縮語の長さが相関しないこと．
 b. 他言語からの証拠がないこと．

2.2. 第2の解釈 "疑似複合語構造に基づいた短縮メカニズム"

次に単純語短縮語形成のメカニズムを提案したのは窪薗 (2011) である．この分析では基体の持つ疑似複合語構造が，短縮語の長さを占う上で重要な役割を果たしている．この分析では5モーラ以上の外来語は形態的には単純語であっても，音韻的には複合語（疑似複合語）であると想定しており，疑似複合語構造は以下のメカニズムによって決定される：

(4) 疑似複合語構造構築メカニズム[3]
 a. 音節を分断せずに，前半と後半をできるだけ同じ長さ（モーラ数）に分ける．
  メタボリック → [メタボ]$_{3\mu}$[リック]$_{3\mu}$
 b. a により二等分に分節出来ない場合には，前半＞後半とする．
  テレビジョン → [テレビ]$_{3\mu}$[ジョン]$_{2\mu}$

このメカニズムによって作られた疑似複合語構造を基に短縮語形成は行われる．具体的には以下の様にまとめられ，短縮語の長さは疑似複合語構造の前半部分に対応し，2つの出力条件（*LH#・*VV#）に抵触する場合には語末の重音節を軽音節に変えることで違反を回避する：

---

[3] 窪薗 (2011) によると，この疑似複合語構造は無意味語による実験結果や電話番号のアクセントといった独立の根拠があるという．そのため，この構造は短縮語形成のためだけに想定したアドホックな構造ではない．

(5) 疑似複合語構造に基づいた短縮メカニズム
  i. 基本メカニズム
     基体の持つ疑似複合語構造の内，前部要素を短縮語として残す．
     [メタボ]$_{3\mu}$[リック]$_{3\mu}$ → メタボ
     [テレビ]$_{3\mu}$[ジョン]$_{2\mu}$ → テレビ
  ii. 出力条件
     a. *LH#：軽音節＋重音節という 2 音節構造は禁止．
        [ロケー]$_{3\mu}$[ション]$_{2\mu}$ → *ロケー ― (軽音節化) → ロケ
        [ギャラン]$_{3\mu}$[ティー]$_{2\mu}$ → *ギャラン ― (軽音節化) → ギャラ
     b. *VV#：語末位置の長母音は禁止．
        [ローテー]$_{4\mu}$[ション]$_{2\mu}$ → *ローテー ― (軽音節化) → ローテ

つまりこの分析では，短縮語形成とは基体の持つ疑似複合語構造の前部要素を残す語形成であると考えられていた．

しかしこの分析には 2 つの問題がある．まず 1 つ目の問題は "4 モーラの基体が短縮されることを予測できないこと" である．先に説明した様に，この分析では 5 モーラ以上の借用語が疑似複合語を持つと想定しているため，4 モーラ以下の語は疑似複合語を持たない．(5i) の基本メカニズムからも明らかであるが，疑似複合語構造を持たないということは短縮されないということを意味する．しかし実際には 4 モーラ語が短縮される例は枚挙に遑(いとま)がない (アドレス → アド／アマチュア → アマ／イベント → イベ／ポジション → ポジ など)．

更に 2 つ目の問題は "他言語からの証拠がない" ことである．私の知る限り，他言語に関して疑似複合語構造を想定して短縮語の長さを決定するメカニズムを主張した研究は他にない．つまりこの分析も Labrune (2002) 同様，類型論的な根拠に欠けていると言えるだろう．

以上のことをまとめると，"疑似複合語構造に基づいたメカニズム" には以下の 2 つの問題がある：

(6) "疑似複合語に基づいたメカニズム" の抱える 2 つの問題
  a. 4 モーラの外来語が短縮される事実を説明出来ないこと．
  b. 他言語からの証拠がないこと．

第 17 章 単純語短縮語形成に関する第 3 の解釈　　　　299

本節で明らかにした先行研究の抱える問題（3, 6）が，次節で提案する第 3 の解釈 "フットとコロンに基づいたメカニズム" では問題にならないことを 4.2 節で明らかにする．

3. 第 3 の解釈 "フットとコロンに基づいた短縮メカニズム"

本節では，短縮語形成メカニズムの新たな解釈として "基体の持つフットとコロンに基づいたメカニズム" を明らかにする．まず 3.1 節では，先行研究で既に主張されている日本語の韻律構造（いんりつこうぞう）（フットやコロンなど）について概観する．続く 3.2 節で，この韻律構造に基づいた短縮メカニズムを明らかにし，このメカニズムが本章のために収集した 144 語中 126 語の短縮パターン（付録参照）を捉えられることを示す．最後の 3.3 節では例外として扱わざるを得なかった短縮パターンについて触れる．

3.1. 基体の持つ韻律構造

本章では先行研究の主張に従い，基体は以下のメカニズムによって構築された韻律構造を持っていることを想定する：

(7) 韻律構造構築メカニズム
a. 語末の 1 モーラは韻律外として指定され，韻律構造構築に関わらない．
b. 韻律語（PrWd）― コロン（Colon）― フット（Ft）― 音節（σ）― モーラ（μ）という韻律階層が存在する．なおフットは 2 モーラから成る韻律範疇（いんりつはんちゅう）であり，コロンは 2 フットから成る韻律範疇である．
c. 語形成に関わる韻律構造は左端から構築される．

これらの韻律構造はそれぞれ短縮語形成から独立した音韻的・形態的根拠を持っている．具体的な議論は先行研究に譲るが，(7a) の韻律外性は単純外来語のアクセント付与で必要であることが田中（2011, 2012）で議論されている．(7b) のフット（2 モーラから成る韻律範疇）に関しては Poser（1990）や Itō（1990）などで最小語や形態操作で重要な役割を担っていることが指摘されており，コロン（2 フットから成る韻律範疇）に関してはアクセント

の移動（横谷（1997））や複合語アクセント付与（Tsujimura（2007: 100））において必要性が議論されている．(7c) の左端から構築される韻律構造については Poser (1990) と窪薗・太田 (1998: 199) で愛称語の出力形の決定で重要な役割を果たしていることが指摘されている．

　具体例として，「シンクロナイズ」と「ビルディング」がどの様な韻律構造[4]を持っているかを考える．まず (9a) に従い，語末モーラは韻律外として指定される：シンクロナイ＜ズ＞／ビルディン＜グ＞．この指定により最終モーラはフットやコロンといった上位の韻律範疇の構築において無視されることになる．その後 (9b) と (9c) に従い，左端から 2 モーラずつ上位の範疇であるフットにまとめ：(シン)(クロ)(ナイ)＜ズ＞／(ビル)(ディン)＜グ＞，更に上位の範疇であるコロンに左端から 2 フットずつまとめる：[5] {(シン)(クロ)}{(ナイ)}＜ズ＞／{(ビル)(ディン)}＜グ＞．最後に全体を最上位の範疇である韻律語にまとめて，韻律構造が完成する：[{(シン)(クロ)}{(ナイ)}＜ズ＞]／[{(ビル)(ディン)}＜グ＞]．

　こうした (7) のメカニズムに基づいた韻律構造を想定しさえすれば，極めて単純な短縮メカニズムで単純短縮語の長さの決定を説明できる．具体的な短縮メカニズムは次節で見ることとしよう．

3.2. "フットとコロンに基づいた短縮メカニズム"

　本章で新たに主張するメカニズムは前節で概観した韻律構造 (7) を基に，短縮語の長さを決定する．（前節で述べた様に各韻律特性は短縮語を説明するためだけに想定されたアドホックな構造ではなく，アクセント付与や語形成といった独立の音韻・形態現象にサポートされている．）具体的な短縮メカニズムは以下のようにまとめられ，基本的には短縮語形成とは基体の持つ韻律構造の最上位で分岐する韻律範疇の直下の左側構成素を残す語形成であ

---

[4] 本章では，韻律語の領域を [ ] で示し，コロンの領域を { } で示し，フットの領域を ( ) で示し，韻律外の領域を ＜ ＞ で示す．
[5] 本章では不完全コロン (1 フットコロン) および不完全フット (1 モーラフット) の存在を認めている．例えば [{(シン)(クロ)}{(ナイ)}＜ズ＞] の 2 番目のコロンは 1 フットしか支配しないため，不完全コロンである．また，[{(アド)(レ)}＜ス＞] の 2 番目のフットは 1 モーラしか支配しないため，不完全フットである．

ると考える．ただし，その出力形式が出力条件 *1σ に抵触する場合には最小の挿入を行い，出力条件 *H# に抵触する場合には軽音節化を行うことで違反を回避する：

(8) フットとコロンに基づいた短縮メカニズム
  i. 基本メカニズム
     基体の持つ韻律構造の内，最上位で分岐する範疇の直下の左側構成素を短縮語として残す．
  ii. 出力条件[6]
     a. *1σ: 1音節以下の語は禁止（最小の挿入により回避）．
     b. *H#: 語末位置の重音節は禁止（語末軽音節化により回避）．

以下でより具体的にこのメカニズムについて見ていきたい．まず出力条件に抵触しないケースについて見る．基本メカニズム (8i) は"最上位で分岐する範疇の直下の左側構成素を短縮語として残す"ことを要求するが，より具体的には"最上位で分岐する範疇が韻律語（PrWd）であるため，直下の左側コロン（Colon）を残す"場合と，"最上位で分岐する範疇がコロン（Colon）であるため，直下の左側フット（Ft）を残す"場合に分けられる：

---

[6] *1σ は Itō and Mester (1992) で主張された Word Binarity に対応しており，*H# は Labrune (2002) で主張された制約 *H# に対応している．各制約の妥当性に関してはそれぞれ先行研究で議論されているが，後者の制約 *H# に関しては Hashimoto (2015b) でも調和的整列（Harmonic Alignment）という卓立度に関わる独立した概念にサポートされていることが議論されている．

(9) 基本メカニズムによる長さの決定
　　a.　最上位分岐範疇が PrWd　　　b.　最上位分岐範疇が Colon

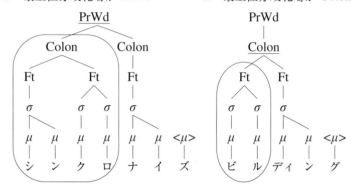

各ケースに関してそれぞれ説明しよう．まず (9a) の場合であるが，基体である「シンクロナイズ」の韻律構造では最上位の韻律範疇である韻律語が2つのコロンを支配している．そのため最上位で分岐する範疇は韻律語ということになり，(8i) の基本メカニズムによって韻律語の直下の範疇である左側のコロン「シンクロ」が短縮語として残される．次に (9b) の場合であるが，基体である「ビルディング」の韻律構造では最上位の韻律範疇である韻律語が1つのコロンしか支配していないため，韻律語は分岐していない．しかしその下のコロンは2つのフットを支配しているため，コロンは分岐している．そのため最上位で分岐する範疇はコロンということになり，(8i) の基本メカニズムによってコロンの直下の範疇である左側フット「ビル」が短縮語として残される．本章のために集めたデータ 144 語の内 33 語が (9a) と同じ様に説明でき，47 語が (9b) と同じ様に説明できる：

(10) 短縮パターン
　　　a.　最初に分岐する範疇が PrWd ((9a) と同じパターン：33 例)
　　　　　[{(アス)(パラ)}{(ガ)}<ス>] → [{(アス)(パラ)}]
　　　　　[{(ボキャ)(ブラ)}{(リ)}<ー>] → [{(ボキャ)(ブラ)}]
　　　　　[{(イラ)(スト)}{(レー)(ショ)}<ン>] → [{(イラ)(スト)}]
　　　　　[{(メタ)(ボ)}{(リッ)}<ク>] → [{(メタ)(ボ)}]
　　　　　[{(ダイ)(ヤ)}{(モン)}<ド>] → [{(ダイ)(ヤ)}]

第17章　単純語短縮語形成に関する第3の解釈　　　　　　　303

　　b.　最初に分岐する範疇がColon（(9b)と同じパターン：47例）
　　　　[{(アド)(レ)}<ス>] → [{(アド)}]
　　　　[{(テロ)(リズ)}<ム>] → [{(テロ)}]
　　　　[{(リク)(エス)}<ト>] → [{(リク)}]
　　　　[{(コネ)(クショ)}<ン>] → [{(コネ)}]
　　　　[{(ビル)(ディン)}<グ>] → [{(ビル)}]

次に(8iia)の出力条件 *1σ に抵触するケースについて見る．このパターンは最初に分岐する範疇がコロンである時に生じる．例として「アンケート」が「アンケ」に短縮されるプロセスを考えたい：

(11)　左側フットを残し，*1σ を回避するプロセス
　　　基体：[{(アン)(ケー)}<ト>]
　　　基本メカニズム(8i)による長さの決定：[{(アン)}]
　　↓*1σ(8iia)の回避（最小の挿入）：[{(アン)(ケ)}]

基体である「アンケート」の韻律構造で最初に分岐する範疇はコロンである．そのためコロンの直下である左側フット「アン」が短縮形として残されることが(8i)の基本メカニズムによって求められる．しかしこの形式は(8iia)の *1σ に抵触してしまうため，最小の挿入が適用され「アンケ」という形式が短縮形として得られるのである．本章で集めた144語の内16語に同様の説明を与えられる：

(12)　*1σ に抵触する短縮語形成（(11)と同じパターン：16例）
　　　[{(イ)(ベン)}<ト>] → *[{(イ)}] → [{(イ)(ベ)}]
　　　[{(イン)(テリ)}<ア>] → *[{(イン)}] → [{(イン)(テ)}]
　　　[{(コン)(パニ)}<ー>] → *[(コン)] → [{(コン)(パ)}]

最後に(8iib)の出力条件 *H# に抵触するケースについて見る．このパターンは最初に分岐する範疇が韻律語である時に生じる．例として，「アニメーション」が「アニメ」に短縮されるプロセスを考える：

(13)　左側コロンを残し，*H# を回避するプロセス
　　　基体：[{(アニ)(メー)}{(ショ)}<ン>]
　　　基本メカニズム(8i)による長さの決定：[{(アニ)(メー)}]
　　↓*H#(8iib)の回避：[{(アニ)(メ)}]

基体である「アニメーション」の韻律構造で最初に分岐する範疇は韻律語である．そのため韻律語の直下である左側コロン「アニメー」が短縮形として残されることが (8i) の基本メカニズムによって求められる．しかしこの形式は (8iib) の *H# に抵触してしまうため，末尾軽音節化が適用され「アニメ」という形式が短縮形として得られるのである．本章で集めた 144 語の内 30 語が同じ説明で捉えることができる：

(14)　*H# に抵触する短縮語形成（(13) と同じパターン：30 例）
　　　[{(ボ)(ラン)}{(ティ)}<ア>] → *[{(ボ)(ラン)}] →
　　　　　　　　　　　　　　　　　　　　　　　　　　[{(ボ)(ラ)}]
　　　[{(メッ)(セン)}{(ジャ)}<ー>] → *[{(メッ)(セン)}]
　　　　　　　　　　　　　　　　　　　　　　　→ [{(メッ)(セ)}]
　　　[{(コン)(ポー)}{(ネン)}<ト>] → *[(コン)(ポー)]
　　　　　　　　　　　　　　　　　　　　　　　→ [{(コン)(ポ)}]

　本節では単純語の短縮語形成メカニズムの新たな解釈である "フットとコロンに基づいたメカニズム" を主張した．このメカニズムは，本章で集めたデータ 144 語の内 126 語（(9a) のパターン 33 語 + (9b) のパターン 47 語 + (11) のパターン 16 語 + (13) のパターン 30 語）を説明出来ることもわかった．4 節で本分析の持つアドバンテージについて明らかにする前に，18 語の例外について触れる．

3.3.　18 語の例外について

　Alber and Lappe (2012) は様々な言語の短縮語形成を俯瞰したうえで，短縮語形成には規則的なものだけでなく例外的なものが混入することはよくあることだと述べている．このことは日本語の短縮語形成にも当てはまる様である．なぜなら 3.2 節で明らかにしたメカニズムも，本章のために集めた 144 語の内 18 語を例外として扱わざるを得ないからである．(4.1 節で詳しく見るが，このことは先行研究の分析でも同様であり，どのメカニズムも一定数の短縮パターンを例外として処理せざるを得ない．) しかしこれらの 18 語の例外の内，少なくとも 3 語は別の動機づけ（a. 同音の阻止 b. 再音節化）によって説明出来る可能性があることを本節で指摘したい．

　まず (a) の同音の阻止であるが，この動機付けにより以下の例外を捉え

第 17 章 単純語短縮語形成に関する第 3 の解釈

ることができる：

(15) (8) のメカニズムによる誤った予測
[{(バス)(ケッ)}<ト>] → *[{(バス)}]
[{(テン)(プ)}{(レー)}<ト>] → *[{(テン)(プ)}]

この 2 語は (8) で明らかにしたメカニズムからはそれぞれ「バス」と「テンプ」という短縮形が得られることが予想される．しかし実際にはこれらの形式ではなく，「バスケ」と「テンプレ」という形に短縮される．つまりこれらの短縮形は例外ということになるが，既存の語と同じ音になることを避けているため"最小の挿入"が行われると説明出来るだろう．つまりこれらの予測形のままでは「バス」と「添付」という既存の語とぶつかってしまうので，レキシコン内での弁別性を保証するために少しだけ変更を加え「バスケ」「テンプレ」という形に短縮していると解釈できる．

次に (b) の再音節化によって捉えられる例外について考える：

(16) (8) のメカニズムによる誤った予測
[{(アル)(ミニ)}{(ウ)}<ム>] → *[{(アル)(ミニ)}]

この基体は (8) で明らかにしたメカニズムからは「アルミニ」という形に短縮されることが予想される．しかし実際にはこの語は「アルミ」に短縮されている．つまりこの語も一見例外ということになる．しかしこの語が実際には「アルミニウム」ではなく，外来語で広く見られる渡り音化 (Kubozono (2002)，田中 (2009: 110)) の影響を受け「アルミニューム」と発音されていると考えると基体の韻律構造が変わり，この短縮パターンは容易に説明出来る：[{(アル)(ミ)}{(ニュー)}<ム>] → [{(アル)(ミ)}]．

本節では (8) のメカニズムの例外として扱わざるを得なかった 18 語の内少なくとも 3 語は別の動機づけで捉えられる可能性があることを見た．他の例外[7]に関しても今後検討していきたい．

---

[7] 残りの 15 語の例外は以下である：((9a) のパターンの例外) アクセサリー → アクセ／アシメトリー → アシメ／オペレーション → オペ／アナウンサー → アナ／バドミントン → バド／コンペティション → コンペ／マイクロフォン → マイク／ハンカチーフ → ハンカチ／アパートメント → アパート／デパートメント → デパート／アンプリファイアー → アンプ／インフレーション → インフレ ((9b) のパターンの例外) テレビジョン

4. 本章のアドバンテージ

本節では本章で明らかにした (8) の"フットとコロンに基づいたメカニズム"が，なぜ先行研究の2つのメカニズム（"アクセント核に基づいたメカニズム"と"疑似複合語に基づいたメカニズム"）よりも優れているといえるかを明らかにする．理由は大きく2つに分けられる：(4.1 節) 説明出来る範囲が先行研究よりも広い，(4.2 節) 先行研究の抱える問題が問題にならない．

4.1. 説明力

まず本章の主張する第3の解釈"基体の持つフットとコロンに基づいたメカニズム"の最大の強みである"説明力"について言及する．以下は，3つの解釈がそれぞれ本章で用いた144語のデータをどの程度説明出来るかをまとめたものである．この表が示す通り，本章で主張したメカニズムの説明力は先行研究の主張したメカニズムの持つ説明力を圧倒している．

(17) 各主張の説明力

第1の解釈 (2)	第2の解釈 (5)	第3の解釈 (8)
113/144 (79%)	94/144 (65%)	126/144 (88%)

紙面の制限上全てのデータを比較することはできないが，なぜこうした差が生じるのか簡単に述べる．まず (2) の"アクセント核に基づいた短縮メカニズム"を考えてみよう．この分析にとって例外が増えてしまう1つの要因は前半部分に軽音節が連続する6モーラの外来語 (LLLLLL, LLLLH)[8] にある．これらの韻律構造を持つ外来語は，一般的に末尾から3音節目にアクセントが付与される．[9] そのため (2) のメカニズムはこれらの語が3モーラに短縮されることを予測してしまう．しかし実際には付録 (i) が示す様にこれらの語は本章の予測に合致した4モーラに短縮されることが普通

→ テレビ ((13) のパターンの例外) バーテンダー → バーテン／プレゼンテーション → プレゼン．

[8] L は軽音節を示し，H は重音節を示す．
[9] 外来語のアクセント規則の詳しい議論は，田中 (2008: 第3章) 参照．

である：アクエリアス → アクエリ／アステリスク → アステリ／アスパラガス → アスパラ／アトラクション → アトラク／ボキャブラリー → ボキャブラ.

次に (5) の"疑似複合語構造に基づいたメカニズム"について考える．この分析にとって例外が増えてしまう理由は (6a) で挙げた 4 モーラ語の短縮を予測できないことに加えて，前半部分に軽音節の連続する 5 モーラの外来語 (LLLLL, LLLH) と前半部分に軽音節が連続する 6 モーラの外来語 (LLLLLL, LLLLH) にある．まず前者に関しては (4b) の疑似複合語決定メカニズムによって，'3 モーラ + 2 モーラ'という疑似複合語構造が与えられ，(5) の短縮メカニズムによって 3 モーラの短縮形になることが予想される．しかし実際には付録 (ii) が示す様に，こうした韻律構造を持つ語は本章の予測に合致した 2 モーラに短縮されることが普通である：リクエスト → リク／キャラクター → キャラ．(本章で集めた 21 例中 20 例が 2 モーラに短縮される．)[10] 次に後者に関しては (4a) の疑似複合語構造メカニズムによって '3 モーラ + 3 モーラ' という疑似複合語構造が与えられ，(5) の短縮メカニズムによって 3 モーラの短縮形になることが予想される．しかし上述の通りこうした韻律構造を持つ語は 4 モーラに短縮されることが普通である．

4.2. 先行研究の抱える問題の解消
4.2.1. アクセントのゆれと短縮語の長さの無相関

(3a) で"アクセント核に基づいた解釈"の場合，基体のアクセントがゆれると，それに付随して短縮語の長さもゆれることを予測してしまうことを述べた．これが"アクセント核に基づいた解釈"の 1 つ目の問題になっていた訳であるが，本分析ではこの問題は生じない．なぜなら，本章で主張しているメカニズムは"アクセント核"には言及せずに，"フット・コロン構造"に言及するためである．各借用語は (7) で明らかにした韻律構造構築メカニズムによって単一の"フット・コロン構造"が構築される訳であるから，借用語の韻律構造はゆれることはない．そのため"フットとコロンに基づいた分析"は，短縮語の長さはゆれないという事実を捉えることができる．

---

[10] 2 モーラに短縮されていない唯一の例は以下である：テレビジョン → テレビ．

4.2.2. 4モーラ語を基体としてとる短縮

(6a)で"疑似複合語構造に基づいた解釈"の場合，4モーラ語が短縮される事実を捉えられないことを指摘した．これは疑似複合語構造というものが5モーラ以上の語にしか存在しないためである．この問題は本章で主張した"フットとコロンに基づいた分析"では問題にならない．なぜなら，本章で主張しているメカニズムは"疑似複合語構造"ではなく"フット・コロン構造"に言及するためである．つまり4モーラ語にも韻律範疇が分岐する構造（コロンが分岐する構造）があるため，(8)の基本メカニズムによって短縮形の存在が予測できるのである．

4.2.3. 他言語からの証拠

先行研究の2つの分析は，他言語の短縮語形成から証拠が得られないことを述べた．では，本章で提案したメカニズムはどうだろうか．橋本 (2013) によると，マレー語の愛称語形成は本章で主張するメカニズムと同じメカニズムで捉えることができる．つまり，一番上で分岐する範疇が韻律語 (PrWd) であればその直下の範疇であるフット (Ft) を残し，一番上で分岐する範疇がフットであればその直下の範疇である音節 (σ) を残すのである：[11]

(18) マレー語における愛称語形成
    a. 最上位分岐範疇が PrWd   b. 最上位分岐範疇が Ft

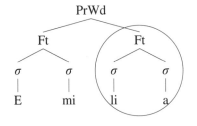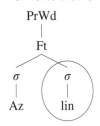

---

[11] マレー語の韻律構造の研究である Delilkan (2002: Ch. 3) によると，マレー語の韻律階層の直下の範疇はフットであり，フットの直下の範疇は音節である．（マレー語のフットは2音節から成る．）この韻律構造は強勢の付与や最大語といった独立した音韻的証拠を持つ．

このように本章で主張した (8i) のメカニズムは他言語にも応用できるという点で，先行研究に比べ類型論的妥当性が高い．

5. 結び

本章では先行研究による"アクセント核に基づいたメカニズム"と"疑似複合語に基づいたメカニズム"を概観しその問題点を指摘した上で，第3の解釈として"フットとコロンに基づいたメカニズム"を新たに主張した．更に，この新たな解釈は (4.1) 説明力が先行研究よりも高い，(4.2) 先行研究の抱える問題が問題にならない，という強みを持っていることも明らかにした．

付録．(8) のメカニズムの予測と合致する例 (126 例)
 i. (9a) と同じパターン：33 例
  a. LLLLLL → LLLL 4 例　アスパラガス → アスパラ
  b. LLLLH → LLLL 2 例　アトラクション → アトラク
  c. LLLHL → LLL 5 例　コスメティック → コスメ
  d. HLLH → HLL 1 例　アンソロジー → アンソロ
  e. HLHL → HL 7 例　ダイヤモンド → ダイヤ
  f. LLLHH → LLL 4 例　アルツハイマー → アルツ
  g. HLLHL → HLL 4 例　シンクロナイズ → シンクロ
  h. HLHH → HL 3 例　インフォメーション → インフォ
  i. LLLLHH → LLLL 3 例　リハビリテーション → リハビリ
 ii. (9b) と同じパターン：47 例
  a. LLLL → LL 5 例　アドレス → アド
  b. LLH → LL 6 例　ポジション → ポジ
  c. LLLLL → LL 11 例　テロリズム → テロ
  d. LLLH → LL 9 例　コネクション → コネ
  e. LLHL → LL 16 例　ビルディング → ビル

iii. （11）と同じパターン16例
   a. LHL → LL 3例　イベント → イベ
   b. HLLL → HL 4例　インテリア → インテ
   c. HLH → HL 6例　コンパニー → コンパ
   d. HHL → HL 3例　アンケート → アンケ
iv. （13）と同じパターン30例
   a. LHLL → LL 5例　ボランティア → ボラ
   b. LHH → LL 4例　ギャランティー → ギャラ
   c. LLHLL → LLL 1例　ユニバーサル → ユニバ
   d. LHLLL → LL 1例　アナーキズム → アナ
   e. LLHH → LLL 9例　アニメーション → アニメ
   f. LHHL → LL 5例　スピーキング → スピ
   g. HHH → HL 3例　メッセンジャー → メッセ
   h. HHHL → HL 1例　コンポーネント → コンポ
   i. HHHHL → HL 1例　エンターテイメント → エンタ

参考文献

Alber, Birgit and Sabine Lappe (2012) "Templatic and Subtractive Truncation," *The Morphology and Phonology Exponence*, ed. by Jocheon Trommer, 289-325, Oxford University Press, Oxford.

天野成昭・近藤公久（1999）『NTTデータベースシリーズ「日本語の語彙特性」第3巻　単語アクセント』三省堂，東京.

Benua, Laura (1995) "Identity Effects in Morphological Truncation," *University of Massachusetts Occasional Papers in Linguistics* 18, 77-136.

Choi, Eun Myung (2005) *A Constraint-based Approach to Truncation of English Loanword in Korean*, Master Thesis, Chonbuk National University.

Delilkan, Ann (2002) *Fusion and Other Segmental Processes in Malay: The Crucial Role of Prosody*, Doctoral Dissertation, New York University.

橋本大樹（2013）「マレー語におけるフットの正体：3つの音韻的証拠から」『日本言語学会第147回大会予稿集』398-403.

Hashimoto, Daiki (2015a) "Hypocoristic Word Formation in Māori," *Phonological Studies* 18, 11-18.

Hashimoto, Daiki (2015b) "Vowel-length Neutralization at Word-final Edges: A Prominence-based Account," *Language and Information Sciences* 13, 51-65.

Itō, Junko (1990) "Prosodic Minimality in Japanese," *CLS* 26, 213-239.
Itō, Junko and Armin Mester (1992) "Weak Layering and Word Binarity," *A New Century of Phonology and Phonological Theory. A Festschrift for Professor Shosuke Haraguchi on the Occasion of His Sixtieth Birthday*, ed. by Takeru Honma, Masao Okazaki, Toshiyuki Tabata and Shin-ichi Tanaka, 26-65, Kaitakusha, Tokyo.
Kubozono, Haruo (2002) "Prosodic Structure of Loan Words in Japanese: Syllable Structure, Accent and Morphology," *Journal of Phonetic Society of Japan* 6:1, 79-97.
窪薗晴夫 (2010)「語形成と音韻構造――短縮語形成のメカニズム――」『国語研プロジェクトレビュー』第3号, 17-34.
窪薗晴夫・太田聡 (1998)『音韻構造とアクセント』研究社, 東京.
窪薗晴夫・小川晋史 (2005)「「ストライキ」はなぜ「スト」か?――短縮と単語分節のメカニズム――」『現代形態論の潮流』, 大石強・西原哲雄・豊島庸二 (編), 155-174, くろしお出版, 東京.
桑本裕二 (1992)「日本語における複合語略語の音韻構造」『音韻研究』第1号, 161-168.
Labrune, Laurence (2002) "The Prosodic Structure of Simple Abbreviated Loanwords in Japanese: A Constraint-based Account," *Journal of the Phonetic Society of Japan* 6:1, 98-120.
Lappe, Sabine (2007) *English Prosodic Morphology*, Springer, Dordrecht.
Mester, Armin (1990) "Patterns of Truncation," *Linguistic Inquiry* 21, 478-485.
Nishihara, Tetsuo, Jeroen van de Weijer and Kensuke Nanjo (2001) "Against Headedness in Compound Truncation: English Compounds in Japanese," *Issues in Japanese Phonology and Morphology*, ed. by Jeroen van de Weijer and Tetsuo Nishihara, 299-326, Mouton de Gruyter, Berlin.
Piñeros, Carlos (2000) "Prosodic and Segmental Unmarkedness in Spanish Truncation," *Linguistics* 38, 63-98.
Poser, William (1990) "Evidence for Foot Structure in Japanese," *Language* 66:1, 78-105.
田中伸一 (2009)『日常言語に潜む音法則の世界』開拓社, 東京.
田中伸一 (2011)「音のメリハリとフットワーク:プロソディの音声文法」『言語科学の世界へ』, 東京大学言語情報科学専攻 (編), 182-199, 東京大学出版会, 東京.
田中伸一 (2012)「もう1つの日本語のフット:外来語アクセントの起源と「-3」のわけ」『平成20年~23年度日本学術振興会科学研究補助金 (基盤研究 (A))「自律調和的視点から見た音韻類型のモデル」研究成果報告書』97-110.
田中真一 (2008)『リズム・アクセントの「ゆれ」と音韻・形態構造』くろしお出版, 東京.

Tsujimura, Natsuko (2007) *An Introduction to Japanese Linguistics*, Blackwell, Oxford.

横谷輝男 (1997)「フット限界を超えるアクセント移動：東京方言複合名詞からの証拠」『音声研究』第1巻1号, 54-62.

執筆者紹介
(掲載順)

長野　明子（ながの　あきこ）1976 年生まれ．
東北大学大学院情報科学研究科　准教授．専門分野は形態論，語形成．
主要業績：*Conversion and Back-Formation in English*（Kaitakusha, 2008），"Morphological Theory and Orthography: *Kanji* as a Representation of Lexemes"（with Masaharu Shimada, *Journal of Linguistics* 50:2, 2014），"Are Relational Adjectives Possible Cross-Linguistically?: The Case of Japanese"（to appear in *Word Structure*），など．

島村　礼子（しまむら　れいこ）
津田塾大学　名誉教授．専門分野は形態論，語形成．
主要業績：『英語の語形成とその生産性』（リーベル出版，1990），"On Lexicalized Phrases"（*Empirical and Theoretical Investigations into Language: A Festschrift for Masaru Kajita*, Kaitakusha, 2003），『語と句と名付け機能――日英語の「形容詞＋名詞」形を中心に――』（開拓社，2014），など．

森田　順也（もりた　じゅんや）1957 年生まれ．
金城学院大学文学部　教授．専門分野は形態論，統語論．
主要業績："Where Does Nominalization Take Place?—An Antilexicalism Model"（*JELS* 24, 2007），『動詞の補部構造に関する形態論的研究』（晃学出版，2011），"Context-Dependent Lexical Innovation in English and Japanese"（*Estudos Linguísticos/Linguistic Studies* 8, 2013），など．

高橋　勝忠（たかはし　かつただ）1954 年生まれ．
京都女子大学文学部　教授．専門分野は形態論，統語論，意味論．
主要業績：『派生形態論』（英宝社，2009），『第 2 版　英語学基礎講義』（現代図書，2013），「「～中」の意味と連濁の関係について」（『日本認知言語学会論文集』第 14 巻, 2014），など．

西山　國雄（にしやま　くにお）
茨城大学人文学部　教授．
主要業績：Adjectives and the Copulas in Japanese（*Journal of East Asian*

Linguistics 8, 1999), *A Grammar of Lamaholot, Eastern Indonesia* (Lincom Europa, 2007), "The Theoretical Status of *Ren'yoo* in Japanese Verbal Morphology" (*Morphology*, 近刊予定), など.

米倉　綽 (よねくら　ひろし) 1941 年生まれ.
京都府立大学　名誉教授. 専門分野は英語史, 史的語形成.
主要業績 : "Compound Nouns in Late Middle English: Their Morphological, Syntactic and Semantic Description" (*From* Beowulf *to* Caxton: *Studies in Medieval Languages and Literature, Texts and Manuscripts*, Peter Lang, 2011), 『ことばが語るもの』(編著, 英宝社, 2012), "Meanings of the Word *Grace* in Late Middle and Early Modern English" (*Studies in Modern English*, 2014), など.

竝木　崇康 (なみき　たかやす) 1950 年生まれ.
聖徳大学文学部　教授. 専門分野は英語と日本語の派生形態論 (語形成).
主要業績 : 『語形成』(大修館書店, 1985), 『単語の構造の秘密――日英語の造語法を探る――』(開拓社, 2009), "Morphological Variation of Japanese Compounds: A Case of *Hoodai* and the Notion of 'Compound-Specific Submeaning'" (*Lingua* 120, 2010), など.

西原　哲雄 (にしはら　てつお) 1961 年生まれ. [編者]
宮城教育大学教育学部　教授. 専門分野は音声学, 音韻論, 形態論.
主要業績 : *Issues in Japanese Phonology and Morphology* (共著・共編, Mouton de Gruyter, 2001), 『文法とは何か――音韻・形態・意味・統語のインターフェイス――』(開拓社, 2013), 『朝倉日英対照言語学シリーズ (第 1 巻 - 第 7 巻)』(共同監修, 朝倉書店, 刊行中 : 2012-), など.

ティモシー・J・バンス (Timothy J. Vance) 1951 年生まれ.
国立国語研究所　教授. 専門分野は音韻論, 音声学, 表記法.
主要業績 : *An Introduction to Japanese Phonology* (SUNY Press, 1987), *The Sounds of Japanese* (Cambridge University Press, 2008), など.

六川　雅彦 (むつかわ　まさひこ) 1974 年生まれ.
南山大学人文学部　准教授. 専門分野は音韻論, 固有名詞学.
主要業績 : *Japanese Loanword Phonology: The Nature of Inputs and the Loanword Sublexicon* (Hituzi Syobo, 2009), 『言語学と日本語教育 4』(共著, くろしお出版, 2005), など.

執筆者紹介

都田　青子（みやこだ　はるこ）
津田塾大学学芸学部　准教授．専門分野は音声学，音韻論．
主要業績：『音韻理論と音韻獲得』（丸善プラネット，2011），『ことばの事実をみつめて』（共編，開拓社，2011），『くらべてわかる英文法』（共著，くろしお出版，2012），など．

石川　友紀子（いしかわ　ゆきこ）
津田塾大学大学院文学研究科博士前期課程修了（2015 年 3 月）．

田中　真一（たなか　しんいち）1970 年生まれ．［編者］
神戸大学大学院人文学研究科　准教授．専門分野は音韻論，音声学．
主要業績：『リズム・アクセントの「ゆれ」と音韻・形態構造』（くろしお出版，2008），『日本語の発音教室——理論と練習——』（共著，くろしお出版，1999），『漢語の言語学』（共著，くろしお出版，2010），など．

川原　繁人（かわはら　しげと）1980 年生まれ．
慶應義塾大学言語文化研究所　准教授．専門は音声学・音韻論．
主要業績："Durational Properties of Emphatically Lengthened Consonants in Japanese"（共著，*Journal of International Phonetic Association* 44:3, 2014），Geminate Devoicing in Japanese Loanwords: Theoretical and Experimental Investigations"（*Language and Linguistic Compass* 9:4, 2015），"Japanese Has Syllables: A Reply to Labrune (2012)"（*Phonology*, 近刊予定），など．

竹村　亜紀子（たけむら　あきこ）1979 年生まれ．
フランス国立東洋言語文化研究所　専任講師，神戸大学大学院人文学研究科研究員．専門は音声学，日本語の音韻論，社会言語学．
主要業績："Parental Influence on Dialect Acquisition: The Case of the Tone System of Kagoshima Japanese"（*NINJAL Research Papers* 3, 2012），"Geminate Judgments of English-like Words by Japanese Native Speakers: Differences in the Borrowed Forms of "Stuff" and "Tough""（共著，*Journal of East Asian Linguistics* 21:4, 2013），"The Perception of Gemination in English Word-Internal Clusters by Japanese Listeners: A Case for Phonetically-Driven Loanword Adaptation"（*Formal Approaches to Japanese Linguistics 7: Proceedings of the Second Conference on Formal Approaches to Japanese Linguistics*, MIT Working Papers in Linguistics 73, 2014），など．

桑本　裕二（くわもと　ゆうじ）1968 年生まれ.
秋田工業高等専門学校人文科学系　准教授. 専門分野は音韻論, 世相語研究.
主要業績：『アラビア語における分節音構造と音節構造の研究』（東北大学博士論文, 1997），『若者ことば　不思議のヒミツ』（秋田魁新報社, 2010），「鳥取県倉吉方言における苗字のアクセント―東京アクセントと異なるものの分布と変化―」（共著，『音韻研究』第 18 号, 2015), など.

時崎　久夫（ときざき　ひさお）1959 年生まれ.
札幌大学地域共創学群　教授. 専門分野は音韻論, 統語論, 類型論.
主要業績：Syntactic Structure and Silence: A Minimalist Theory of Syntax-Phonology Interface（ひつじ書房, 2008), "The Nature of Linear Information in the Mophosyntax-PF Interface" (*English Linguistics* 28, 2011), "Deriving the Compounding Parameter from Phonology" (*Linguistic Analysis* 38, 2013), など.

三間　英樹（ざんま　ひでき）1969 年生まれ.
神戸市外国語大学外国語学部　教授. 専門分野は音韻論.
主要業績："The Correlation between Accentuation and Rendaku in Japanese Surnames: A Morphological Account" (*Voicing in Japanese*, Mouton de Gruyter, 2005), "Categorical and Non-categorical Variation in English Stress Assignment" (『音韻研究』第 10 号, 2007), *Patterns and Categories in English Suffixation and Stress Placement: A Theoretical and Quantitative Study*（開拓社, 2013), など.

橋本　大樹（はしもと　だいき）1990 年生まれ.
東京大学大学院総合文化研究科言語情報科学専攻・日本学術振興会特別研究員 (DC1). 専門分野は音韻論, 形態論.
主要業績："Hypocoristic Word Formation in Māori" (『音韻研究』第 18 号, 2015), "Vowel-length Neutralization at Word-final Edges: A Prominence-Based Account" (『言語情報科学』13, 2015), など.

開拓社叢書25

現代の形態論と音声学・音韻論の視点と論点

編 者	西原哲雄・田中真一
発行者	武村哲司
印刷所	日之出印刷株式会社

2015年11月19日 第1版第1刷発行Ⓒ

発行所　株式会社　開 拓 社

〒113-0023 東京都文京区向丘1-5-2
電話　(03) 5842-8900 (代表)
振替　00160-8-39587
http://www.kaitakusha.co.jp

JCOPY <(社)出版者著作権管理機構 委託出版物>

ISBN978-4-7589-1820-6　C3380

本書の無断複写は，著作権法上での例外を除き禁じられています．複写される場合は，そのつど事前に，(社)出版者著作権管理機構（電話 03-3513-6969, FAX 03-3513-6979, e-mail: info@jcopy.or.jp）の許諾を得てください．